高职高专旅游类专业系列教材

U0796043

旅游景区服务与管理

主　编　徐　静
副主编　李雪琴
编　者　徐　静　李雪琴　付红丹
　　　　杨忠原　刘国峰

南开大学出版社
天　津

图书在版编目(CIP)数据

旅游景区服务与管理 / 徐静主编. —天津:南开大学出版社,2013.9

高职高专旅游类专业系列教材

ISBN 978-7-310-04259-3

Ⅰ.①旅… Ⅱ.①徐… Ⅲ.①旅游区—商业服务—高等职业教育—教材②旅游区—经济管理—高等职业教育—教材 Ⅳ.①F590.65

中国版本图书馆 CIP 数据核字(2013)第 175577 号

南开大学出版社出版发行

出版人:孙克强

地址:天津市南开区卫津路 94 号　　邮政编码:300071

营销部电话:(022)23508339　23500755

营销部传真:(022)23508542　　邮购部电话:(022)23502200

*

天津泰宇印务有限公司印刷

全国各地新华书店经销

*

2013 年 9 月第 1 版　　2013 年 9 月第 1 次印刷

260×185 毫米　16 开本　13.75 印张　346 千字

定价:28.00 元

如遇图书印装质量问题,请与本社营销部联系调换,电话:(022)23507125

前　　言

旅游景区是旅游资源集中地，吸引着来自四面八方的游客，所以说旅游景区是旅游业的核心。随着我国旅游业的发展，旅游景区也进入快速发展的阶段。旅游景区不仅数量增多，类型多样，而且设施齐全，现代旅游景区集吃、住、行、游、购、娱于一体，提供综合性旅游服务。服务无小事，旅游景区在做大量的同时也要提高质，细节决定了产品的质量，决定景区的成败，旅游景区要紧抓服务接待及管理，关注游客对景区的满意度，这就需要一批高素质和兼具现代服务意识、服务技能和景区相关专业知识的旅游人才。

本书着眼于当前旅游业发展态势，结合旅游景区经营管理现状和高职高专学生接受层次，以实际、实践、实用为宗旨，系统介绍旅游景区经营和管理方法，以提高旅游景区人才的基本素质，培养适应现代旅游景区发展的实用型人才。本书突出特点有几个：

一是强化服务技能培养。本书从景区实际工作出发，服务—经营—管理，条理清晰，层层深入，实用性强，有利于学生对旅游景区整体的认知及景区服务接待与管理技能的培养。每章课后安排的实训练习，有利于加强学生理论与实践相结合的能力。

二是引入行业动态。在编写中精选一些旅游景区服务与管理的案例作为辅助，了解行业最新动态，让学生在案例中扩大视野，拓展思维，提高学生综合分析能力、解决问题的能力。

三是加强信息量。本书在编写中开辟“微型资料”、“知识延伸”、“业界动态”等窗口，对旅游景区相关的概念、思想、材料加以介绍，增加信息量，同时提高学生深入学习的兴趣。

本书由徐静担任主编，负责全书的写作提纲、书籍的修改和审定工作，李雪琴任副主编。全书共分十一章，各章的编写任务如下：第一章、第三章、第四章由李雪琴（河南职业技术学院）编写，第二章、第六章由付红丹（河南职业技术学院）编写，第五章、第八章、第九章由徐静（河南农业职业学院）编写，第七章由杨忠原（河南职业技术学院）编写，第十章、第十一章由刘国峰（河南大学）编写。

在本书的编写过程中参考了众多国内外专家、学者的有关论著，在此表示衷心的感谢。由于编写水平有限，本书难免有疏漏和不足之处，恳请各位专家和广大读者批评指正，以利于日后的完善和改进。

编　者

2013.年 2 月

目　录

第一章　旅游景区概述

学习目标

知识目标：掌握旅游景区的基本概念与特征、类型划分。

技能目标：掌握旅游景区评价体系，能够运用所学知识对各种旅游景区进行区分。

【引例】

上海迪士尼乐园项目给旅游业带来的“甜头”

“十二五”开局之年，投资达 245 亿元的上海迪士尼乐园项目正式开工，具有标志性的意义。这一填补我国服务产业空白的重大项目，将以其强劲的产业带动力、活跃的创新引领力和广泛的区域辐射力，承载着上海乃至长三角地区加快经济发展方式转变的新期望。

甜头一：迪士尼乐园主题公园直接间接带动的产业可达上百个

一份分析上海迪士尼乐园项目对相关产业带动作用的报告显示，旅游业、现代商贸业、文化产业、航运物流业和装备制造业等前五名最直接受益于迪士尼项目的产业，预计将在项目正式运营后每年累计增加约 340 亿元的总产出和总收入，其中排名前三的均为现代服务业产业。其中，核心带动产业主要包括迪士尼项目本身已经形成的影视娱乐、主题公园和度假区、媒体网络、消费品、互动媒体等五大领域；关联带动产业既包括与旅游文化等产业融合发展的商务服务、现代商贸、体育健身等产业，又涵盖金融服务、航运物流等为项目提供配套支撑的行业；而因项目开发所带动的建筑、新材料、装备制造、电子信息等延伸带动产业，预计年均增量产出也将达近 70 亿元。

甜头二：新产业、新业态和新模式，有望因为上海迪士尼乐园项目而诞生

一批服务经济的新产业、新业态和新模式，也有望因为上海迪士尼乐园项目而诞生。在线旅游、在线会展、互动媒体、网络视听，体现“三网融合”的新型服务业方兴未艾；电子商务、网上商城、电子购物，新一代信息技术的应用将提升传统产业能级；而邮轮旅游、分时度假、消费金融产品创新、免税购物等新业态和个性化定制服务、互动体验服务等新模式，也将随着迪士尼乐园的运营成为更多消费者的选择。

甜头三：有望带动税收、市场准入、外汇管制等方面的制度创新和政策突破

引进迪士尼，是我国加入世界贸易组织 10 年以来，在对外开放领域的又一次重大突破。动工兴建的上海迪士尼乐园，坐落于上海市浦东新区的中心位置。作为“国家改革示范区”，在上海浦东开建我国内地首个迪士尼乐园，并不是一种偶然。

转型中的上海正在积极争取增值税扩围改革试点，以突破服务业税制瓶颈。迪士尼项目的到来，则有望带动税收、市场准入、外汇管制、知识产权保护、人员和货物通关便利等方面的制度创新和政策突破，推动市场准入门槛的降低，完善金融、贸易、知识产权保护、信用等方面的法律体系，率先形成有利于服务经济发展的制度环境。

甜头四：上海迪士尼乐园项目将推动上海乃至全国的开放向更广领域拓展

上海迪士尼乐园项目更创造了中美双赢、合作发展的新典范。从目前已经确定的项目合作架构和运行模式来看，项目通过一种全新的迪士尼海外主题乐园项目经营管理方式，较好地保证了双方权益和长期收益。在此模式下，双方利益更为趋同，优势更为互补，从而实现互利共赢。上海迪士尼乐园项目将推动上海乃至全国的开放向更广领域拓展，通过统筹利用国际国内两个市场、两种资源，从而在更大范围、更广领域、更高层次上参与全球竞争合作。

甜头五：上海迪士尼乐园的运营将为转型中的长三角提供新的推动力

曾经去过迪士尼乐园的游客，无不对园内丰富多彩的文艺表演印象深刻；而在上海迪士尼乐园建成后，其中 80%的国内演职人员大部分将来自上海及其周边的长三角地区。正如一年前的上海世博会，上海迪士尼乐园的运营也将为转型中的长三角提供新的推动力。

统计数据显示，目前长三角地区游客接待量占全国近 1/4，旅游收入占全国近 1/3，但在旅游资源优势上并不突出，尤其缺乏国际性的旅游资源或产品。迪士尼项目的引入则将填补长三角地区除山水旅游资源外无国际大型娱乐休闲主题公园的空白，一方面有助于提升长三角旅游产业的现代化和国际化水平，另一方面也有助于打造长三角国际旅游精品和世界旅游名牌。

上海迪士尼乐园的辐射力还不仅限于此，通过产业链、人才培训、资金输出等方面的创新示范，上海迪士尼将引领带动长江流域产业升级，在黄金水道上形成新的世界知名服务经济集聚带。而通过扩大居民旅游消费、休闲消费、衍生品消费、影视娱乐消费等全新的体验消费形式，上海迪士尼乐园项目也将为全国扩大内需、促进消费升级作出贡献。

资料来源：《上海迪斯尼乐园项目给旅游业带来的“甜头”》，第一旅游网，www.toptour.cn,2011.5.31。

从上述案例我们可以看出，随着我国旅游业的快速发展，旅游景区在给地方带来经济效益的同时，其社会、环境、文化等综合效益也日益显现。特别是近年来随着经济结构转型和就业问题的日益突出，旅游景区因其综合性强、就业容量大、就业方式灵活等优势，在拉动就业、增加收入、带动服务业发展、帮助传统行业寻求新的增长点等方面发挥着越来越重要的作用。

第一节 旅游景区概念

一、旅游景区定义

旅游景区作为旅游者的终极目的和核心，长期以来并未得到旅游学术界的足够重视，就连旅游景区的概念界定至今都尚未形成一致的意见。

国外更多地采用旅游吸引物（attraction）来代表旅游景区的概念。比如 Medlik 认为，旅游吸引物就是为游览公众提供娱乐、消遣与教育而设计的有管理的永久性资源（A designed permanent resource which is controlled and managed for enjoyment , amusement, entertainment and education of the visiting public）。旅游吸引物是旅游产品的要素，它吸引游客，决定游客选择旅游的地点，一般分为地点吸引物（site attractions）和事件吸引物（event attraction）。地点吸引物即这个地方本身就是吸引游客前往的主要诱因，如气候、风景名胜等；事件吸引物是指节庆活动、体育盛会、商业贸易交流会等。

在国内更多采用“旅游景区”这个概念。旅游景区是一个非常笼统的概念，景区概念的多样性表现在：在空间维度的语境下，景区经常被称为景点、旅游景区、旅游区；在要素维度的语境下，景区经常被称为风景名胜区、森林公园、地质公园、遗产公园；在功能维度的语境下，景区经常被称为风景旅游区、旅游度假区、主题公园、自然保护区。

为了便于理解，本书采用中华人民共和国国家质量监督检验检疫总局 2004 年 10 月 28 日发布的中华人民共和国国家标准《旅游景区质量等级的划分与评定》（GB/T17775 - 2003）所提出的定义：旅游景区（tourist attraction）是以旅游及其相关活动为主要功能或主要功能之一的空间或地域。该标准中旅游景区是指具有参观游览、休闲度假、康乐健身等功能，具备相应旅游服务设施并提供相应旅游服务的独立管理区。该管理区应有统一的经营管理机构和明确的地域范围，包括风景区、文博院馆、寺庙观堂、旅游度假区、自然保护区、主题公园、森林公园、地质公园、游乐园、动物园、植物园及工业、农业、经贸、科教、军事、体育、文化艺术等各类旅游景区。

二、旅游景区的地位与作用

改革开放 30 多年来，我国景区类型丰富，旅游景区管理水平不断提高，景区在增加就业、消除贫困、刺激消费、提高人们生活质量、加强社会主义精神文明建设、弘扬民族文化、传播现代文明以及改善投资环境等方面也发挥了重要而积极的作用。旅游景区的地位和作用概括如下：

（一）旅游景区是旅游产业核心要素

截至 2012 年 7 月，我国已有 A 级旅游景区 5000 多家，其中 5A 景区 110 家；列入《世界遗产名录》的自然遗产和文化遗产 42 处，居世界第三；国家重点风景名胜区 208 个；全国工农业旅游示范点 845 个。我国已有各类旅游景区 5 万多处，形成了庞大的产业群。旅游景区开发、服务及管理的优劣往往影响到区域发展的好坏，尤其在区域旅游客源市场的拓展过程中，依托旅游景区不断推出新的旅游产品，往往会成为提高旅游产品竞争力和吸引力的关键因素。

【微型资料】

河南云台山

1985 年才正式开发的河南云台山，2000 年接待游客人数和门票收入仅为 20 万人次和 400 万元，到了 2008 年，接待游客人数已达到 291 万人次，收入达到 2.3 亿元，同比分别增长 14.55 倍和 57.5 倍。云台山的发展不仅拉动了全县的经济发展，更促进了当地群众就业。据统计，到 2008 年底，云台山景区员工由 2000 年的 69 名增加到 1360 余名，全县导游讲解员由 2000 年的 10 名增加到 1360 名，由此带动旅游从业人员 25300 人，占全县从业人员总数的 40%以上。

（二）旅游景区是旅游活动的支撑体系

旅游景区汇集了旅游资源和以旅游者为经营对象的产业部门，是旅游者食、住、行、游、购、娱等活动的主要发生地，对整个旅游产业的经济体系而言，旅游景区是整个旅游经济活动的支撑，对旅游发展起着基础性作用。

（三）旅游景区是地方形象的载体

对一个地区的认识往往是通过对当地一些文化历史、风土人情、自然景观的了解，然后进一步了解该地区的政治、经济、社会、文化。旅游景区就像一个窗口，人们透过窗口认识一个国家和地区。可以说旅游景区不仅是区域文化展示的载体，还是区域文化保存和发展的舞台。

三、旅游景区的特征

从关于旅游景区的定义可以看出，旅游景区的基本功能都是满足旅游者的精神需求和物质需求。概括起来，旅游景区具有以下特征：

（一）地域性

旅游景区是以一定的地域空间为载体，每一个旅游景区都以一定的地域背景为基础。旅游景区的地域性特征表现在多个方面：

首先具有一个相对明确的空间范围。旅游景区有的只是一幢建筑或一个庭院，如河南登封的嵩岳寺塔只是一个单体佛教建筑；有的是绵延几十公里的风景区，如四川九寨沟风景名胜区，纵深 40 多公里，总面积达 6 万多公顷。但无论其规模大小，都有一个相对明确的空间范围。

其次具有明显的地域性特征。一个地区的自然风光反映了它所在地区的地质、地貌、气候、水文、土壤、生物等自然要素及其相互作用的结果和特征，因而不同的旅游景区会有不同的自然景物，如平原与高原的旅游景区、沿海与内陆的旅游景区，它们的景观特征就有很大的差异。另外，人们在长期同自然打交道的过程中所创造的文化和所形成的习俗，也具有明显的地域特征，如建筑风格、饮食习惯、宗教信仰、音乐、服饰等，都具有各地区各民族的地方特色。

（二）旅游性

无论是海滨旅游景区、森林旅游景区还是山岳旅游景区、民族风情旅游景区，人们在游览观光之余皆能获得身体的锻炼和知识的增长。也就是说，尽管不同类型的旅游景区，其功能会以不同的方式表现出来，但基本的功能都是满足旅游者的精神需求和物质需要。

（三）设施性

旅游景区应具有完善的基础设施，主要包括出入交通、内部交通、停车场、给排水、垃圾处理、电力能源、邮政电信等设施；具有一定的旅游服务设施，包括为旅游者提供游览服务的设施，如旅游线路标志、景点解说牌、娱乐设施、休息亭等；也包括游览活动的辅助设施，如餐厅、茶室、厕所等。合理完善的设施是游客完美旅游体验的有力支持和基本保证。

（四）共生性

旅游景区有时不是独立存在的，有的旅游吸引物并非因为旅游的目的而存在，旅游功能是它原有功能的一种衍生物，如东方明珠本来是个电视台，金贸大厦是个饭店，奥林匹克中心是个体育运动中心，横店影视城是影视拍摄场地，但随着人们旅游需求的变化，这些都成了旅游吸引物。旅游业与他业共生是现实中的一个突出现象。

【微型资料】

国家海洋公园

国家海洋局2011年5月19日发布了首批国家级海洋公园名单,包括广东海陵岛国家级海洋公园、广东特呈岛国家海洋公园、广西钦州茅尾海国家级海洋公园、厦门国家级海洋公园、江苏连云港海洲湾国家级海洋公园、刘公岛国家级海洋公园和日照国家级海洋公园7个国家级海洋公园。批准成立国家级海洋公园，主旨是促进沿海地区社会经济的可持续发展和海洋生态文明建设。

（五）管理性

从旅游经济的角度来看，任何一个旅游景区都是一个经济单元，内部有一个管理主体，对景区的资源开发保护、经营服务进行统一管理。它是旅游景区的经营主体，也是旅游景区产品的供给方。旅游景区管理主体可能是政府机构、行业主管机构、多部门联合的机构或独立的法人单位。

旅游景区中包含了遗产型资源，遗产型资源不同于一般的物品或商品，他们是独一无二的文化载体和人类历史以及自然史发展的见证，不可复制，一旦破坏就将永远受损或消失，所以对自然和文化遗产只能采取事前预防行动，即保护管理。

（六）创新性

旅游景区的开发是一个动态的过程，任何一个旅游景区都会经历初创期、发展期、成熟期、衰退期等几个过程，要想延长旅游景区的生命周期，甚至实现旅游景区的长盛不衰，必须时刻对旅游景区的产品进行更新换代，不断推出符合市场需求的新产品。景区的创新表现在观念的创新以及服务管理工作的创新上。

【微型资料】

《宋城千古情》的创新

《宋城千古情》，全彩激光灯让梁祝化蝶如梦如幻；岳飞抗金中烟火等技术让大炮实射；空中水幕喷头，水漫金山巨浪滔滔……震撼的舞台效果，让观众叹为观止。这是杭州宋城旅游发展股份有限公司倾力打造的一台立体全景式大型歌舞演出，每日于宋城景区的宋城大剧院倾情上演，是杭州的标志性演出，每年吸引着300万海内外游客争相观看。推出至今累计演出13000余场，接待观众3500万人次，是目前世界上年演出场次最多和观众接待量最大的剧场演出，被海外媒体誉为与拉斯维加斯“O”秀、法国“红磨坊”比肩的“世界三大名秀”之一。

《宋城千古情》不断有新创意，“每月一小改，每年一大改”，并不是固定不变的。根据公开征集到的观众意见，从表演内容到表演形式甚至于舞台设计每年都在不断改版、翻新，以满足观众的新需求和新口味。比如2009年版的《宋城千古情》充分提炼绸伞、团扇、采茶、丝绸、江南丝竹、江南小曲等元素；2011年版全新加入泼墨书画、玲珑水袖、江南旗袍、乌篷船等元素，虚实结合的3D场景美轮美奂，舞台效果也是更上一层楼。与时俱进、不断创新，这是宋城团队对自己的告诫，也是《宋城千古情》保持活力的要诀。

第二节 旅游景区等级划分与类型

一、旅游景区等级划分

（一）两级划分

2006 年 12 月 1 日起施行的《风景名胜区条例》将我国风景名胜区分为国家级和省级两级。《风景名胜区条例》第八条规定："自然景观和人文景观能够反映重要自然变化过程和重大历史文化发展过程，基本处于自然状态或者保持历史原貌，具有国家代表性的，可以申请设立国家级风景名胜区；具有区域代表性的，可以申请设立省级风景名胜区。"第十条规定："设立国家级风景名胜区，由省、自治区、直辖市人民政府提出申请，国务院建设主管部门会同国务院环境保护主管部门、林业主管部门、文物主管部门等有关部门组织论证，提出审查意见，报国务院批准公布。设立省级风景名胜区，由县级人民政府提出申请，省、自治区人民政府建设主管部门或者直辖市人民政府风景名胜区主管部门，会同其他有关部门组织论证，提出审查意见，报省、自治区、直辖市人民政府批准公布。"

（二）三级划分

《中华人民共和国文物保护法》第三条规定：古文化遗址、古墓葬、古建筑、石窟寺、石刻、壁画、近现代重要史迹和代表性建筑等不可移动文物，根据它们的历史、艺术、科学价值，可以分别确定为全国重点文物保护单位，省级文物保护单位，市、县级文物保护单位。第十三条规定：国务院文物行政部门在省级、市、县级文物保护单位中，选择具有重大历史、艺术、科学价值的确定为全国重点文物保护单位，或者直接确定为全国重点文物保护单位，报国务院核定公布。省级文物保护单位，由省、自治区、直辖市人民政府核定公布，并报国务院备案。市级和县级文物保护单位，分别由设区的市、自治州和县级人民政府核定公布，并报省、自治区、直辖市人民政府备案。尚未核定公布为文物保护单位的不可移动文物，由县级人民政府文物行政部门予以登记并公布。

（三）五级划分

我国的旅游区（点）质量管理实行的是五级系统，其分级的思路主要源于宾馆饭店的分级管理，分级的依据是旅游区（点）综合质量的高低。中华人民共和国国家质量监督检验检疫总局发布了中华人民共和国国家标准《旅游景区质量等级的划分与评定》（ standard of rating forquality of tourist attractions）（GB/T17775 - 2003）（2004 年 10 月 28 日发布，2005 年 6 月 1 日实施），此标准将旅游景区质量等级划分为五级，从高到低依次为 AAAAA、AAAA、AAA、AA、A 级旅游景区。划分主要是依据旅游交通（145 分）、游览（210 分）、旅游安全（80 分）、卫生（140 分）、邮电服务（30 分）、旅游购物（50 分）、综合管理（190 分）、资源和环境的保护（155 分）8 个方面进行评分，满分 1000 分，具体质量等级评定标准见表 1-1。

表 1-1 中国旅游区（点）质量等级评定标准

质量等级	综合评定总分
AAAAA（或 5A）级旅游区（点）	950
AAAA（或 4A）级旅游区（点）	850
AAA（或 3A）级旅游区（点）	750
AA（或 2A）级旅游区（点）	600
A（或 1A）级旅游区（点）	500

截至 2012 年 11 月 27 日，全国共有 147 家国家 5A 级旅游景区。

二、旅游景区类型

（一）按照旅游景区资源类型划分

按资源类型划分，旅游景区可分为自然类旅游景区、历史文化类旅游景区和人工型旅游景区。自然类旅游景区包括山、河、湖、海等自然风景区、自然保护区、森林公园等，如世界自然遗产九寨沟、黄龙、武陵源、三江并流等；历史文化类旅游景区是人类社会经济发展的产物，如世界文化遗产长城、颐和园、秦始皇陵及兵马俑、澳门历史城区等；人工型旅游景区主要是指主题公园，如深圳华侨城锦绣中华和世界之窗等。

（二）按照旅游景区功能特征划分

按照功能特征划分，旅游景区可分为观光体验类景区、度假休闲类景区、科考探险类景区、体育运动类景区和宗教活动类景区。观光体验类景区是以观光游览为主要内容的旅游景区，具有较高的审美价值，如九寨沟、张家界；度假休闲类景区拥有高等级的环境质量和服务设施，通常以气候、温泉、矿泉、海水为条件，为旅游者提供度假、康体、休闲等服务的景区，如河北秦皇岛的北戴河；科考探险类景区是以科学考察和开展探险活动为主要内容的景区，如四川汶川卧龙沟大熊猫自然保护区、天津蓟县的地质标准剖面等；体育运动类景区主要是指以体育锻炼为主要功能的旅游景区，如黑龙江的亚布力滑雪旅游景区；宗教活动类景区主要是开展宗教朝拜和宗教圣地观光旅游活动的景区，如四大佛教名山（五台山、普陀山、峨眉山、九华山）和四大道教名山（武当山、青城山、龙虎山、齐云山）。

（三）按照旅游景区管理归属划分

我国旅游景区管理主体多样，以景区的管理部门作为分类依据，形成了我国现有景区管理主体分类系统（见表 1-2）。

表 1-2 我国景区管理主体的分类

景区类型	景区主管部门
国家级风景名胜区	国家住房和城乡建设部
国家级森林公园	国家林业局
国家级旅游渡假区	国家旅游局
国家级自然保护区	国家环保总局/国家林业局
国家级文物保护单位	国家文物局
国家级地质公园	国土资源部

（四）按照旅游景区所有制形式划分

旅游景区按照所有制形式可分为国有、合资、民营、股份制等多种形式。国有景区一般是科学和历史文化价值极高，并需要特别保护和研究的自然环境区、古代遗址、古建筑等园区，由国家住房和城乡建设部、林业局、文化部的专门机构进行管理，以保护文化和自然遗产。近年来，在国家政策鼓励支持下，我国合资、民营、股份制景区发展迅速。例如，浙江民营企业实力雄厚，“九五”期间，浙江省新开发旅游项目总投资约115.6亿元，民营企业占了53%以上。宋城集团是目前中国最大的民营旅游投资集团，自1996年开始，宋城集团投资开发浙江省第一个主题公园——宋城景区后，迅速开发多元化旅游产品，相继成功开发杭州乐园、山里人家、龙泉山等旅游休闲项目，该集团还是2006年杭州世界休闲博览园的承建单位。

（五）按照旅游景区形成的原因划分

美国学者C. R. 戈尔德耐、J. R. 布仑特·里奇、罗伯特·麦金托什在2003年所著的《旅游业教程》一书中，根据旅游景区形成的原因将景区划分为文化、自然、节庆、游憩和娱乐等五种类型，这种分类方法被人们称为景区类型的“五分法”。

第三节 旅游景区发展历程

一、旅游景区的发展过程

（一）国外旅游景区的发展

1. 萌芽发展阶段

国外最早的景区可以追溯到古希腊和古罗马时代。古希腊人和古罗马人常常外出访问艺术和建筑珍品的所在地，或到温泉、海滨进行休闲娱乐活动。公元前500年左右，第一个度假地在希腊的温泉和矿泉地出现。

中世纪时的欧洲和西亚地区宗教活动兴盛，人们长途跋涉涌向宗教圣地朝圣。尽管宗教朝圣是出于宗教信仰的动机和目的，但同时也进行社交活动、产品交换和游山玩水。欧洲和西亚的基督教、伊斯兰教圣地每年都接待大批的朝圣者，同时也接待大批的游客，这些宗教圣地也成为著名的旅游景区和商业较为发达的城镇。

欧洲文艺复兴时期，思想文化的活跃和人们对健康的关注，刺激了旅游活动的发展和旅游景区的繁荣，一些新的温泉疗养胜地进一步兴起。如比利时的一个小镇叫斯巴，镇上有一个矿泉，人们发现饮用这里的矿泉水或在矿泉中洗浴都有利于健康，于是周边地区的人纷纷来此取水饮用、洗浴，小镇便成了著名的矿泉疗养地。欧洲其他地区相继也出现一些矿泉胜地，英国的矿泉胜地多达上百个。地中海沿岸的法国、意大利和西班牙，既拥有自然条件良好的海滨和沙滩，又有丰富的历史文化遗址，涌现出许多旅游景区，成为人们旅行、游览、休闲的重要目的地。

2. 加速发展阶段

19世纪中期以后，工业革命加速了工业化的进程，使欧美国家的经济、社会、文化和生活方式都发生了翻天覆地的变化，旅游活动也更加频繁。这一时期，以旅行社为标志的旅游业出现了，为更多的人从事旅游活动创造了条件。与此同时，原来的温泉、海滨和文化遗迹作为旅游景区的地位更加巩固，新的博物馆、美术馆和城市公园也相继建立，一些工商业城镇也成了旅游目的地。各种博览会的举办，奥林匹克运动会的恢复，造成大量的人员流动，旅游活动更加丰富多彩，各种相关的公共基础设施、服务设施、娱乐设施也更加完善。旅游景区的各项功能日益齐全。这一阶段，旅游景区开始重视经济效益，但科学化管理水平较低，旅游资源破坏也比较严重。

3．个性发展阶段

第二次世界大战结束以后，随着各国经济的复苏和发展，世界旅游业逐渐进入大众旅游时代。经济和交通的快速发展，使人们到达更远更偏僻的地方成为可能，景区的数目和种类都迅速增加。由于旅游能带来经济效益，导致大量专门为吸引旅游者、刺激旅游消费而设计的主题公园出现。以 1955 年 7 月 17 日美国加利福尼亚州的迪士尼乐园开园纳客为标志，主题公园开发在全世界范围内迅速展开，其他各类旅游景区和景点的开发建设出现全面繁荣的局面。

20 世纪 80 年代以来，随着经济和社会的进一步发展，人们的收入和闲暇时间增多，生活和消费发生了变化，出现了世界性的旅游热潮。由于旅游者在旅游中追求多样性和个性化的旅游活动，旅游景区也朝着不断丰富、追求新意的方向发展，旅游功能日益完善，旅游服务更加迅捷、周到。在引入可持续发展理念后，经营管理目标也从过去只注重经济目标的实现，发展成实现经济—社会文化—自然生态三者效益的最优化。

（二）中国旅游景区的发展

1．萌芽阶段

我国古代主要的游历活动是皇帝的巡游和士大夫的漫游，他们所到之处，也是旅游现象出现之后大量游客光顾的重要景区。

秦朝时，开国皇帝秦始皇在他称帝的第二年就开始巡游。那时，各民族都有各自崇拜的神山，秦始皇巡游又制定了祭招名山大川的制度，开始令大臣统计名山，确定了必须出游的 12 座名山，包括恒山、泰山、华山等。对这些名山，官府投入大量的人力、物力进行建设，有些至今仍是我国著名的风景名山。

魏晋南北朝时期，道教、佛教兴盛，开发了道教名山如青城山、罗浮山、茅山、龙虎山等，还有一些佛教名山如五台山、峨眉山。

隋唐时期，掀起了文人墨客漫游之风，自然的名山、秀水和温泉、花木，人文景观中的陵墓、楼台、园林、道观、佛寺，成了文人吊古感叹、抒发情怀的重要场所。

宋朝，南宋都城临安（令杭州）集中大量人力、物力和财力开发西湖，修筑了湖岛、湖堤，湖周的群山上修建了楼台、桥梁、庄园等。

明清时期，园林建设盛行，主要有两类：一类是皇家园林，如圆明园、畅春园、钓鱼台等；另一类是私家园林，如南京的随园、苏州的拙政园等。

由于中国古代游山玩水只是极少数人的行为，所以并未形成“旅游景区”的概念，自然景观只是大自然的空间存在形态，人为开发少，没有经营部门的介入。但有些地方已经具备了旅游景区的形态特征，是旅游景区开发的原始形态。

2．起步阶段——产品单一化

1949 年新中国成立后，中央有关部委及地方政府有关部门、企业先后在一些风景、温泉胜地修建了一批有利于身体健康的疗养院，一般是事业性质，隶属于某个系统、部门或企业，负责接待本系统内的职工、离退休干部或优秀职工、先进工作者、劳动模范等，直到改革开放后，一些疗养院开始从事业型转变为企业型，从内部接待型转变为经营型。

20 世纪 70 年代，旅游业开始在我国兴起，来华旅游者数目不断增加，我国的文化古迹和著名山水成了吸引外国旅游者来我国旅游的重要因素，北京、西安和苏州等地的古代历史遗迹、伟大工程、博物馆、园林等人文景观和长江三峡、桂林山水、杭州西湖等成为我国早期游览重地，旅游景区和景点的概念形象随之建立。

3．快速发展——产品个性化

进入 20 世纪 80 年代，我国旅游业进入快速发展时期。80 年代初，国家公布了首批 24 个历史文化名城和 44 个重点风景名胜区，推动了我国旅游景区的开发和建设，并在经营管理与服务上得到很大的提高。80 年代中后期以后，我国许多地方相继出现了一些人造景观或主题公园。最初人造景观一般以一定的文学艺术作品或历史资料等为创作蓝本，进行原物的模仿，运用现代的科学技术，如声、光、电、自动控制技术等，营造出形象逼真的景观效果，吸引游客观赏，如河北正定的西游记官和封神演义宫等；随后又出现了以微缩、移植或仿古景观为主的主题公园，如深圳的锦绣中华、中华民俗村和世界之窗，无锡的唐城、水浒城，北京和上海的大观园等。

进入 90 年代，由于我国长期以来缺少度假旅游产品和专项旅游产品，这方面的旅游资源优势得不到发挥。1992 年 7 月，国务院作出了试办国家旅游度假区的决定，首批国家旅游度假区有 12 个，即大连金石滩旅游度假区、青岛石老人旅游度假区、苏州太湖旅游度假区、无锡太湖旅游度假区、上海佘山旅游度假区、杭州之江旅游度假区、武夷山旅游度假区、莆田湄洲岛旅游度假区、广州南湖旅游度假区、北海银滩旅游度假区、三亚亚龙湾旅游度假区、昆明滇池旅游度假区。

90 年代中期，随着可持续发展理念的引入，以及工农业资源综合利用的推进，各类旅游示范区纷纷出现，如生态旅游示范区、农业旅游示范区和工业旅游示范区等。

三、旅游景区的发展趋势

改革开放以来，旅游景区作为旅游业的基本元素和重要业态，得到了前所未有的发展，已成为我国旅游业重要的生产力要素和旅游创汇创收的基础。旅游景区未来发展有 6 个特点：

（一）数量增加，类型多样

截止到 2008 年年底，中国内地县级以上旅游景区已达 2 万处，其类型有世界遗产、自然保护区、风景名胜区、地质公园、森林公园、A 级旅游区、重点文物保护单位、历史街区、旅游度假区、工农业旅游点等。事实上，伴随着人们旅游消费需求多样化和个性化发展的新特点，新的景区业态将不断进入人们的视野，丰富景区的内涵，扩大景区的外延。尤其随着体验式旅游的发展，景区旅游也逐渐发展到创意和活动互动阶段。如以深圳华侨城旗下的锦绣中华、世界之窗、欢乐谷为代表的主题公园，随温泉、高尔夫、滑雪等新业态蓬勃发展起来的休闲度假景区，以井冈山、西柏坡为代表的红色旅游景区，以青岛啤酒、红塔集团等知名企业为代表的工业旅游景区，以成都市郊三圣花乡为代表的农业景区，以上海的外滩、东方明珠等为代表的城市地标型景区，以鸟巢、水立方为代表的奥运遗产景区等迅速产生。

（二）注重配套，内容综合

许多景区更加注重为游客提供休闲娱乐、康体健身、增加知识等综合旅游产品，景区内容综合化趋势更加明显，这样既满足了人们多样化的旅游需求，又扩大了企业的利润空间。如大连万达集团，在昆明滇池国家旅游区内投入30多亿元，开发了包括大型游乐园、高尔夫球场、五星级酒店、风情小镇等在内的大型综合休闲度假旅游区。

（三）资本多元，规模大型

旅游景区的投资，除了自有资金、正常的银行信贷和政府政策性支持外，证券化、项目融资模式、风险基金、金融控股等形式正逐渐成为投资开发的重要资本运作手段。国内主要大型旅游集团，如同旅、中旅等，都参与了若干大型项目的开发，同时国际资本也在积极介入。旅游景区投资规模趋大，占地面积趋大，接待游人的规模也在不断扩大。

（四）文化突出，主题特色

为了提高旅游景区的吸引力，许多景区更加重视突出主题特色，体现差异性。主题需要依托深厚的文化，这种文化可以是历史传统文化的传承，可以是现代文化的创新，也可以是几种文化的整合。

【情景再现】

杭州宋城旅游景区

1996年5月18日开园的杭州宋城旅游景区，位于西湖风景区西南面的杭州之江国家旅游度假区内，北依五云山，南濒钱塘江，是由宋城集团投资兴建的中国最大的宋文化主题公园，年游客量达270万人次，是国家AAAA级景区、首批“国家文化产业示范基地”。

宋城是杭州反映两宋文化内涵的第一个主题公园，它依据宋代杰出画家张择端的《清明上河图》画卷，严格按照宋代营造工法再现了宋代都市的繁华景象，园区主要分为:《清明上河图》再现区、九龙广场区、城门楼广场区、宋城文化广场区、仙山琼阁区及南宋风情苑区等部分。

多年来，宋城始终坚持以“建筑为形、文化为魂”为旅游开发的指导原则，秉承“精品化”战略思想。城内斗拱飞檐、车水马龙，每年推出的新春庙会、火把节、泼水节、天灯节、市井民俗表演等大型活动精彩纷呈，真实再现了宋代都市的繁荣景象。

宋城集团投入6000万巨资倾心打造、年观众突破160万人次的大型歌舞《宋城千古情》是宋城经典品牌旅游项目，用现代化手法表述杭州千年历史文化，成为国内外到杭游客必看剧目，堪称杭城夜游标志性演出。它曾获杭州市政府颁发的文艺创作突出贡献奖，并入选中国第七届艺术节成为展演剧目，成为国内主流媒体竞相报道的成功演出模式。宋城将给您一个不变的承诺：给我一天，还你千年!

资料来源:《杭州宋城旅游景区》,浙江旅游网,http://www.tourzj.gov.cn/zww/lymdd/fmc_8y aspx? areacode= 3301&unitid =3879。

问题：你认为杭州宋城旅游景区有何特色?

分析提示：宋城作为一个主题公园，主题突出，特色显著，文化浓厚，注重挖掘民族文化与地方文化，以策划性活动方式为主，形成满足旅游者多样化休闲娱乐需求的旅游景区。

（五）注重保护，管理创新

2007年9月，为加强对旅游资源和生态环境的保护，促进旅游业的健康协调可持续发展，国家旅游局颁布了《旅游资源保护暂行办法》（以下简称《办法》）。《办法》覆盖已开发的各类自然遗产、文化遗产、地质、森林、风景名胜、水利、文物、城市公园、科教、工农业、湿地、海岛、海洋等各类旅游资源，也包括未开发的具有旅游利用价值的各种物质和非物质资源。《办法》还对各地建立旅游资源开发情况资料库、旅游资源的招商开发活动、旅游景区的接待容量、建立旅游资源保护情况通报制度等作出了具体规定。近年来，国家环境保护部、国家旅游局先后印发了《关于加强资源开发生态环境保护监管工作的意见》、《关于进一步加强旅游生态环境保护工作的通知》等文件，两部门正在共同编制《全国生态旅游发展纲要（2008-2015）》和《国家生态旅游示范区标准》。

近年来，我国一些旅游景区和旅游企业进行了旅游景区开发的新尝试，出现了如合资、独资、股份制合作、租赁、承包和出让开发权等旅游景区开发的新模式，初步探索出了政府配置模式、市场配置模式、景政合一模式、国家公园模式等景区治理四大模式。景区体制和机制创新的目标是要按照现代法人治理结构的要求，建立一个责权明晰、激励有力、约束有效的各利益相关者利益兼顾的机制。随着景区现代产权制度的建立，景区的管理体制和运行机制将逐步朝着更加科学规范、更加适应改革和发展要求的方向前进。

【业界动态】

鼓浪屿将加大整改力度 致力景区永续发展

2009年3月24日，从北京召开的“表彰全国文明风景旅游区电视电话会议”上传来喜讯，鼓浪屿景区跻身第二批全国文明风景旅游区行列，成绩名列前茅。

2006年，鼓浪屿荣获“全国创建文明风景旅游区工作先进单位”。在此基础上，鼓浪屿管委会提出了更高的要求和更严的标准，同时紧密结合厦门市创建全国文明城市，继续围绕“文明开发、文明经营、文明服务、文明管理”四大主题，突出“海上花园、风貌建筑、音乐文化”三大特色，在景区规划建设、资源保护、综合管理、旅游服务等方面积极探索、不懈努力，最终实现了从“全国创建文明风景旅游区工作先进单位”到“全国文明风景旅游区”的跨越。至此，鼓浪屿已成为集国家级重点风景名胜区、国家5A级风景旅游区和全国文明风景旅游区、ISO 14000国家示范区等多项荣誉为一身的知名景区。在喜悦之余，鼓浪屿管委会还清醒地认识到“全国文明风景旅游区”不是一劳永逸的荣誉称号，目前景区仍然存在着某些问题和不足之处，接下来还要进一步加大整改力度，积极探索长效管理机制，深化和巩固创建成果，努力维护这一来之不易的荣誉，努力建设和谐诗意鼓浪屿。管委会目前正致力于鼓浪屿申报列入《世界文化遗产名录》的工作，目的就在于为鼓浪屿的保护与管理寻找到新的模式和新的机遇，从而有利于景区的永续发展。

资料来源：张春甜：《鼓浪屿将加大整改力度致力景区永续发展》，福建旅游之窗，http://www.fjta com/FJTIS/FJTA/JnfoDetail. aspx7 MT_ ID= 977&type= 131&ID= 135656,2009.3.30。

分析提示：只有加强旅游资源和生态环境的保护，在旅游服务、综合管理等方面不懈努力，才能促进景区永续发展。

（六）标准引导，效益显著

《旅游景区质量等级的划分与评定》国家标准是1998年国家旅游局为有效地实现旅游资源的科学保护，在借鉴国内外旅游景区先进的规划建设和管理经验的基础上研究出台的。经过十多年的宣传贯彻和实施，在社会各界的影响日益扩大，已逐步成为旅游景区规划、建设、经营以及旅游者衡量景区质量的重要标尺。《旅游景区质量等级的划分与评定》国家标准，引导了景区环境生态化，促进了景区功能完善化，带来了景区管理现代化，提升了景区服务细微化，引导了景区发展品牌化。

随着我国旅游业的快速发展，旅游景区在给地方带来经济效益的同时，其社会、环境、文化等综合效益也日益显现。

【业界动态】

云台山景区快速发展

河南云台山旅游景区，1985年开始正式开发，到2000年，接待游客人数和门票收入仅为20万人次和400万元，到了2007年，接待游客人数已达到254万人次，收入达到2.02亿元，分别是2000年的12.7倍和50.5倍。云台山的发展不仅拉动了全县的经济发展，更促进了当地群众就业。据统计，目前，云台山景区员工由2000年的69名增加到1300余名，全县导游讲解员由2000年的10名增长到1360名，由此带动旅游从业人员25300人，占全县从业人员总数的40%以上。

本章小结

本章介绍了旅游景区的基本概念，分析了旅游景区的地位与作用，概括了旅游景区具有地域性、旅游性、设施性、共生性、管理性及创新性等6个特性；介绍了旅游景区以质量等级、资源类型及功能特征等为标准的分类方法；分析了旅游景区的发展历程和未来发展的趋势。

基础训练

1.选择题

（1）旅游景区具有下列明显的特征（ ）。

A. 旅游性　　B. 地域性

C. 设施性　　D. 管理性

（2）旅游景区发展趋势有下列明显的特征（ ）。

A. 类型多样　　B. 注重配套　　C. 规模大型

D. 文化突出　　E. 管理创新

（3）（ ）是当今世界上唯一涵盖旅游全行业的全球性可持续发展标准体系。

A. 绿色环球21　　B. ISO 14000　　C. ISO 14000

2.简答题

（1）简述20世纪80年代以后我国旅游景区产品多样化和个性化的具体表现。

（2）简述我国旅游景区发展趋势。

案例分析

峨眉山-乐山大佛景区标准化试点工作初探

峨眉山-乐山大佛风景区从2010年6月被国家旅游局确定为首批全国旅游标准化试点景区以来，按照国家旅游局和四川省旅游局提出的创建要求，以历来“争创全国第一”的精神全力做好“全国旅游标准化示范单位”的创建工作，积极担负先行先试、树立标杆、形成示范、辐射和带动当地乃至全面升级全国旅游标准化的重任。根据自身特点，结合管理实践，景区以提升景区旅游服务业整体水平为目标，不断总结成功经验和做法，突出自身亮点，在充分融入ISO9001质量管理体系、ISO14001环境管理体系和OH-SAS18001职业健康安全管理体系等国际先进管理标准的基础上，科学制定具有景区自身特色的标准，构筑起涵盖景区旅游要素的标准化框架。从基础通用标准、企业管理标准、服务提供能力标准、服务和工作流程标准、岗位规范标准、质量反馈处理标准等7个方面形成推动机制，建立健全旅游标准体系，提高旅游产品质量，提升旅游服务水平，培育旅游产业品牌，优化旅游发展环境，全面提升景区的吸引力和竞争力，为建设国际休闲度假旅游目的地夯实基础。

领导重视，组建班子，建立上下共联的工作网络

为使创建“全国旅游标准化示范单位”工作顺利开展，峨眉山一乐山大佛景区管委会专门成立了创建“全国旅游标准化示范单位”领导小组，党委书记和主任任组长，班子成员为副组长，各单位、各部门负责人为成员。下设办公室，由分管领导担任主任，抽调精兵强将组成办公室人员，负责创建工作的指导和协调。同时设9个实施小组，分别负责9个不同方面的内容。景区内所有单位均成立了创建领导小组。建立了联络员制度，确保创建工作健康顺利开展。目前，创建工作按实施方案预定阶段要求有序进展，在“四川省旅游标准化试点工作培训会”上，景区管委会作了经验交流。

广泛宣传，严密组织，形成全民参与的创建格局

为使创建活动深入持久开展，管委会党委多次召开专题会议，对创建工作进行研究和部署。先后在景区召开两次规模宏大的动员部署大会和工作大会，组织召开了峨眉山一乐山大佛风景名胜区旅游标准化工作会议暨全面推进旅游标准化试点启动仪式。邀请了四川省标准化研究院专家到会进行专题辅导，使景区广大干部群众的创建热情日渐高涨。与此同时，管委会标准办向景区干部群众印发《创建知识手册》5000多份，景区机关各处室、职能部门、窗口服务单位纷纷组织学习，并准备测试，还办起了板报、墙报进行宣传，形成良好的创建氛围，使创建工作做到了家喻户晓，人人皆知。为更准确吃透和掌握旅游标准化工作细则，景区管委会还特别邀请了中国标准化研究院专家到景区指导，举办“标准化基础知识”培训班。同时，积极派员参加四川省旅游局组织的“四川省旅游标准化试点工作培训会”和中国旅游协会旅游景区分会组织的首届“中国旅游景区标准化建设论坛”，为制定企业标准奠定了基础。

明确目标，细分任务，实施责任到人的工作制度

为使创建工作在景区有序进行，管委会标准办制定了实施方案，对19个创建大项中的162个评估项目进行逐一分解，管委会与各责任单位签订《目标责任书》，明确完成任务的质量、时间、要求，把任务落实到责任领导、责任单位和责任人。管委会还成立了旅游标准化工作督查小组，做到月月有部署，周周有活动，日日有检查，并把创建工作列入月、季度、年度目标考核，与责任人奖惩、聘任（用）、评优挂钩，增强了所有创建单位和人员的责任感、使命感和危机感，推动创建工作向纵深发展。

抓住特色，寻求结合，突出创建示范的工作亮点

为做到“人无我有，人有我精”，峨眉山一乐山大佛景区管委会紧密做好三个结合，突出工作亮点。

一是与景区现行国家、行业和地方旅游标准化的实施情况相结合，全面开展自查，把各单位创建工作所需制定的标准汇编成册，为下一步创标工作打下良好基础。

二是与景区自身管理服务经营接待等工作相结合，拟出景区保护管理、行业管理、营运管理、营销管理、保障管理、辅助管理等方面的标准化体系所需内容，确保覆盖景区的方方面面。

三是与峨眉山寺院礼佛工作相结合，把寺院的管理纳入贯标，使峨眉山寺院成为全国寺院的典范。

目前，景区已形成规范性标准 81 个，形成覆盖“食、住、行、游、购、娱”等要素及城市旅游服务功能的地方标准和服务规范，其中 17 个标准获得国家相关行业主管部门的肯定。景区制定的《旅游服务业标准体系评价准则》、《茶文化旅游景区（点）服务规范》、《佛文化旅游景区（点）服务规范》、《非星级饭店服务质量要求》等四部区域性旅游地方标准全部通过了质监、旅游、科技等有关单位专家进行的评审。这四部区域性地方标准填补了国内旅游标准的空白，对四川旅游产业的发展具有较大的指导意义，并为全国类似地区提供了宝贵的参考依据。2011 年 2 月，峨眉山红珠山宾馆因其严格的管理标准、规范的服务流程，从众多竞争对手中脱颖而出，一举夺得“五星级酒店首选品牌”的桂冠，成为世界自然与文化遗产景区中唯一获此殊荣的酒店。据悉，目前，该景区上下正在再鼓干劲、再拓思路、再添举措，瞄准目标、真抓实干，全面推进各项试点创建工作的顺利进行。力争今年上半年成功创建国家和四川省旅游标准化示范试点企事业单位，确保创建一举成功，圆满完成国家旅游局赋予的光荣而艰巨的任务。

资料来源：《峨眉山乐山大佛景区标准化试点工作初探》，四川新闻网，2011.6.14（有修改）。

问题：你认为乐山大佛景区标准化试点工作管理的手段有何创新？

实践训练

【实训项目】我国旅游景区质量等级标准实训

【实训准备】

教师准备：发放《旅游景区质量等级的划分与评定》（GB/T17775－2003）。

学生准备：学习《旅游景区质量等级的划分与评定》（GB/T17775－2003）。

根据该标准将不同级别旅游景区分别依据旅游交通、游览、旅游安全、卫生、邮电服务、旅游购物、经营管理、资源和环境的保护、旅游资源吸引力、市场吸引力、年接待海内外旅游者数量、游客抽样调查满意率等方面进行比较。

场地准备：4A 或 5A 级旅游景区；校内具备网络的实训室。

【实训要求】

1. 了解《旅游景区质量等级的划分与评定》（GB/T 17775－2003）的相关内容。

2. 了解我国不同等级旅游景区评定的现状。

3. 掌握我国旅游景区服务与管理的质量等级标准。

【实训步骤】

1．先由学生根据《旅游景区质量等级的划分与评定》，将不同级别的旅游景区的服务与管理标准进行比较。

2．学生在校内具备网络的实训室通过网络等手段查找指定景区的相应资料，特别是旅游交通、游览、旅游安全、卫生、邮电服务、旅游购物、经营管理、资源和环境的保护、旅游资源吸引力、市场吸引力、年接待海内外旅游者数量、游客抽样调查满意率等方面的资料，对该景区服务与管理状况有一个初步的认识。

3．教师带领学生到指定景区。学生分组，每组10~12位学生，并指定1位负责人。每组再进行分工，每位学生重点负责现场考察一个方面。

4．小组谈论交流，并形成《××旅游景区服务与管理质量调研报告》。

5．班级交流汇报，每组由1位学生代表小组汇报该小组的调研情况。

6．教师总结。

【实训考核办法和评分标准】

1．测试评分：根据学生对《旅游景区质量等级的划分与评定》（GB/T17775－2003）内容的了解、指定景区服务与管理状况的熟悉程度、调研报告的写作等进行评分。按百分制记分。

2．测试表

组别： 姓名： 时间：

项目	标准分（100）	得分
实训态度	10	
团队协作	10	
材料准备	20	
问题回答	30	
调研报告	30	
合计得分	100	

考核时间： 年 月 日 考评教师（签名）__________

第二章　旅游景区接待服务

学习目标

知识目标：熟悉旅游景区售票工作流程和验票工作流程；掌握咨询服务工作要求和咨询服务工作程序；了解游客投诉的原因和心理分析，掌握处理游客投诉的原则与步骤。

技能目标：能够根据旅游景区接待服务的基本知识，通过模拟实训，掌握景区售票、验票服务的基本技能和方法；锻炼在景区接待服务中的基本能力和处理游客投诉的技巧。

【引例】

打造精品景区 服务全球人民

国家首批重点山岳型风景名胜区雁荡山，位于浙江温州乐清市内，2005年被联合国教科文组织评为世界地质公园。2007年，雁荡山景区为创建5A级旅游景区，以“设施完善、服务规范、秩序优良、环境优美、保护完好”为指导方针，以“打造精品景区，服务全球人民”为总体目标，进一步完善了基础设施建设，塑造了景区新形象，提升了雁荡山品牌的国际魅力。

其一，把学习教育培训制度化，以文明礼仪为突破口，推行超值化、细微化、个性化等特色服务。景区每年都制定员工培训计划，有计划、有步骤地组织员工进行专业技术知识和操作技能培训。景区与有关高等院校建立长期合作关系，每年利用淡季时间，邀请著名学者对景区管理及服务人员进行礼仪知识、基本服务、导游讲解、摄影服务等方面的培训，不断提高他们的业务素质和服务水平。

其二，景区先后从旅游市场 、景区车辆秩序、文明服务、经营管理、卫生管理、安全管理、导游管理、摄影管理、商户摊位管理等方面入手，制定了30多项管理制度，编制《雁荡山制度会编》和《员工手册》，实现责任具体化、管理制度化、工作程序化、服务规范化。

其三，对照5A标准，全方位完善景区基础设施。打造数字化景区，建设雁荡山国际旅游网和管理局政务网全局各处室实现了办公自动化，建立雁荡山旅游电子商务平台；在雁荡山“二灵一龙”景区入口、售票厅、停车场安装了11只周转不息的“全球眼”视屏监控系统和安全动态网络等；与有关科研机构合作，研究开发英、日、韩、中、粤语、闽南语等外语和方言导游词；人性化标志标牌360块，垃圾箱200多个，公用电话多部，节能环保生态厕所8个（三星级景区公厕）；投资1亿多元建设雁荡山游客集散中心、大龙湫游步道环线、污水处理厂、灵岩和灵峰景区三线下埋等5大重点工程，以及雁荡山博物馆。

此外，景区积极打造“诚信雁荡”服务品牌。为把诚信建设落到实处，景区专门成立了诚信建设领导小组，制定了诚信服务公约，分别与景区各经营商户签订了诚信经营责任书。景区还设置了便民服务点，配备了雨伞、登山鞋、常用救急药品等。

资料来源：王祥斌：《打造精品景区 服务全球人民》，中国风景名声网，http://www.fjms.net/Hydt/Details.aspx?ID=37907，2007.7.13（有修改）。

要打造高品质的旅游景区，离不开接待服务。景区接待服务包括入门售票、验票服务、进入景区后的咨询、投诉受理服务等。

第一节 售票服务

售票工作是景区实现收入的直接环节，虽然工作相对比较单调，但职责重大，一旦发生差错，对景区、对员工个人都不利。因此，售票人员必须有较强的责任心和良好的职业道德，同时应具备一定的会计、出纳知识和相应的服务技巧。

一、售票工作流程

（一）售票前准备工作

售票前应做好以下准备工作：

1. 准时上下班，着工装，佩戴工牌，按规定要求签到（签退），遵守景区的劳动纪律。
2. 查看票房门窗、保险柜、验钞机、话筒等设备是否正常。
3. 搞好票房内及售票窗外的清洁工作。
4. 开园前挂出当日门票的价格牌。若当日由于特殊原因票价有变，应及时挂出价格牌及变动的原因。
5. 领班根据前日票房门票的结余数量及当日游客的预测量填写门票申领表，到财务部票库领取当日所需各种门票，票种、数量清点无误后领出门票，并分发给各售票员。
6. 根据需要到财务部兑换所需的零钞。

（二）售票工作流程

1. 游客走进窗口，售票员要态度和蔼、举止大方、语言清晰、讲究礼仪、文明待人、向游客问候，并询问客人需要哪种票种和票数。
2. 售票人员根据本景区门票价格及优惠办法向客人出售门票，主动向客人解释优惠票价的享受条件。售票时做到热情礼貌、唱收唱付。例如："您好，收您100元，每张20元，购3张，共60元，找您40元，请您收好。""您好，门票50元一张，您买两张，100元正好，景区里有2个景点需要验票，请收好门票。"
3. 售票结束时，售票人员向游客说"谢谢"、"欢迎下次光临"等。
4. 向闭园前一小时内购票的游客提醒景区的闭园时间及景区内仍有的主要活动。
5. 游客因购错票或多购票在售票处办理退票手续时，售票员根据实际情况办理，并填写退票通知单，以便清点时核对。
6. 根据游客需要，实事求是地为游客开具售票发票。
7. 交班时认真核对票、款数量，核对门票编号。
8. 售票过程中，票、款出现差错，及时向上一级领导反映。多款上交，短款自补。
9. 热情待客，耐心回答游客的提问。游客有冲动或失礼行为时，应保持克制态度，不能恶语相向。
10. 耐心听取游客批评，注意收集游客的建议，及时向上一级领导反映。

11. 发现窗口或附近有炒卖门票的现象要及时制止，并报告保安部。

（三）交款及统计

1. 做好每日每月盘点工作，保证账、票、款相符，做到准确无误，并认真填写相应的《售票日报表》。

2. 结束营业后，将当日《售票日报表》及钱款交景区财务部门。

3. 记录好工作日记，搞好卫生，关闭门窗、保险箱等，切断电源，下班。

二、售票工作难点

（一）假钞问题

售票工作中，很容易收到假钞。一旦收到假钞，按规定应由当班人员进行赔偿；有时售票员在找补过程中也会和游客为钞票的真伪进行争执，弄得双方都不愉快。所以，售票员应具备一定的鉴别钞票真伪的知识，以避免收到假钞。景区如有条件，应为每一个售票员岗位购置功能齐全、准确的验钞机。

景区应有计划地请专业人员（如银行工作人员）来为有关员工开展防伪钞培训活动，使其掌握辨认假钞的能力。一般来说，可以用“一看、二摸、三听”的方法辨认假钞。

一看看颜色、变色油墨、水印。真钞印刷精良，颜色协调，水印具有立体感；假钞颜色模糊，色彩不协调，水印只有一边或无立体感，纸张较差，防伪金属线或纤维线容易抽出。

二摸摸水印、盲文。真钞手感较好，无印、盲文立体感强；假钞较绵软或很光滑，盲文不明显。

三听听声音，假钞抖动时发出的声响太清脆或无响声。

值得注意的是，收款时，最好不要当着游客的面，一张一张地鉴别钞票。这会让游客很不舒服，觉得自己不被信任。这就要求售票员掌握比较自然的方法，娴熟、有效地鉴别钞票的真伪；如发现有疑问的钞票，应礼貌地与游客协商，请其重新换一张。

（二）优惠票问题

一般的景区都会对不同人群实行差别定价，如小孩身高在1.1米至1.3米之间的只需买半价票，而在1.1米以下的则免票。有部分售票员因不愿与游客发生争论，便向其出售优惠票，由验票员检查或验证。这样做至少有三种后果：一是给检票员的工作增加难度，影响景区闸口的畅通与效率；二是使游客的心里产生不平衡感，甚至也提出享受同等待遇的要求或对景区产生不良印象；三是如果这些游客再次补票，不仅增加售票的工作量，也会延长其他游客的购票等候时间。

除此之外，还有其他的一些优惠规定，如对一定年龄以上的老年人、伤残军人、学生、导游等的优惠。遇到类似的情况，景区售票员要注意以下几点：

1. 应将本景区的各项优惠规定以告示的方式放在游客容易看到的地方，尽量避免优惠票之争。

2. 万一游客出言不逊，也不要与游客争吵，应礼貌、耐心地向游客说明门票的优惠制度，争取游客的理解。

3. 除了按照制度优惠以外，有时也需要灵活处理。对于特别固执的游客，售票员可以请来主管耐心解释，使游客有被尊重感，同时使其觉得优惠制度没有回旋的余地，应放弃不合理的要求。另外，还可以采取赠票，但附加有关条件的做法。例如，请游客做一次景区的“神秘游客”，对景区的服务质量进行一次监督评价，完成后，退给游客一个人的票款，也等于赠予一张免费票。

【微型资料】

售票服务的“三先”和“六心”

“三先”服务，即：先注视、先微笑、先问候。

“先注视”，是认识的起点、自信的表现。在游客接近售票员的工作岗位时，售票员应以注视的方式与游客进行远距离交流，以达到识别和初步了解游客需求的目的，让游客感觉受到重视、受到欢迎。售票员眼神应该炯炯有神，态度和蔼可亲，避免无精打采，眼神过于严肃、呆滞和机械，争取给游客留下一个美好的第一印象。

“先微笑”，是友谊的基点、魅力的展现。在游客接近售票员的工作岗位时，售票员应以微笑的方式与游客交流，以达到进一步沟通交流的目的，使气氛融洽，让游客感觉受到欢迎。售票员的微笑应自然，避免假笑和表情僵硬。大多数情况下，注视和微笑是同时进行的。

“先问候”，是欢乐的源泉、诚恳的体现。游客到达服务员的工作岗位时，售票员应该使用礼貌用语先对游客进行问候，询问游客的需求，以达到最终了解游客需求的目的，使游客在服务员的关心、问候下感受到安全和舒适，从而乐于参与游乐。售票服务员应讲普通话，使用规范的礼貌用语向游客进行问候。语音语调适中，一般不使用方言，语音避免过高或过低，语速避免过快或过慢。在游客进行问候时应注意面部表情，要轻松自然，避免表情僵硬或过于严肃。

服务接待工作，需要售票员根据不同的服务对象提供不同的优质服务。售票员在与客人接触前，应该以注视的方式与游客进行远距离交流，同时识别游客属于哪种类型，是 VIP 游客，是特殊的、反常的、有困难的游客，还是普通的、挑剔的游客，并使其需求在服务接触时得到满足。

根据游客的类型，售票员应提供精心、专心、热心、细心、全新、耐心的“六心”服务。

对 VIP 游客要“精心”服务。因为贵宾对服务的要求和对专业技能的要求会相对高一些，因此，要在平时的服务平台上更上一层楼，提供更高水平的优质服务。

对特殊游客要“专心”服务。在接待特殊游客时，要问清楚他有什么需求，然后在自己的能力范围内尽量满足这些需求。

对反常游客要“热心”服务。如果游客带着满脸怒气而来，那我们在语气方面就要更加亲切一些，多与他们沟通，平息他们的怒气。

对有困难的游客要“细心”服务。应及时了解游客是否需要帮忙，并主动提供帮助。

对普通游客要“全心”服务。对一般游客来说，我们提供全心服务，让他们有宾至如归的感觉。

对挑剔的游客要“耐心”服务。接待这样的游客，要做到在保证公司利益不受损害的情况下百问不厌。

识别游客，是提供优质服务的前提；满足游客，是提供优质服务的延伸。售票员在接待工作中做到“六心”服务，是对优质服务的保证和延伸。

第二节　验票服务

验票工作关系着景区经济效益能否真正实现，同时，它也担负着维持景区良好秩序的重要职责。随着现代科技的发展，越来越多的景区使用电子验票系统，但仍需要由工作人员提供服务。

一、验票工作流程

验票服务的工作流程与售票服务一样，有工作前、工作中、工作后三个阶段，下面择其要点进行说明。

（一）准备工作

1. 参加班前会，按规定着装，佩戴工作牌，仪容整齐，化妆得体。

2. 查看验票口验票机器、话筒等设备是否正常。

3. 开园前做好入园闸口周围的卫生，保持闸口顺利通畅。

4. 备好导游图，准备好景区相关宣传资料，做好开园准备。

（二）验票过程

1. 开园后，工作人员站在验票位，精神饱满，面带微笑，用标准的普通话热情礼貌地回答游客询问，掌握票价、景区名称、礼貌用语等简单的英语对话。

2. 游客入闸时，验票员要求游客人手一票，并认真查验。设有自动验票机的景区，验票员应监督、帮助游客通过电子验票系统验票。当自动验票机出现故障时，进行人工验票，不得出现漏票、逃票、无票放人现象。在验票的同时向游客问候，要使用“欢迎光临”等礼貌用语，如“您好，欢迎光临”，“请拿好票，往这边走，祝您玩得愉快”。

3. 控制人流量，维持入口秩序，避免出现混乱现象。对漏票、持无效证件的游客，要礼貌耐心地解释，说明无效的原因，说服游客重新买票。

4. 快捷、热情地为持有效票进入景区的游客检票、撕票、赠送导游图。

5. 熟悉《门票价格及优惠办法》，并按要求查验。熟悉旅行团导游、领队带团入园的查验方法及相应的免票入园规定，团队入园参观时需登记游客人数、来自的国家（地区）、旅行社名称等信息。

6. 残疾人或老人入园时，应予以协助。

7. 始终保持闸口的有序和卫生。

8. 如遇闹事、滋事者，应及时礼貌制止、耐心说服。如无法制止，应立即报告安保主管，并将闹事者引到一边再进行处理，切忌在众多游客面前争执。

（三）结束工作

1. 结束经营后，将当日经主管部门审批的无票或优惠票入园表统计并交景区财务部门。

2. 下班前填写工作日记。

3. 搞好卫生，切断电源，下班。

验票员应认真遵守景区指定的有关规章制度，认真负责，敢于坚持原则，严禁利用职务之便私放游人进入景区。同时要主动接受旅游行政管理部门和执法人员的监督检查，自觉改进工作方法，提高工作效率，维护景区形象。

二、验票工作难点

无票入园几乎是每位验票员都遇到过的情况。在传统的人工验票方式中，这种情况更容易出现。这给景区带来的不仅仅是经济效益的损失，同时也使目睹此过程的游客对景区规范管理产生质疑，有损景区形象，无票入园不是小事，理应受到各景区管理者的高度重视。

作为景区验票处的工作人员，务必要坚持公私分明的原则，坚决杜绝自己的亲朋好友或其他社会关系人员无票入园，当发现其他同事有此情况时，应按景区规章制度做劝说工作，并礼貌地向游客作解释工作，维护景区形象。

作为验票服务的管理人员，应从制度上根本解决无票入园这一问题。景区员工的朋友来到景区旅游，是员工热爱景区、以景区为傲的一种正常表现，可以考虑其特殊性，找到既能满足员工心理需求又不影响景区的合理解决途径。例如，定期给员工分发赠票，邀请员工的亲友来景区游玩并担任质量监督员。

三、人工验票与机器验票的差别

景区电子门票是当前景区信息化建设的一大热点。电子门票管理系统并非简单的售票管理系统，而是集智能卡工程、信息安全工程、软件工程、网络工程和机械工程为一体的智能化管理系统。它涉及门票制作、广告与营销、发售票系统、通道验票系统、景区客流监控系统、景区资源开发决策系统和财务管理等诸多环节。其强大的智能化功能，克服了人工售验票模式固有的速度慢、财务漏洞多、出错率高、劳动强度大等缺点，为景区的科学管理提供了技术支持。

随着景区电子门票系统应用需求不断扩大，类型繁多的电子门票的解决方案应运而生，如磁卡门票、条码门票、光盘门票、IC卡门票、指纹门票等。

【业界动态】

天涯海角风景区的门票改革

2000年，海南三亚天涯海角风景区开始实行电子门禁检票系统，门票也由原来的纸票改换成了磁卡。入园时游客只需持卡在通道机上刷卡就可实现自动检票，取代了由工作人员手工撕票、检票的过程。随着游客量的不断增加，该景区在检票安全和效率上又面临新问题。2004年，景区启动了新的电子门禁系统改造工程，以IC卡门票取代了原来的磁卡门票。IC卡系统在性能上优于磁卡系统，能更有效地避免和减少景区在售票、检票等环节出现的错票、漏票现象，使门票的管理工作更加安全、严格，能更有效地提高检票入园的工作效率。海南三亚天涯海角风景区在5年内连续两度更换售票、检票方式，都是根据景区发展需要而确定的，同时这也为景区的运营带来巨大利润。可见，选择一种适合景区自身的门票系统是景区经营和发展的重要方面。

第三节 咨询服务

向游客提供咨询服务是景区每一位员工应尽的职责，但其主要是由游客中心（visitor

center）来完成的。游客中心向游客提供接待导览、咨询、失物招领、投诉受理、免费寄存物品、婴儿车出租、医疗救护、电子触摸查询系统、放映厅、展览厅、咖啡厅、旅游纪念品展示和销售等多种服务，“竭尽所能方便游客”是景区提供咨询服务的宗旨。比如在景区的日常工作中，经常会有游客来问“卫生间在哪里”、“餐厅怎么走”等，有的服务员就用手指一下，而不管游客能否找到，这只能说是做到了让游客不投诉。如果服务员能够把游客送到他要去的地方，游客就不仅是满意而是惊喜，因为这超出了他寻求帮助的期望。当然，这样做的前提是处理好与其他工作的关系。

一个优秀的景区都设有专门的旅游咨询服务中心为游客提供咨询服务。这个服务中心一般设置在景区入口处的接待服务中心内部，但游客在景区内游玩时也会碰到各种各样的问题，这同样需要咨询服务，如景区内一个旅游项目的方位、开放时间等。因此，景区内除了专门的景区咨询服务人员外，同样还要有兼职的咨询服务人员，即其余所有的员工，也就是说，景区的每位员工都可能会成为游客咨询的对象，因为在景区内部游客最信任的人就是身着制服的工作人员。

一、咨询服务工作要求

1．统一着装

一个规范的景区从入口的闸口到景区内部的每一个景点、营销点及卫生间，所有的员工都应该着统一的制服、化妆得体，这既代表了景区的形象，也便于景区的管理。

2．学会微笑

正如格言所说：“没有面带微笑，就不能说有完整的工作着装。”或者如同玩世不恭者所说：“微笑使人们很想知道你想着什么。”用微笑告诉游客，他们来对了地方，并处在友好的环境里。因此，所有的工作人员在面对游客的时候，始终牢记要保持微笑。

3．保持良好的礼仪形象

工作人员应该保持良好的礼仪形象，因为一个人的外在形象是人的思想感情和文化修养的外在表现，同时也反映了他对工作的态度。因此，工作人员保持良好形象的第一步就是穿着得体。其次，除了微笑以外，一定要有正确的坐姿，应以坐满座位的 1/3~2/3 为宜，上身要挺直；站着为游客服务时，站姿要典雅，身体正对着客人，腰身挺直，双腿不可抖动，最好与游客保持 1.5~3 米的距离；在服务时要配上适当的手势指引。

4．工作态度认真

要本着“顾客就是上帝”的原则，认真地对待每一位游客，准确、仔细地回答每一位游客提出的问题。工作时不要与其他工作人员闲聊或大声说话，私人电话不应通话时间太长。

5．应用语言技巧

无论是电话咨询服务、当面咨询服务还是投诉处理服务，都需要与游客进行沟通和交流，这一过程中语言得体、应对大方可以给游客留下良好的印象，也可以缓解矛盾冲突，提高服务质量，因此，合理地应用语言艺术是沟通和交流成功的重要保障。其中，最重要的是广泛使用礼貌用语，如“请”、“谢谢”、“对不起”等敬语，“您过奖了，这是我应该做的”等谦语以及礼貌用语。

6．熟记景区内外情况

游客的问题肯定是五花八门的，从公共卫生间在哪里到该景区附近还有哪些好玩的景点、好吃的小吃等均可能成为游客咨询的问题。因此，景区内部应当定期对工作人员进行培训，使其了解该景区的现状和景区周围的情况，以便对所有的咨询都能流利回答。

7. 做好工作日志

景区工作人员应对游客提出的问题认真记录，写好工作日志，并且阅读工作日志，了解前一天的游客询问的主要内容。游客提出的问题可能是由于景区内部规划或管理不完善、做不到位而引发的，因此，可以根据工作人员的记录了解景区内现有资源的不足，以便起到优化景区的作用。

二、咨询服务工作程序

1. 主动问候

在岗的工作人员当遇到满脸疑问、迷茫或正准备走向自己的游客时，应该主动迎上前去问询："您好，请问有什么需要我帮助吗？""您好，我可以为您做些什么？"这样会给处在困难中的游客以温暖的感觉，留下亲切、热情的好印象。

2. 专心倾听

对于游客提出的问题应该认真倾听，以"嗯"等形式给出反应，让游客知道自己听明白了他刚刚说的话；其次，要有优雅的姿态，要始终保持典雅的站姿、正确的坐姿和优美的步态及适当的手势。

3. 有问必答

对于游客的问询，要做到有问必答。若一时答不上来，应该向旁边的工作人员求助或通过电话等形式来解决游客提出的问题；若离开现场去别的地方问询，问清楚后应马上回来，不能一去不复返。

4. 礼貌道别

对待游客的咨询，应当直到其满意为止。当游客准备离开时，应主动向游客道别，并祝其玩得愉快，可以说："再见，祝您玩得愉快！"

三、咨询服务的难点

1. 多人问询

如果多人同时问询，应先问先答。当回答前面游客的问题时，可以对后面问询的游客点头致意，并说"请稍等"；当遇到游客非常着急、插队到前面来问询的情况时，可先征得先到游客的同意，如果先到游客不同意而插队游客又非常着急，则可再与先到游客进行协商，可以说："出门在外不容易，大家需要互相照顾，看来这位同志的确很着急，您看……"

2. 了解最新的景区动态信息

景区内的工作人员除了详细掌握本景区所有景点的布置、游览线路以及景区内的基础设施外，还应该对当天或者定期在景区内开展活动的内容、时间和参加办法等有一定了解，并及时向游客提供游览景点的路线、购物和休息等有关信息，为游客在本景区旅游当好参谋。

3. 回答对本地及周边区域景区情况的询问

游客在本景区游览的同时，可能意犹未尽，还想到附近其他的地方进行游玩。此时工作人员应该尽量多地掌握景区周围的景点、住宿、购物及通往各大旅游城市的交通路线等情况，为需要的游客提供相应的信息。如有可能，可以备好本地及周围地区的旅游交通图。但是随着景区，尤其是同类型景区之间的竞争越来越激烈，当其中一个景区的工作人员被咨询到周边竞争对手的情况时，往往就有点不大情愿介绍，或者有意无意地贬低对方。其实这样做很可能会适得其反，因为游客可以通过其他途径获取正确的信息，从而对采取这种做法的景区产生不好的印象。从竞争上来讲，这样的做法也是下策。我们现在所处的时代是一个合作竞争的时代，如果景区之间工作人员能够相互宣传，提供宣传资料，则会做大市场，产生积聚效应，最后获得的将是双赢。

4. 对方固执己见

在景区工作人员的服务过程中，经常会遇到一些固执己见的游客，认为自己是对的、合理的，其他人就得按照他的想法来解决问题。面对这样的游客，工作人员应该尽量地说服，如果游客提出的要求不违反岗位原则和部门规定，应尽量满足，但如果是在部门规定之外的，那就应该坚持原则，不应退让。其实多数游客是通情达理的，只是需要得到景区的理解和工作人员的认真开导与解释。

四、咨询服务的禁忌

在接受游客咨询时，工作人员应避免出现如下的情况：

1. 三心二意

接受游客问询时，应双目平视对方，全神贯注，以示尊重与诚意；不可三心二意，不可以有左顾右盼、手指绕来绕去的动作。

2. 说话含糊不清

答复游客的问询要做到有问必答，用词得当，简洁明了，不能说“也许”、“大概”之类没有把握、含糊不清的话。自己能回答的要随问随答，绝不推诿，对不清楚的事情不要不懂装懂、随意回答，更不能轻率地说“我不知道”。经过努力确实无法回答的，要向游客表示歉意，说：“对不起，这个问题我现在无法回答，让我了解清楚后再告诉您。”

3. 回答问题时怠慢游客

如果多人询问，应先问先答，急问急答，注意客人的情绪，避免怠慢，使问询不同事情的游客都能得到适当的接待和满意的答复。

4. 言谈偏激

在接待游客时应谈吐得体，不得随意探寻游客的隐私，言谈不可偏激，避免有夸张论调。

5. 遇急事奔跑

遇急事不要奔跑，以免造成游客紧张。

6. 和某位游客谈话太久

不要和某位游客谈话太久而忽略了其他需要服务的游客。

7. 以貌取人

对游客不能以貌取人，应一视同仁，热情接待。

【业界动态】

十个北京旅游咨询亭傲立奥林匹克公园

2008年9月25日，10个标有北京旅游咨询服务中心标识的咨询亭在奥林匹克公园出现，这是北京市旅游局和北京奥组委、新奥公司合作项目中的重头戏。

北京市旅游咨询服务中心对奥林匹克公园咨询亭改造工作极为重视，经与新奥公司商议，并在实地查看了咨询亭位置、朝向、功能以及现实状况后，提出了一套装饰方案，即全方位、立体式地突出宣传北京旅游咨询的方案，尤其是咨询亭的标识设计与安装，在"上、中、下、旁"做足了文章。"上"即在咨询亭顶部设计了"I"的标记；"中"即亭边安装有"北京旅游咨询中心"字样的裙边；"下"即在咨询台下部安装标识；"旁"即在咨询亭旁边树立4米高的三角式标识，还委托西域区旅游咨询服务中心组织师资对咨询亭志愿者进行了培训，委托有关单位为咨询亭配备能够体现首都旅游业的资料。

资料来源：《十个北京旅游景区咨询亭傲立奥林匹克公园》，国家旅游官网，http://www.cnta.gov.cn/htm/2008.9（有修改）。

第四节　投诉受理服务

游客对旅游景区的投诉是景区运营过程中经常发生的现象。首先，要正确对待游客的投诉；其次，要对游客投诉的原因和心理进行分析；最后，采取合适的处理方法，良好的投诉处理方法将会消除游客对景区的不满，甚至会让游客获得意外的惊喜，从而提高景区在游客心目中的美誉度。

一、正确对待游客的投诉

（一）投诉是游客对景区信赖的象征

李维特在《哈弗商业评论》中曾说："与游客之间的关系开始走下坡路的一个信号，就是游客不抱怨了。"中国有句古话："良药苦口利于病，忠言逆耳利于行。"游客的抱怨或投诉就是忠言的一种。如果有游客抱怨或投诉，说明该景区还是值得游客信赖的。因为游客对其产品和服务有着很高的期待，因此，他们有权提出最强烈的抱怨。

游客在游玩、接受服务的过程中可能会产生这样或那样的不满或抱怨，正是这些不满和抱怨成为景区发展过程中的动力。因为由此能让景区认识到现存的不足，然后找出解决问题的办法，从而促进景区的优化。一些游客有了不满或意见，不是找景区投诉，而是向周围的朋友倾诉，或者在景区内没找到合适的投诉环境而向当地的消费者协会、旅游局等监管部门去投诉或反映，这样会对景区造成负面影响，甚至对景区今后的市场发展不利。据美国华盛顿特区的技术援助研究项目的统计数据显示，每一个不满意的游客将把他的不满至少告诉15人，这是人类的天性。

因此在正视游客投诉的同时，应积极为游客投诉提供机会和环境，如在景区内的不同地点设置专门受理投诉的服务台、投诉电话、意见箱或意见簿等。但是最好的方法是当面投诉当面处理，让游客充分感到受到了重视，同时意见和不满也不会外泄，使其乘兴而来、满意而归。

（二）将游客投诉视为建立忠诚的契机

有研究发现，如果对抱怨的游客给予一定重视，对他提出的问题也尽量圆满解决，其忠诚度会比没有抱怨和提出问题的游客高。景区解决问题的热忱会让游客更加信赖该景区，为未来的业务奠定基础。以下是麦肯锡公司所做的统计数字。

（1）有了问题但没有提出抱怨的顾客，有再来惠顾意愿的占9%。

（2）会提出抱怨，不管结果如何的顾客，愿意再度惠顾的占19%。

（3）提出抱怨并获圆满解决的顾客，有再度惠顾意愿的占54%。

（4）提出抱怨并迅速获得圆满解决的顾客，愿意再度惠顾的占82%。

注意：与不提出抱怨的顾客相比，会提出抱怨的顾客购买意愿高了1倍（19%:9%）；与不善于处理不满的公司相比，游客重复购买能迅速处理不满公司的产品的意愿也大为提高（82%:54%）。

因此，景区每一位员工都应该树立这样的理念——游客的投诉是景区发展的机遇，因为这为景区指出了改进的方向。

二、游客投诉原因分析

游客投诉的原因比较复杂，投诉的内容也千奇百怪，大致可以分为以下几种类型。

（一）对景区工作人员服务产生的投诉

这一类投诉是由于景区工作人员素质不高、服务水准低下、服务观念存在问题产生的，这类投诉占景区投诉的绝大部分。

1. 服务态度极差

（1）不回答游客的询问或回答时不耐烦、敷衍了事、出言不逊。

（2）服务态度粗鲁，反应迟钝。

（3）对游客的意见不理不睬。

（4）服务语言使用不当。

2. 服务技能欠缺

（1）工作程序混乱，效率低下，上班时间锁门办私事。

（2）账单金额错误，账单记错。

（3）上菜、上酒与所点菜单不一样，对菜单不熟悉。

（4）不注重个人卫生，手放入杯中或盘中，点完钞票的手又去拿食品。

（5）寄存物品遗失或调错。

（6）不征求游客意见，强迫游客坐不愿意坐的位子，住不愿意住的房间，乘不愿意乘的车。

（7）漏点或错点游客人数。

（二）对景区服务产品产生的投诉

（1）对景区产品价格投诉，如景区门票太高，重复购买门票，商品或服务项目收费过高，没有达到物有所值，随意宰客。

（2）饭菜质量太差，口味、卫生不能令游客满意。

（3）游客所要物品和样品不一致。

（4）最佳观景点被私人承包，拍照得付额外的费用。

（5）寄存物品、租车、乘船等不方便，结账方式落后。

（三）对景区硬件及环境产生的投诉

（1）没有或缺乏卫生设施，或卫生设施条件太差，如卫生间没有水冲洗等。

（2）住宿条件简陋，桌面、椅子、毛巾、地毯、窗帘、碗筷破损，不干净，还美其名曰“体验生活”或“农家饭”等。

（3）没有与景区相配套的娱乐项目，如歌舞表演、儿童娱乐设施或其他活动项目，使景区显得没有活力。

（4）发生安全事故、意外事件不能及时处理，治安状况差。

（5）游览气氛太差，小摊小贩穿梭其间，向游客强迫兜售。

（6）交通混乱，车辆无固定停车位。

在分析游客投诉的原因后，需要运用正确的原则、适当的方法和技巧，巧妙地解决游客的投诉。

三、游客投诉的心理

（一）游客投诉心理分析

了解游客的投诉心理有助于景区工作人员正确处理游客投诉。虽然引起游客投诉的原因多种多样，但游客进行投诉的心理主要表现在以下三个方面。

1．求尊重的心理

游客求尊重的心理每时每刻都存在。当游客受到怠慢时就可能投诉，投诉的目的就是找回尊严。在投诉之后，游客希望别人认为他（她）的投诉是对的，是有道理的；他们希望得到同情、尊重，希望有关人员、有关部门高度重视他们的意见，向他们表示歉意，并立即采取相应的处理措施。

2．求平衡的心理

游客在遇到令他们感到烦恼的事之后，会感到心理不平衡，认为自己受到了不公正的待遇。因此，他们可能就会找到景区的有关部门，通过投诉的方式把心里的怨气发泄出来，以求得心理上的平衡。人在遭到心理挫折后，有三种主要的心理补救措施：心理补偿、寻求合理解释而得到安慰、宣泄不愉快的心情。俗话说“水不正则流，人不平则语”，说的就是这个道理，这是正常人寻求心理平衡、保持心理健康的正常方式。

游客之所以投诉，还源于游客对人主体性和社会角色的认知。游客是为了寻求愉快和美好的经历，如果他（她）得到的是不平等、烦恼，这种强烈的反差会促使他（她）选择投诉来找回他（她）作为游客的享乐权利。

3．求补偿的心理

在景区服务过程中，如果由于工作人员的职务行为或景区未履行合同、兑现承诺，给游客造成物质上的损失或精神上的伤害，他们就可能通过投诉的方式来要求有关部门给予他们物质上的补偿。在法律上，游客是有权利要求物质补偿的。

（二）把握心理服务的要领

1．尊重游客

尊重他人是人际关系中的一项基本原则。不管游客是外国人还是中国人，也不管游客的肤色、宗教、信仰、消费水平如何，景区的工作人员都应一视同仁地尊重他们。

尊重游客，就是要尊重游客的人格和愿望。游客对于能否在旅游目的地受到尊重非常敏感。他们希望在同旅游目的地人们的交往中，人格受到尊重，意见和建议得到认可；希望在精神上得到在自己的国家或地区所得不到的满足；希望要求得到重视，生活得到关心和帮助。

游客希望得到尊重是正常的、合理的，也是起码的要求。景区的工作人员必须明白，只有当游客生活在热情友好的气氛中，自我尊重的需求得到满足时，为他提供的各种服务才有可能发挥作用。

“扬他人之长，隐其之短”是尊重人的一种重要说法。在游览过程中，景区的工作人员要妥善安排，让游客参与到各项活动中，使其获得自我成就感，增强自豪感，从而在心理上获得最大的满足。

2．微笑服务

微笑是自信的象征，是友谊的表示，是和睦相处、愉快合作的前提；微笑还是一种无声的语言，有强化有声语言、沟通情感的功能，有助于增强交际效果。

工作人员若想向游客提供成功的心理服务，就得学会提供微笑服务，要笑口常开，“笑迎天下客”。只有养成逢人就亲切微笑的好习惯，才会使游客倍感亲切，提供的服务才会使游客满意。

3．使用柔性语言

所谓柔性语言就是柔和甜美的语言。俗话说：“一句话能把人说笑，也能把人说跳。”有时，景区工作人员一句话说好了会使游客感到高兴，但是无意中的一句话就有可能伤到游客的自尊心。因此，景区工作人员在为游客服务时必须注意自己的语言表达方式，与游客说话时要语气亲切、语调柔和、措辞委婉、说理自然，常用商量的口吻与游客说话。这样的“柔性语言”既使人愉悦，又有较强的征服力，往往能达到以柔克刚的效果。

4．与游客建立“伙伴关系”

游览活动中，游客不仅是景区工作人员的服务对象，也是合作伙伴，只有与游客通力合作，游览活动才能顺利进行，景区服务才能取得良好的效果。要想获得游客的合作，工作人员应设法与游客建立“伙伴关系”。一方面，可通过诚恳的态度、热情周到的服务、谦虚谨慎的作风，让游客获得自我成就感，从而与游客建立合乎道德的、正常理性的情感关系。当然，这种情感关系应是面对每一位游客的，绝不能厚此薄彼。另一方面，在与游客交往时还应把握正确的心理状态，尊重游客，与游客保持平行性交往，力戒交锋性的交往。

5．提供个性化服务

个性化服务是景区的工作人员在做好规范化服务的同时，针对游客的个别要求而提供的服务。每位游客既希望景区的工作人员能一视同仁、公平相待，又希望能给予自己一些特别的关照。因此工作人员既要通过规范化服务去满足游客的一般要求，又要根据每位游客的具体情况提供个性化服务，满足游客的特殊要求。这样做会使游客感觉到“景区工作人员的心中有我”，从而拉近了与工作人员之间的感情距离，并产生满足感。个性化服务虽然不是全体游客的共同要求，而只是个别游客的个别需求，有时甚至只是游览过程中的一些琐碎小事，但是，做好这类小事往往会起到事半功倍的效果，尤其是对注意细节的西方游客而言，可使他们感受到景区的工作人员求真务实的作风和为游客分忧解难的精神，从而对其产生信任。“细微之处见真情”所讲的就是这个道理。

提供个性化服务做起来并不容易，关键在于工作人员要将游客“放在心中”，眼中“有活儿”，把握时机主动服务。个性化服务要求工作人员要了解游客，用热情主动的服务尽力满足其合理要求。此外，个性化服务只有与规范化服务完美结合才是优质的服务。

四、处理游客投诉的原则与步骤

（一）把握正确的处理原则

1．学会换位思考

以“换位思考”的方式去理解投诉游客的心情和处境，满怀诚意地帮助游客解决问题。只有这样，才能赢得游客的信任，才有助于问题的解决。

2．不要与游客发生正面冲突

在游客情绪比较激动时，投诉接待者更要注意礼仪礼貌，要给游客讲话申诉或解释的机会，控制住局面，而不能与游客争执，发生正面冲突。

3．维护景区利益

投诉接待人员在处理游客投诉意见时，要注意尊重事实，既不能推卸责任，又不能贬低他人或其他部门，避免出现矛盾，否则，会使游客更加反感。

（二）处理投诉的技巧

处理游客投诉是一项需要耐心和技巧的工作，有些没有学会与不满的游客相处的工作人员，可能和愤怒的游客一样失去理智，使矛盾激化，使景区失去游客，甚至使自己失去工作。因此在处理投诉时，不管游客是粗陋、沮丧、郁闷还是愤怒，尽量不要使矛盾升级。投诉接待人员要学会使用以下步骤来处理游客投诉。

1．认真倾听

来投诉的游客大多情绪激动，怨气冲天，往往先不说清真相，就先表达对景区或是对工作人员的不满，此时工作人员不要急于解释，要学会耐心倾听。

首先，要做到聆听游客的发泄。面对愤怒的游客，有人可能认为解释最为重要，但事实却恰恰相反，反而是有效的倾听更能缓解游客的愤怒情绪，同时可以克服沟通中的障碍。如果工作人员认真地听取游客的发泄缘由，就能避免误解、争论、错误和延误。倾听时，应心平气和，不可有任何反感情绪或不自然态度的流露。

其次，应该及时记录和回应。在认真听取游客发泄的同时，还应根据游客的叙述进行认真的记录，并及时回应，要让游客知道，他的感受得到了重视。可以配合专注的眼神或间歇的点头来回应游客，或者可以加上几句“喔，这样的”，“当时是……”，“那接下来呢”等。如果没明白游客的意思，可以说：“对不起，您可以慢点说吗？我没听清楚。”这样会使游客觉得自己的意见受到重视，可以缓解对方的怨气。但当游客在发泄时，绝对不能说“您可能搞错了”，“我们不会”，“我们不可能”，“你弄错了”，“这是不可能的”，“你别激动”，“你不要叫”，“你冷静一点”。

最后，不要计较游客的说话方式。愤怒的游客在对景区或者工作人员发泄不满的时候，可能言语过激或表达不准确，这个时候不要计较，即使是游客对景区或工作人员产生了误会，也不要打断他们的叙述。应当掌控好自己的情绪，因为打断愤怒的游客不仅听不清楚问题产生的根源，反而会刺激游客的情绪，不利于问题的解决。

2．诚恳道歉

不论是什么样的原因，游客前来投诉，必然有自己的理由，或多或少是因为景区服务管理工作不到位造成的。游客来景区消费，过得不愉快、不开心，产生抱怨，景区工作人员就应该向游客表示歉意。

在向游客道歉时，景区工作人员应注意以下两点。

（1）对游客表示安慰和同情。

一般而言，前来投诉的游客总是觉得自己受到了伤害，带着一颗“受伤的心”前来投诉，要求接待者主持公道。如果再去触碰“受伤的心”，一定会引起游客强烈的反应。这时，投诉接待人员必须对游客进行安抚，比如可以说：“我对您感到气愤和委屈的心情非常理解，如果我是您，我也会有和您相同的感受。”对投诉的游客表示同情和理解，是抚慰其“受伤的心”的最好办法，也是把他的注意力引向解决问题，而不是拘泥于令人烦恼的细节和令人沮丧的情绪的唯一途径。

投诉者所说的事情有时可能不是真实的，但他仍希望工作人员能够对他表示同情和理解，对于那些夸大其词、喋喋不休的投诉者工作人员也要给予他们适当的关注，以安抚他们“受伤的心”。如果他们还要纠缠不清，可以把他们交给上级主管部门人员处理，而不能对他们置之不理。

能够说服游客的往往不是严密的逻辑推理或滔滔不绝的大道理，对游客表示同情和安慰才能唤醒游客的理性，引导事态向着对双方都有利的建设性方向发展。

（2）注意道歉方式。

有些工作人员认为承认错误会使景区很丢面子，可实际上工作人员的道歉表明了他所在景区对游客的诚意。如果工作人员一再推卸责任，会使游客更加反感、更加生气。在对客服务中，有一句名言：“顾客永远是对的”。但有时完全是顾客错了，然而顾客是对是错又有多大关系呢？作为一名工作人员，其工作就是使顾客感到他自身的价值和重要性，并解决他们的问题。

在道歉时，不仅要注意用语，同时还要表现出一种诚意，可以说：“真的非常抱歉，让您遇到这样的麻烦……，这是我们工作的疏忽，十分感谢您提出的批评。”“对您在游玩过程中产生的不愉快，我们十分抱歉。”道歉必须是发自内心的，这样才能让游客接受，平息心中的愤怒。

3. 了解相关信息

游客在听到道歉之后，满腔的愤怒可能会得到暂时的平息，但是他们期望的是解决问题的办法，因此应当积极引导游客，进一步叙述出相关的信息。可以用以下方法。

（1）复述游客所遇到的问题。

愤怒的游客很难在一个平静的氛围内讲述他们所经历的事情，此时工作人员可以根据纪律用自己的话重复游客所遇到的问题，根据自己的理解对游客的话作一个总结，然后反馈给他们，这样可以确认工作人员所记录的游客愤怒的原因是否正确和完整，同时可以让游客知道自己的问题和要求已经被了解了。这样做能让游客充分感受到工作人员对自己的重视，有利于问题的圆满解决，也有利于事后存档总结。

（2）适当提问。

工作人员在聆听过程中有不明之处，可以通过提问的方式，重新收集足够的信息，以便帮助游客解决问题。

提问有以下三点好处：首先，对方有时会省略一些重要的信息，因为他们认为这不重要或恰恰忘了阐述，所以提问可以更全面地了解问题；其次，很多时候工作人员所理解的和游客所表达的未必是一回事，即“所听非所言”，因此，需要通过提问来确认；最后，当工作人员注意到游客话题转移时，可以向对方提一些问题，使跳跃式的对话回到原来的轨道上来。

但对游客而言，他们可能认为提问给其带来了不便，认为有些问题没必要问，甚至认为问问题是为难他们。所以，工作人员一定要注意提出的问题要表达出一种友好的意图，同时告诉游客为什么要问问题。当然，不要忘了认真倾听对方的回答。

4．提出解决问题的方法

在游客进行阐述以及工作人员重新确认和提问过程中，工作人员应当根据经验积极思考，判断问题的严重程度、事件影响面的大小，考虑游客希望获得什么样的处理结果。在处理投诉时，既要站在景区的角度又要站在游客的角度，在自己的职权范围内如果当场就能答复或是能解决的，就不要含糊其辞或有意拖延，应给游客提供几种解决的办法供其参考。

首先，在提出解决方案之前，工作人员应根据景区对投诉的处理规定和相关政策，向游客进行解释。不论是游客误解了景区及工作人员，还是景区内部本身存在问题，工作人员都应该按照规定或政策给出相应的解释。

其次，提出方案时，根据相关规定和经验，工作人员可以提出几种不同的方案供游客参考，并和游客协商共同寻求解决方法，不可以把自己的处理意见强加给游客。但是如果直接问游客“这事您看怎么解决”，将是很不明智的做法。因为如果游客提出更高的要求，再和游客讨价还价就不好了。一般的方法是先对游客说：“实在对不起，您看这样处理好不好？……”

5．表示感谢

游客的投诉对景区工作的改进、对景区今后的发展起到促进作用。如果游客不来投诉，而是投诉到上一级的主管部门如旅游局等管理部门，或者和朋友抱怨，这些都会给景区带来负面影响。如果是景区投诉，在处理结果令人满意的情况下，则会产生良好的积极效应，这叫作“危机公关”。因此景区有理由对投诉的游客表示欢迎和感谢，如可以说“感谢您给我们提出批评和指导意见，我们以后会积极改进的”。

6．跟踪服务

绝大多数的工作人员在第 5 步就“到此为止”。虽然这时游客已经满意地离开，但其服务水准仍然只能称得上“良好”，要想达到“优秀”，还得继续进行第 6 步——跟踪服务。

跟踪服务的方式一般是电话、电子邮件、信函等。通过这些跟踪服务，景区进一步向投诉的游客了解景区的解决方案是否落实、是否还有其他问题。如果通过联系发现他对解决方案不满意，则要回到第 1 步，继续这个过程以寻求一个更可行的方法。

别小看一个小小的追踪电话，它可以强调工作人员对游客的诚意，深深地打动游客，并足以让游客对该景区印象深刻，从而加强游客对景区的忠诚度。景区的服务质量正是在这种螺旋式反复中得到了升华。

同时，投诉处理人员应该记录全部过程，将整个过程写成报告并存档，还要在此基础上进行投诉分析。也就是说，处理完投诉后，工作人员尤其是管理人员应该对投诉产生的原因及后果进行反思和总结，并定期进行统计，对典型问题产生的原因和相应的措施进行分析，不断改进服务水平。

（三）处理投诉的难点

1．如何面对愤怒的游客

当工作人员面对愤怒的游客时，如果处理不当则会使游客更加愤怒；如果巧妙地处理则可以使愤怒的游客成为忠诚的游客。具体而言，面对愤怒的游客，其处理方式可以采取以下措施。

（1）情绪的稳定。工作人员应该理解游客的愤怒是合乎情理的，因为每一个人愤怒的时候情绪都异常激动，而且对每一个讲理的人都会产生敌意。如果所有工作人员都认真地倾听游客愤怒的诉说，其怨气会慢慢得到缓解，因为他本人也会因为发脾气而感到尴尬。

（2）心灵的安慰。工作人员可以讲一些肯定性、支持性的话语。比如可以说："我明白这对您来说是一件令人不愉快的事情。"同时工作人员要配合一些身体语言，比如一个关切的眼神、一个轻轻的点头等，这也可以让对方知道你了解他的感受。

（3）问题的解决。游客在得到了工作人员的支持以后，会慢慢地平息怒气，并会积极主动地帮助工作人员找出让他愤怒的原因。

2．如何提供补偿性服务

在对投诉事件提出解决方案的时候，如果是游客在营销部购买的有形产品出现问题的投诉，可以采取保修、调换、退款等方式解决；对于在景区内享受服务这种无形产品来说比较复杂，因此需要有更巧妙的、更艺术的补偿性服务来弥补游客所受到的损失。

补偿性服务有以下几种常见的形式。

（1）打折优惠。如游客可能会对所住的景区酒店的服务不满，可以在住宿价格上打折。

（2）免费赠送。赠送的东西可以包括礼物、商品或服务，如果景区的员工与游客发生争吵，则可以给游客赠票或赠送景区纪念品。

（3）私人交往。当给游客造成不便时，景区的主管可以打电话表示歉意，使其感受到景区对他的重视和真挚的关心，这种私人交往会重建景区的形象和信誉。通过个人诚意的交往可以化解所遇到的不愉快，改变景区或管理者在游客心目中的印象。

3．如何回答过分要求

在与游客的接触过程中，难免会遇到一些故意刁难工作人员的游客，他们可能会提出一些过分的要求。此时工作人员应该沉着、大方地应对，可以用幽默的方式避开话题或回绝游客，可以说："我觉得这样的问题不像是您这样有品位的人所提出来的。"如果游客还是一再要求，那就可以义正词严地回绝。

4．如何应对顽固游客

在处理投诉服务时，总会遇到一些比较顽固的游客。如果碰到这样的人，可以尝试以下办法。

（1）肯定投诉。认真倾听他们的诉说，并从他们的话语中找到原因所在。用自己的话语叙述原因所在，如可以说："对不起，您觉得工作人员速度太慢，让您排队等的时间太久了，所以您才这样生气，是吧？"

（2）确定事实。这样可以避免对方过于夸大事实，如果对方说："我已经排了一上午的队了，队伍怎么还这么长啊？"这时您可以确定对方排队等候的具体时间。上海世博会在这方面的工作就做得很好，每一个到世博会游览的游客都会收到短信，告知排队等候的时间。如"昨日园区平均排队时间超过3小时的场馆：石油馆、日本馆和德国馆。建议您合理安排参观路线"。这样游客就可以合理安排自己的游程，避免投诉的产生。

（3）提出建议。向对方解释缘由，有必要时应作出诚恳的道歉。如上面的例子，你可以说："这个项目想玩的人特别多，而且大家都在等，实在没办法。我建议您可以先去玩一些别的项目。"

（4）避免纠缠。如果对方仍不听你的建议，你可以告诉他："十分钟以后，有位客人要过来，我希望在此之前，我们能将问题解决好。"这样做可以督促他迅速解决问题，避免纠纷。

【微型资料】

应对游客投诉的一些常用句式

"像您这样有地位的人……"这暗示了对方的社会地位很高，所从事的工作很重要。别害怕赞美对方，因为大家都喜欢听到美言。

"如果您可以……我会很感激的。"此话意在征得游客许可，暗示游客有很大的权利表示接受或者拒绝。

"您真的在……方面帮了我一个大忙。"此话暗示游客不仅在整个处理投诉的过程中的地位很重要，而且可以扮演一种父母兄长般的长者角色。

"也许您可以在……方面给我一些建议。"这样可以让游客感到他充满思想和机智。

"请您……因为您在这方面有专业知识/因为您是这方面的专家。"这话暗示对方具备很高的专业技术水准。

"像您这样有成就的人……"这句话暗示游客的事业很成功。

"当然您是肯定知道（了解）……"这句话暗示对方知识面广、信息灵通。当你知道对方不了解（或无法了解到）这方面信息的时候，讲这句话特别管用。因为谁都不愿意承认自己无知（尽管有些事情他们完全没有理由/完全不可能知道）。

"您说的……（内容）完全正确。"这会起到一种很有效的停顿作用，也可以借此认同顾客提出的观点。这样，顾客在大的问题上也就愿意让步。

"像您这样的大忙人……"这话可以暗示顾客作为"生活要员"的地位，同时也说明问题会很快得到解决。

"如果……我会感激不尽。"这话可以轻轻松松地让人感到愉快。

值得注意的是，上述说法中，有些话语可以以"我"字开头。在面对游客时，应尽可能避免使用第一人称代词。但如果对话不带有任何挑战意味时，"我"是完全可以使用的；如果情形出现了某种对立，或准备采取某种"挑战性"态度时，说话语最好以"您"字来开头。

本章小结

本章介绍了旅游景区售票工作流程和验票服务标准，介绍了旅游景区的咨询服务、投诉受理服务来说明咨询服务的重要性。通过本章学习，使学生掌握旅游景区售票、验票的相关知识、具体流程和工作重点；掌握咨询服务的要求和工作方法；同时，了解旅游景区游客投诉的原因，掌握旅游景区游客投诉处理的程序和方法。

主要概念

售票服务；验票服务；咨询服务；投诉

基础训练

1．填空题

（1）验票服务的工作流程与售票服务一样，有______、______、______三个阶段。

（2）向游客提供咨询服务是景区每一个员工应尽的职责，但其主要是由______来完成的。

（3）游客进行投诉的心理主要表现在______、______、______三个方面。

2．简答题

（1）在售票工作中，售票前准备工作有哪些？

（2）咨询服务工作程序是什么？

（3）简述处理游客投诉的原则与步骤？

案例分析

"五一"期间，某主题公园为吸引游客举行了很多表演活动。一天，接待部小陈接到一个游客的投诉电话，双方对话如下：

游客（激动、愤怒地）：你们景区太差劲了，有哪些活动我们游客都不清楚。我回到家里以后听人家说才知道，好多表演我都没看上……

小陈（被对方情绪感染）：是吗？我们在入口处有一块大的广告牌，上面有活动介绍和时间表，你没看到吗？

游客（嗓门更大）：我怎么知道？你们又没有跟我说。我们大老远赶来，花了那么多钱买票进去，结果光看到人多，其他什么也没看到……

小陈（据理力争）：那你当初怎么不问问呢？我们一天要接待好几万游客，总不可能一个一个地说吧！

游客（更加愤怒）：好的，好的，你们就这个态度，我会去告你们的！

小陈：那我们也没办法。

问题：分析案例中小陈处理方法的不当之处，对于案例中客人的投诉我们该如何解决？

实践训练

【实训项目】旅游景区售票、验票服务实训

【实训设备】

人员准备：全体学员分6组，第1组4人为督导员，第2组3人为售票员，第3组5人为验票员，第4组3人为咨询工作服务人员，第5组10人为团队游客，并确定1人为导游，第6组15人为散客，交换角色轮流练习。

材料准备：门票若干、《门票价格及优惠办法》1份、退票通知单若干、导游图若干、电脑三台、笔若干。

场地准备：实训室或某景区入口。

【实训要求】

1.了解旅游景区服务的标准化和规范化。

2.熟悉旅游景区入园接待服务工作流程。

3.全体学员着装得体、举止文雅、态度热情、处理有效、准确记录。

【实训步骤】

1.准备好实训所需物品和材料，进行人员分组。

2.实训开始

（1）售票服务

①客人走进窗口，售票人员向客人礼貌问候，并向客人询问需要购买的票数。

②售票员热情礼貌地向客人出售门票，售票时应做到唱收唱付。

③售票结束时，售票人员要向客人说“谢谢”等用语。

④售票人员根据实际情况为游客办理退票手续。

（2）验票服务

①验票人员分别对旅行团和散客按要求查验，对漏票、持无效证件的游客，礼貌耐心地解释，说明无效的原因，说服游客重新购票。

②验票人员应精神饱满，面带微笑，能熟练使用普通话和简单的英语对话。

③快捷、热情地为持有效票入园的游客检票，不得出现漏票、随意放人现象。

3.教师点评、总结。

【实训考核办法和评分标准】

（1）测试评分：根据学生现场考核的表现和事先材料的准备情况进行综合评分。实行百分制，在考察过程中评分。其中现场考核70分，准备材料30分。

（2）测试表。

组别： 姓名： 时间：

项目		标准分	得分
现场考核	售票服务	35	
	验票服务	35	
准备材料		30	
合计得分		100	

考核时间：年 月 日 考评教师（签名）___________

第三章　旅游景区解说服务

学习目标

知识目标：了解景区解说服务的类型、内容及功能，了解自助式解说的类型及特点，熟悉旅游景区导游人员解说技巧。

技能目标：掌握旅游景区解说服务的技巧，掌握并运用导游解说的讲解手法、语言技能。

【引例】

世博智能导游会讲七国话

在距离上海世博会开幕仅有1个月的时候，上海世博会组委会游客服务中心预计世博会期间每天入园游客超过40万人次，高峰期可能超过80万人次，世博会期间入境游客总数预计超过700万人次。

导游严重不足，尤其是外语导游稀缺，有可能导致旅游质量下降，是一直困扰着组委会官员、旅游管理部门和各旅行机构的问题。市旅游局局长道书明在上海市区县旅游工作会议上指出，本市还存在酒店接待、用车和导游三大缺口，合格导游特别是外语小语种导游稀缺也对接待部门形成困扰。

后来这个难题被深圳一家高科技企业破解了。致力于提供科技旅游解决方案的深圳智游通科技有限公司专门为来上海的参观旅游者研制了一款智能导游仪，并在上海市各大三星级以上宾馆、景区以及世博会指定接待旅行社，陆续投入1万台智能电子导游器，供游客租赁使用。此举解决了游客的出行难问题，特别是对不懂中文的外国游客来说更是雪中送炭。

智能导游仪精通中、英、日、韩、法、德、西七种语言，解决了游客在上海旅游出行难的问题，就好像请了一个懂七国语言的高级导游带你周游上海滩。

有意思的是，由于智能导游仪带有卫星定位功能，因此，无论游客走到哪个景点，只要打开智能导游仪，自动播放器就会有甜美的声音作景点讲解，无需进行任何操作还能知道游客所处景区及其奇闻野史、有关上海滩一些里弄的各种趣闻轶事。外地人更不会担心迷路。

最为方便的是，该设备可以进行吃、喝、玩、乐、购的“无人导游”一条龙服务。只要有需求就可以通过智能导游仪搜到离游客所处位置最近的特色餐馆、水疗会所、医疗单位、购物天堂等各种公共服务项目。

该公司负责人称，该智能导游仪属全球首创，其功能突破了此前所有的语音电子导游播音器以及仅限于某个景点内使用的景区导览器。一机在手即可玩遍上海，其中不仅有外滩、南京路、豫园、东方明珠、人民广场等热门景点的讲解解说，还包含了屋里厢、静安涌泉、鲁迅纪念馆、龙华烈士陵园等近1000个景点的讲解。

借助这个导游仪，游客可以深入了解上海的历史发展和文化内涵，甚至比老上海人懂得还要多。此外，该导游仪还提供杭州、苏州、周庄、西塘等热门景区的导游讲解，为游客在游览上海之余顺便游览周边旅游城市提供方便。

智能导游仪在世博会的首次出现，缓解了上海市的导游缺口，同时还能减少导游与消费者的摩擦。

资料来源：赵辉：《世博智能导游会讲七国话 趣闻轶事无所不知》，http://www.chinataiwan.org./zt/szzt/shibo/sbdt/20100402_1306662.htm,2010.4.29（有修改）。

上述案例中功能齐全的智能导游仪在世博会的出现，缓解了导游缺口，满足了不同旅游者的需求，同时还能减少导游与消费者的摩擦。随着旅游大众化，旅游项目不断发展，旅游者的需求越来越多样化，对旅游景区解说服务的要求也越来越高。

第一节 旅游景区解说服务概述

解说系统是旅游景区诸要素中的重要组成部分，是旅游景区教育功能、服务功能、使用功能得以发挥的必要基础。游客在旅游中常需要借助于理解景区空间环境和行动的信息。解说系统正是传递这种信息的一种重要手段。

一、旅游景区解说服务内涵

目前关于旅游景区解说的管理的概念尚未出现，而关于旅游解说已有相当多的研究。

中国台湾朝阳科技大学吴忠宏博士认为：解说是一种信息传递的服务，目的在于告知及取悦旅游者并阐释现象背后所代表之含义，借着提供相关的资讯来满足每一个人的需求与好奇，同时又不偏离中心主题，期望能激励旅游者对所描述的事物产生新的见解与热忱。可见，吴忠宏把“解说”解释为一种信息的传递服务。

世界旅游组织认为，解说系统是旅游景区诸要素中十分重要的组成部分，是旅游景区的教育功能、服务功能、使用功能得以发挥的必要基础，是管理者管理游客的手段之一（世界旅游组织，1997）。这一定义突出了解说系统的重要性及功能特征。

吴必虎认为，解说系统就是运用某种媒体和表达方式，使特定信息传播并到达信息接受者中间，帮助信息接受者了解相关事物的性质和特点，并达到服务和教育的基本功能。

综上所述，所谓旅游景区解说管理就是景区以理论研究为基础，运用某些媒体与相应表达方式，使旅游相关信息传播并到达信息接收者（游客）中间，帮助其了解相关旅游景区事物的性质和特点，从而实现服务、教育、使用等基本功能，以实现景区经济、社会和生态效益的统一。

二、旅游景区解说服务发展历程

景区解说研究从20世纪60年代发展至今分为4个阶段。

第一阶段从20世纪60年代到70年代，解说仅仅停留在修辞手段对概念的描述上。

第二阶段从20世纪70年代中期到80年代，人们开始寻找与游客沟通的媒介及其效果，例如把解说手册与幻灯片进行比较。但是这一时期仅把解说孤立地看成一种活动体验，缺乏理论基础。随着游憩心理学以及社会学的成熟，出现了完整的解说媒介谱，游客可以根据游憩活动的类型选择合适的解说方式。但是此时人们还没有意识到解说所具有的管理功能。

第三阶段是 20 世纪 80 年代早期，学者对解说开始进行系统评价，这意味着解说的研究开始向量化方向转变。作为手段，解说不再只具有娱乐性，还增加了管理功能。尽管这方面的研究数量不多，但是解说研究已经开始为自己寻求合法的地位。

第四阶段是 20 世纪 90 年代以后，社会学、心理学、行为学等更多的成熟理论运用到解说的研究中，使得研究者更加注重解说给游客思想带来的长期影响，研究内容逐渐偏向于对沟通过程的探讨，同时分析手段采取定性与定量相结合，使研究日渐成熟。

三、旅游景区解说服务功能

（一）明确旅游线路，提高旅游空间可识别性

心理学研究表明，寻找通路的直觉是不存在的，人的寻路能力来自对于外界环境明确感觉所形成的连贯和组织。一旦迷路，焦急甚至恐惧的心情会打破旅游者的内心平衡。清晰可识别的环境不仅给旅游者以安全感，而且还能增强旅游者内在体验的深度和强度。

通过对旅游景区解说系统的规划设置，形成景区空间结构构成要素在视觉环境意义上的体系化，并强化景区内的联系，促成景点、游乐设施、公共设施、观光设施等的网络化，诱导空间秩序的形成。

（二）信息传递与文化启迪的有效途径

旅游者的旅游动机多种多样，其中就有精神上的动机因素，包括对知识、见闻的追求，解说通过文化信息的传递，反映景区的历史文脉，说明景点的独特内涵，不但可以增添景区的魅力，提高景区文化品位，也可以满足旅游者精神上的需求。

（三）有助于形成具有特色的景区形象，增强景区吸引力与空间活力

设计得宜的景区解说能够刻画具有特色的景区形象，丰富景区色彩，活跃环境气氛；可以增强景区的吸引力，挖掘更多的潜在游客（见图 3-1）。

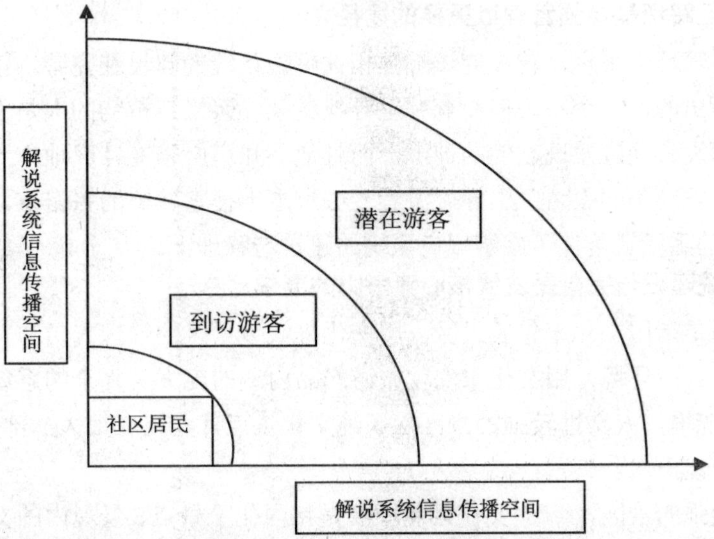

图 3-1　景区解说系统信息传播空间

（四）提示时空变化，增强游览乐趣

通过旅游解说系统的规划，使旅游者在旅游行进中，在解说的强化下，对环境空间的时

空演进产生明渐的印象，从而在头脑中整理出清晰的秩序，体验到序列空间和环境形态，从而使景区充满吸引人的活力。

四、旅游景区解说系统设置

旅游景区解说系统一般由软件部分（导游员、解说员、咨询服务等具有能动性的解说）和硬件部分（导游图、导游画册、牌示、录像带、幻灯片、语音解说等多种表现形式）构成。

旅游景区解说服务是指景区通过一定方式使旅游者理解旅游景区的系列手段和方法，包括导游、文字说明、模型与模拟、录音等。一般认为，只有导游才具有旅游景区说明功能。事实上，旅游者一经购票进入景区，景区就应该给旅游者提供最佳游览服务，在给定的门票条件下，让旅游者读懂景区，帮助旅游者实现旅游目的，导游只是旅游者在景区购买的特殊游览服务。

旅游景区标志系统是帮助旅游者完成景区考察的必要指示系统，主要反映空间位置、方向、地点等内容。如果旅游者能按照景区的标志系统顺利地完成在景区的旅游活动，则该景区的标志就是成功的。旅游景区应该为旅游者设计并提供最佳的活动路径，以安全为前提，让旅游者在最合理的时间内完成相关参观内容，保证旅游者自己能够按照景区提供的路径完成景点游览。生活设施是景区旅游活动设计必须考虑的要素之一。作为旅游景区服务，不仅要考虑如何让旅游者顺利完成游览活动，还应该充分考虑到旅游者的生活、身体需要，在游览中途补充能量、临时休息，为旅游者提供最好的服务。

五、旅游景区解说服务的必要性

（一）改善景区解说是加强管理最重要的途径之一

从旅游景区的管理上来说，首先应该加强相关解说系统的建设和完善。正如著名哲学家维特根斯坦曾经指出的，一个不习惯在森林里寻找花朵、浆果或植物的人是不可能找到它们的，因为他的眼睛没有受过发现它们的训练，而且他不知道必须在什么地方专心致志地进行搜索。训练旅游者发现美的眼睛，引导旅游者专心致志地搜索体验的兴奋点，帮助他们发现“花朵”、“浆果”的重任就落在了旅游解说系统的建设与管理上。

（二）解说系统建设与完善是发展核心竞争力的要求

景区文化创新是指用文化来包装景区，用文化来武装景区的管理人员和普通员工，用文化来优化景区整体旅游环境，用文化来深化旅游产品内涵的庞大、复杂的系统工程。在我国“人文山水”的传统里，人文性较强的景区除了纯文化景点外，还有很大一部分是自古开发、文人墨客常至的自然山水。

对于人文性较强的景区（点），文化创新主要是将内化于景点、景观内的文化韵味挖掘出来，使内化的文化内涵能够遵循“外化—内化”的转换模式，通过完善的旅游解说系统，形成旅游者旅游体验的一种过程。

第二节　旅游景区导游人员解说服务

一、导游解说服务

导游解说是通过导游向旅游者提供信息传导，同旅游者交流思想，为旅行者指导游览、进行讲解、传播知识。

向导式导游是一种面对面的双向型信息传播方式。其最大特点是双向沟通，能够回答游客提出的各种各样问题，可以因人而异提供个性化服务。导游接待的旅游者千差万别，有种族、身份、年龄、性别、职业、文化程度、生态意识等方面的差异。讲解时要认识到这些差异，针对不同的对象提供不同的个性化服务。导游是信息传播的主导者，在导游为旅游者提供讲解服务时，旅游者可以随时对导游的讲解作出反应，导游收到旅游者的反馈信息后，要有针对性地回答问题。

导游解说系统讲解是一种激发性解说，不仅能沟通信息，更重要的是引起信息互动。导游采用不同的手法，巧妙地运用语言艺术，唤起旅游者愉悦的反应，以良好的心态去欣赏美景；导游向旅游者提供包括新知识、新内容及态度、情感成分的讲解，进行信息的传递和交流。同时接受旅游者的反馈，解答他们提出的问题，通过双向沟通引起旅游者的共鸣。

由于导游一般掌握了较多的专业知识，信息量一般非常丰富，但它的可靠性和准确性不确定，这要由导游员的素质来决定。要成为一名合格的解说人员，仅有热情和信心是不够的，还需要有扎实的基本功、丰富的知识和良好的心理素质，同时适当地运用解说技巧，可使游客更喜欢接受。解说时解说员居明显位置，声音清晰洪亮，以大多数人能听到为准，语速不急不慢，急则游客听不清楚，慢则容易使人注意力不集中。在语言的运用上，适当地运用抒情性的演讲方式，起伏跌宕，错落不平，幽默生动，使游客的情绪随艺术化的语言而波动。

其优点：（1）容易使游客产生兴趣。（2）交互式。（3）符合团队的游览行为。

其缺点：（1）对人员素质要求比较高。（2）费用难以管理。（3）服务水准难保持。（4）人员数量的要求比较高。

二、旅游景区导游解说艺术手法

导游人员讲解时要运用娴熟的导游方法和技巧，下面介绍几种常用的讲解手法。

（一）描绘法

描绘法，就是运用具体形象、富有文采的语言对眼前的景观进行描绘，使其细微的特点显现于游客眼前。在旅游过程中，有些景观没有导游人员的讲解和指点，很难发现其美的所在，唤起美的感受。而经过导游人员一番画龙点睛或重彩泼墨似的描绘之后，感受就大不一样了。

【情景再现】

在景色如画的苏州西湖洞庭山的石公山上，一位导游员对游客描绘说：“朋友们，我们现在身在仙山妙境，请看，我们的背后是一片葱翠的丛林，面前是无边无垠的太湖。青山绕着湖水，湖水映着青山。山石伸进了湖面，湖水‘咬’住了山石，头上有山，脚下有水。真是天外有天，山外有山，岛中有岛，湖中有湖，山如青龙伏水，水似碧海浮动。”接着，他跌宕有致地吟道：“茫茫三千顷，日夜浩青葱，骨立风云外，孤撑涛声中。”这位导游情景交融的描绘，使游客就像在观看彩色宽幅风景影片，同时又听到了优美的画外音。

（二）简述法

简述法，就是用准确、简洁、冷静的语言，把景观介绍给游客，使他们在具体欣赏品味景观之前对景观有一个初步的印象。

【情景再现】

导游人员引领游客来到岳阳楼前，在登楼之前，导游介绍说：“这就是驰名中外的岳阳楼，它与武昌的黄鹤楼、南昌的滕王阁合称‘江南三大名楼’，素有‘洞庭天下水，岳阳天下楼’的美誉。它原是三国时代东吴时鲁肃训练水师的阅兵台。唐代建为岳阳楼，宋代由巴陵县令滕子京主持重修，整个楼阁为纯木结构，重檐盔顶，1984年落架大修后重新开放。现在楼高20米，由4根楠木柱支撑，楼顶就像古代将军的头盔。全楼没有一颗铁钉，这在力学、美学、建筑学、工艺学等方面都有杰出的成就。现在，楼内藏有清代刻的《岳阳楼记》雕屏，大家要想领略‘衔远山，吞长江，浩浩荡荡，横无际涯’（《岳阳楼记》）的风光，请随我登楼观赏。”

（三）感慨法

感慨法，就是用寓情于景、富有哲理性的语言激发游客的情绪，使他们得到一种愉悦的启迪。

【情景再现】

在号称“海天佛国”的普陀风景区，导游带着游客登上佛顶山，俯瞰大海。这时，导游在一旁启发似地感慨道：“朋友们，眼前这锦鳞片片、白帆点点的水面就是东海。多少年来，这海拥抱着、冲刷着佛顶山，以它特有的气势启迪着人们：海是辽阔的，胸怀无比宽广；海是厚实的，什么都能容纳；海是深沉的，永远那么谦逊……常看大海，烦恼的人会开朗，狭隘的人会豁达，急躁的人会沉稳……”

听着这些充满人生哲理的话语，游客们收获的又岂止是山水美景？

（四）述古法

述古法，就是向游客叙述有关历史人物、事件、神话故事、轶闻典故等，以丰富游客的历史知识，使他们运用形象思维更好地了解眼前的景观。

（五）逗趣法

逗趣法，就是用幽默风趣的语言进行导游讲解，让游客从中得到精神享受。

（六）猜谜法

猜谜法，就是根据旅游景观的内容和特点，以谜语的形式引发游客的兴致。

（七）玄虚法

玄虚法，就是指导游在讲解中使用停顿、“吊胃口”或“卖关子”等方法来吸引游客。

（八）悬念法

悬念法，就是根据不同的导游内容，有意识地创造连环套似的情境，先抑后扬地提出问题，以造成“欲知结果如何，且听下回分解”的悬念，使游客由被动地听讲解变为主动探寻，以激起其好奇心和求知欲。

（九）类比法

类比法，就是用游客熟悉的事物进行类比，帮助游客理解和加深印象。由于游客在地理、历史、民族、文化以及宗教信仰方面存在差异，导游要把每个游览点解释得使游客容易理解并不是易事。因此，导游有时必须借助类比的手法。

（十）引用法

引用法，就是引用客人本国本土的谚语、俗语、格言等进行讲解，这不仅能增强讲解语言的生动性，而且能起到言简意赅、以一当十的作用。

（十一）模糊法

模糊法，就是运用不确定的或不准确的语言进行导游讲解的一种方法。导游故意采用模糊法进行模棱两可的讲解，让游客在观赏中进行选择性思考，以增添游兴。当然，在运用模糊法时要掌握好度，如果一味地“模糊”下去，也不会收到良好的导游效果。

（十二）变换法

变换法，就是将外国游客难以理解的词或句子意译成或变换成他们所熟悉的、易懂的词或句子。

三、旅游景区导游语言技巧

导游讲解的语言艺术形式，对于取得良好的导游效应具有十分重要的作用。通过导游语言表达，可使祖国的大好河山更加生动形象，使祖国各地的民俗风情更加绚丽多姿，使沉睡了千百年的文物古迹“死而复活”，使令人费解的自然奇观有了科学答案，使造型奇巧的传统工艺品栩栩如生，使风味独特的名点佳肴内涵丰富，从而使游客感到旅游生活妙趣横生，留下经久难忘的深刻印象。所以，导游人员应该练好导游语言这一基本功，并使其语言水平不断提高。

（一）导游语言基本要求

导游是一种社会职业，与其他社会职业一样，在长期的导游实践中逐渐形成了具有职业特点的语言——导游语言。从狭义的角度说，导游语言是导游人员与游客交流思想感情、指导游览、进行讲解、传播文化时使用的一种具有丰富表达力、生动形象的口头语言。从广义的角度说，导游语言是导游人员在导游服务过程中必须熟练掌握和运用的所有含有一定意义并能引起互动的一种符号。所谓“所有”，是指导游语言不仅包括口头语言，还包括态势语言、书面语言和副语言。其中副语言是一种有声而无固定语义的语言，如重音、笑声、叹息、掌声等。所谓“含有一定意义”，是指能传递某种信息或表达某种思想感情，如介绍旅游景观如何美、美在何处等。所谓“引起互动”，是指游客通过感受导游语言行为所产生的反应。譬如，导游人员微笑着搀扶老年游客上车，其态势语言（微笑语和动作语）就会引起游客的互动。所谓“一种符号”，是指导游过程中的一种有意义的媒介物。

语言是以语音为物质外壳、以词汇为建筑材料、以语法为结构规律而构成的体系。导游人员无论是进行导游讲解，还是回答游客的问题，或同游客交谈，在发音之前都要对所讲、所谈的内容进行组织，即将有关词汇按照语法规律组合成具有一定语义的句子，然后用语言表达出来，同时语言在运用中又存在着方法和技巧。对于导游人员来说，由于服务的对象是不同的游客，他们的性格、兴趣和爱好各异，导游人员的语言除了要符合语言规范之外，还要满足以下基本要求：

1．导游语言的准确性

导游语言的准确性是指导游人员的语言必须以客观实际为依据，即在遣词造句、叙事上要以事实为基础，准确地反映客观实际。无论是说古还是论今，是议人还是叙事，是讲故事还是说笑话，都要做到以实论虚、入情入理，切忌空洞无物或言过其实。导游人员的语言要做到有准确性，必须做到：

（1）具备严肃认真的科学态度。

严肃认真的科学态度是导游语言准确性的前提。这就要求导游人员首先要有竭诚为游客服务的思想，有不断提高导游服务质量的意愿，才能抱着对游客、对自己、对旅行社、对国家负责的态度。说话时，实事求是地用恰当的语言予以表达，而不要信口开河、东拉西扯、言不由衷、词不达意。其次，要有锲而不舍、勤学苦练的科学精神。只有这样才能不断进取，认真地对待语言中的每一个词语，使之符合语境并贴切地反映客观实际。

（2）了解和熟悉所讲、所谈的事物和内容。

了解、熟悉所讲、所谈的事物和内容，是运用好语言的基础。如果导游人员对景点的情况，对游客要讲的内容不了解、不熟悉，很难想象其语言能表达得清楚、准确，更谈不上流畅、优美了。如果导游人员对所讲、所谈的事物和内容有充分的准备，讲起来不仅侃侃而谈、旁征博引，而且遣词造句也十分贴切，就能准确地反映所讲、所谈事物的本来面貌，易于为游客所接受和理解。

（3）遣词造句准确，词语组合、搭配恰当。

遣词造句准确，词语组合、搭配恰当是语言运用的关键。一个句子或一个意思要表达确切、清楚，关键在于用词与词语的组合及搭配上，要在选择恰当词汇的基础上，按照语法规律和语言习惯进行有机组合和搭配。

2．导游语言的逻辑性

导游语言的逻辑性，是指导游人员的语言要符合思维的规律性。

（1）语言要保持连贯性。

导游人员若能掌握并正确地运用一些逻辑形式，遵守形式逻辑的思维规律，就会使自己的思维呈现确定的、前后一贯的、有条理的状态，从而在语言表达上保持首尾一致，具有较强的逻辑性。

（2）语言表达要有层次感。

导游人员应根据思维逻辑将要讲的内容分清前后次序，即先讲什么、后讲什么，使之层层递进、条理清楚、脉络清晰。

3．导游语言的生动性

导游人员向游客提供面对面的服务时，游客大多数情况下是在听导游人员说话，所以导游人员的语言除了要注意语音、语调、语速及要有准确性和逻辑性之外，生动性也至关重要。导游人员的语言表达要力求与神态表情、手势动作及声调和谐一致，使之形象生动、言之有情。如果导游人员的语言表达平淡无奇、单调、呆板或者十分生硬，游客听了必定兴趣索然，甚至在心理上产生不爱听、不耐烦或厌恶的情绪。反之，生动形象、妙趣横生、幽默诙谐、发人深省的导游语言不仅能引人入胜，而且会起到情景交融的作用。为此，导游语言的表达应力求：使用形象化的语言，以创造美的意境；使用鲜明生动的语言，以增加语言的情趣性；使用幽默诙谐的语言，以增强语言的感染力。

要使口语表达生动形象，导游人员除了要把握好语音、语调之外，还要善于运用比喻、比拟、夸张、映衬、引用等修辞手法。

【微型资料】

导游语言的“四原则”与“八要素”

导游语言的“四原则”即正确、清楚、生动、灵活。导游语言的“八要素”即言之有物、言之有据、言之有理、言之有情、言之有礼、言之有神、言之有趣、言之有喻。

（二）导游口头语言表达技巧

在导游服务中，口头语言是使用频率最高的一种语言形式，是导游人员做好导游服务工作最重要的手段和工具。美学家朱光潜告诉我们：“话说得好就会如实地达意，使听者感到舒服，发生美感。这样的说话就成了艺术。”由此可见，导游人员要提高自己的口头语言表达技巧，必须在“达意”和“舒服”上下功夫。

1. 口头语言的基本形式

（1）独白式。

独白式是导游人员讲、游客倾听的语言传递方式。如导游人员致欢迎辞、欢送辞或进行独白式的导游讲解等。独白式口头语言的特点：第一，目的性强。如介绍景区的概况，欢迎游客、表达意愿；第二，对象明确。面对旅游团的全体游客说话，因而能够产生良好的语言效果；第三，表述充分。

（2）对话式。

对话式是导游人员与一个或一个以上游客之间所进行的交谈，如问答、商讨等。在散客导游中，导游人员常采用这种形式进行讲解。对话式口头语言的特点：第一，依赖性强，即对语言环境有较强的依赖性。对话双方共处同一语境，有些话不展开来说，只言片语也能表达一个完整的或双方都能理解的意思。第二，反馈及时。对话式属于双向语言传递形式，其信息反馈既及时又明确。

2. 口头语言表达的要领

（1）音量大小适度。

音量是指一个人讲话时声音的强弱程度。导游人员在进行导游讲解时要注意控制自己的音量，力求做到音量大小适度。一般说来，导游人员音量的大小应以每位游客都能听清为宜，但在游览过程中，音量大小往往受到游客人数、讲解内容和所处环境的影响，导游人员应根据具体情况适当进行调节。

（2）语调高低有序。

语调是指一个人讲话的腔调，即讲话时语音的高低起伏和升降变化。语调一般分为升调、降调和直调三种，高低不同的语调往往伴随着人们不同的感情状态。

升调多用于表示兴奋、激动、惊叹、疑问等感情状态，降调多用于表示肯定、赞许、期待、同情等感情状态，直调多用于表示庄严、稳重、平静、冷漠等感情状态。

（3）语速快慢相宜。

语速是指一个人讲话速度的快慢程度。导游人员在导游讲解或同游客谈话时，要力求做到徐疾有致、快慢相宜。如果语速过快会使游客感到听起来很吃力，甚至跟不上导游人员的节奏，对讲解内容印象不深甚至遗忘；如果语速过慢会使游客感到厌烦，注意力容易分散，导游讲解亦不流畅。当然，导游人员如果一直用同一种语速往下讲，像背书一样，不仅缺乏感情色彩，而且使人感到乏味，令人昏昏欲睡。

在导游讲解中，较为理想的语速应控制在每分钟200字左右。当然，具体情况不同，语速也应适当调整。譬如，对中青年游客，导游讲解的速度可稍快些，而对老年游客则要适当放慢；讲解中涉及重要或要特别强调的内容时语速可适当放慢一些，以加深游客的印象，而对那些不太重要的或众所周知的事情则要适当加快讲解速度，以免浪费时间，令游客不快。

（4）停顿长短合理。

停顿是一个人讲话时语音的间歇或语流的暂时中断。这里所说的停顿不是讲话时的自然换气，而是语句之间、层次之间、段落之间的有意间歇。其目的是集中游客的注意力，增强导游语言的节奏感。

（三）导游态势语言运用技巧

态势语言亦称体态语言、人体语言或动作语言，它是通过人的表情、动作、姿态等来表达语义和传递信息的一种无声语言。同口头语言一样，它也是导游服务中重要的语言艺术形式之一，常常在导游讲解时对口头语言起辅助作用，有时甚至还能起到口头语言难以企及的作用。

1．首语

首语是通过人的头部活动来表达语义和传递信息的一种态势语言，它包括点头和摇头。一般说来，世界上大多数国家和地区都以点头表示肯定，以摇头表示否定。而实际上，首语有更多的具体含义，如点头可以表示肯定、同意、承认、认可、满意、理解、顺从、感谢、应允、赞同、致意等。另外，因民族习惯的差异，首语在有些国家和地区还有不同的含义，如印度、泰国等地某些少数民族奉行的是“点头不算摇头算”的原则，即同意对方意见用摇头来表示，不同意则用点头表示。

2．表情语

表情语是指通过人的眉、眼、耳、鼻、口及面部肌肉运动来表达情感和传递信息的一种态势语言。导游人员的面部表情要给游客一种平滑、松弛、自然的感觉，要尽量使自己的目光显得自然、诚挚，额头平滑不起皱纹，面部两侧笑肌略有收缩，下唇方肌和口轮肌处于自然放松的状态，嘴唇微闭。这样，才能使游客产生亲切感。

3．目光语

目光语是通过人与人之间的视线接触来传递信息的一种态势语言。艺术大师达·芬奇说：“眼睛是心灵的窗户”。导游讲解是导游人员与游客之间的一种面对面的交流。游客往往可以通过视觉交往，从导游人员的一个微笑、一种眼神、一个动作、一种手势中加强对讲解内容的认识和理解。

4．服饰语

服饰语是通过服装和饰品来传递信息的一种态势语言。一个人的服饰既是其所在国家、地区和民族风俗与生活习惯的反映，也是个人气质、兴趣爱好、文化修养和精神面貌的外在表现。导游人员的服饰要注意和谐得体。导游人员的衣着装饰要与自己的身材、气质、身份和职业相吻合，要与所在的社会文化环境相协调，这样才能给人以美感。譬如，着装不能过分华丽，饰物也不宜过多，以免给游客以炫耀、轻浮之感。在带团旅游时，男导游人员不应穿无领汗衫、短裤，不能赤脚穿凉鞋；女导游人员不宜穿过短衣裙等。

5．姿态语

姿态语是通过端坐、站立、行走的姿态来传递信息的一种态势语言，可分为坐姿、立姿和走姿三种。

（1）坐姿。

导游人员的坐姿要给游客一种温文尔雅的感觉。其基本要领是：上体自然挺直，两腿自然弯曲，双脚平落地上，臀部坐在椅子中央。男导游人员一般可张开双腿，以显其自信、豁达；女导游人员一般两膝并拢，以显示其庄重、矜持。坐态切忌前俯后仰、摇腿跷脚或跷起二郎腿。

（2）立姿。

导游人员的立姿要给游客一种谦恭有礼的感觉。其基本要领是：头正目平，面带微笑，肩平挺胸，立腰收腹，两臂自然下垂，两膝并拢或分开与肩平。不要两手叉腰或把手插在裤兜里，更不要有怪异的动作，如抽肩、缩胸、乱摇头、擤鼻子、掐胡子、舔嘴唇、拧领带、不停地摆手等。

（3）走姿。

导游人员的走姿要给游客一种轻盈稳健的感觉。其基本要领是：行走时，上身自然挺直，立腰收腹，肩部放松，两臂自然前后摆动，身体的重心随着步伐前移，脚步要从容轻快、干净利落，目光要平稳，可用眼睛的余光（必要时可转身扭头）观察游客是否跟上。行走时，不要把手插在裤袋里。

导游人员在讲解时多采用站立的姿态。若在旅游车内讲解，应注意面对游客，可适当倚靠司机身后的护栏杆，也可用一只手扶着椅背或护栏杆；若在景点站立讲解，应双脚稍微分开（两脚距离不超过肩宽），将身体重心放在双脚上，上身挺直，双臂自然下垂，双手相握置于身前以示谦恭或双手置于身后以示轻松。如果站立时躬背、缩胸，就会给游客留下猥琐和病态的印象。

6．手势语

手势语是通过手的挥动及手指动作来传递信息的一种态势语言，它包括握手、招手、手指动作等。

（1）握手语。

握手是交际双方互伸右手彼此相握以传递信息的手势语，它包含了在初次见面时表示欢迎、告别时表示欢送、对成功者表示祝贺、对失败者表示理解、对信心不足者表示鼓励、对支持者表示感谢等多种语义。

导游人员在与游客初次见面时，可以握手表示欢迎，但只握一下即可，不必用力。对年龄或身份较高的游客应身体稍微前倾或向前跨出一小步，双手握住对方的手以示尊重和欢迎。在机场或车站送行、与游客告别时，导游人员和游客之间已建立起较深厚的友谊，握手时可适当紧握对方的手并微笑着说些祝愿的话语。对于给予过导游人员大力支持和充分理解的海外游客及友好人士等更可加大些力度，延长握手时间，或双手紧握并说些祝福感谢的话语以表示相互之间的深厚情谊。

（2）手指语。

手指语是一种较为复杂的伴随语言，是通过手指的各种动作来传递不同信息的手势语。由于文化传统和生活习俗的差异，在不同的国家、不同的民族中手指动作的语义也有较大区别，导游人员在接待工作中要根据游客所在国和民族的特点选用恰当的手指语，以免引起误会和尴尬。

【微型资料】

竖起大拇指，在世界上许多国家包括中国都表示“好”，用来称赞对方高明、了不起、干得好，但在有些国家还有另外的意思，如：在韩国表示“首领”、“部长”、“队长”或“自己的父亲”，在日本表示“最高”、“男人”或“您的父亲”，在美国、墨西哥、澳大利亚等国则表示“祈祷幸运”，在希腊表示“叫对方滚开”，在法国、英国、新西兰等国人们做此手势是表示“请求搭车”。伸出食指，在新加坡表示“最重要”，在缅甸表示“拜托”、“请求”，在美国表示“让对方稍等”，而在澳大利亚则是“请再来一杯啤酒”的意思。伸出中指，在墨西哥表示“不满”，在法国表示“下流的行为”，在澳大利亚表示“侮辱”，在美国和新加坡则是“被激怒和极度的不愉快”的意思。伸出小指，在韩国表示“女朋友”、“妻子”，在菲律宾表示“小个子”，在日本表示“恋人”、“女人”，在印度和缅甸表示“要去厕所”，在美国和尼日利亚则是“打赌”的意思。伸出食指往下弯曲，在中国表示数字“九”，在墨西哥表示“钱”，在日本表示“偷窃”，在东南亚一带则是“死亡”的意思。用拇指与食指尖形成一个圆圈并手心向前，这是美国人爱用的“OK”手势，在中国表示数字“零”，在日本则表示“金钱”，而希腊人、巴西人和阿拉伯人用这个手势表示“诅咒”。伸出食指和中指构成英语“victory”（胜利）的第一个字母“v”，西方人常用此手势来预祝或庆贺胜利，但应注意把手心对着观众，如把手背对着观众做这一手势，则被视为下流的动作。

在导游服务中，导游人员要特别注意不能用手指指点游客，这在西方国家是很不礼貌的动作，譬如导游人员在清点人数时用食指来点数，就会引起游客的反感。

第三节　旅游景区自助式解说服务

从景区解说管理系统为旅游者提供信息服务的方式来分析，将其分为导游解说系统和自助式解说系统两类。

一、自助式解说服务

自助式解说系统是由书面材料、标准公共信息图形符号、语音等无生命设施、设备向游客提供静态的、被动的信息服务。它的形式多样，包括牌示、解说手册、导游图、语音解说、录像带、幻灯片等。其中牌示是最主要的表达方式，但由于受篇幅、容量限制，自助式解说系统提供的信息量有一定限度。图文导游、语音导游、声像导游等无生命的设施、设备向旅游者提供静态的、被动的信息服务，反馈一般不及时、不明显，属于单向性传播类型。

从另一角度看，正是由于这一限制，使得自助式解说系统的解说内容一般都经过了精心的挑选和设计，具有较强的科学性和权威性。旅游者获取自助式解说系统提供的信息，没有时间上的限制，他们可以根据自己的爱好、兴趣和体力自由决定获取信息的时间长短和进入深度。自助式解说系统容易受到自然的和人为的破坏。

无论旅游解说系统采用何种介体，它们都必须依赖特定的语言。景区内解说的各种类型和形式的有机组合就是该景区的解说系统。旅游解说系统存在语言选择，对于外国旅游者经常到达的地区来说，外语解说显得极为重要。

二、标牌解说

标牌解说是最传统的解说方式，多集中于景区各出入口和各景点人流集散地的节点处，标牌解说信息量虽小，但可随时随地提供信息，可重复使用，成本低廉，非常适宜传递服务类、管理类信息。标牌图文解说在现在及未来相当长的时期内，将仍然主导解说方式的主线和主要框架。为此，景区解说系统建设首先要把各类景点、重要单体以及道路进行图文标识。标牌中比较重要的有以下几种：

图 3-2　景点标牌

（一）全景标牌

如图 3-2 所示，全景图是景区整体形象在旅游者面前的第一次展现，能让游客对景区有一个整体的认识和了解，一般来说，全景图表示全景区的总体结构和各景点、道路、服务设施（餐厅、厕所、服务中心等）的分布，有平面图、鸟瞰图、简介文字等表现形式，一般设置在景区大门口。

（二）景点标牌

这类标牌用以说明单个景点的名称、性质、历史、内涵等信息，可以体现解说系统的教育功能，对旅游者有较强的吸引力。据调查研究，游客愿意花较多时间阅读这类景点标识，而不愿意翻看《导游手册》。

图 3-3 指路标牌

（三）指路标牌

指路标牌一般设在游道节点，向旅游者清晰地、直接地指示出方向、到访目标、距离等要素，有时可以包含一个或多个目标地的信息（见图 3-3）。

（四）警示标牌

警示标牌即告知游客各种安全注意事项和禁止游客各种不良行为的牌示，此种牌示多用红色显示，如“小心悬崖”、“请勿踩踏”等。

（五）服务标牌

服务标牌主要是指相关服务功能设施的引导牌示，包括厕所、餐厅、冷饮、小卖部、照相、游船以及商务中心等牌示。

标牌的特点要鲜明，设计要崇尚自然、个性与人文关怀的精神。要与普通的标准化的城市解说标牌相区别。多语种的解说要求既要精练又要准确。标牌设立之后，应经常检查，及时解决字体脱落、掉色等问题。如果疏于管理，即便是一个字的脱落，旅游者也会有“景色不错，可惜这里的管理不行”的感觉。

【业界动态】

青岛市规范旅游景点外文标识及图形符号

2006年12月，青岛市公布了《旅游外文标识英语译法与通用图形符号规范》(下文同称《规范》),《规范》给出了旅游标识中经常使用的400余条中英文信息及130多个图形符号的规范用法，同时，对旅游标识标牌的颜色也首次作了明确规定。

根据新出台的《规范》要求，旅游景点地名采用英文直接翻译，英文单词首字母大写，其余小写，如“崂山”应译为“Laoshan Mountain”或“Mt. Laoshan”,“小鱼山”应译为“Xiaoyu Hill”。《规范》中规定，没有“警告”含义的图形标牌今后不允许使用黄色，没有“禁止”含义的图形标牌不允许使用红色。此外,《规范》还给出了旅游标识中经常使用的 400 余条中英文信息及130多个图形符号的规范用法。

三、技术解说

技术解说是一个无限发展的范畴，它是对解说内容进行一种或者多种物理处理，例如影视、录像、幻灯片介绍、电脑触摸屏，便携式的语音解说等都属于技术解说的范畴。技术解说充分利用了当代的科学技术，使用它可以大大提高观赏的效率，但是成本相对来说较高。

（一）视听解说

视听解说是通过电影片、电视片、光盘、幻灯片、广播等音像资料来实现宣传景区、传递旅游信息的目的。其形式多样，内容丰富，携带方便，具有较高的旅游参考价值和宣传价值。

景区可以将景区内具有代表性的自然风光、标志性景观、人物传记、民俗风情、风物特产、歌曲、乐曲等录制成VCD、DVD、CD等视听资料，对景区进行宣传和解说。这种解说不仅可以在景区播放，通过声音、画面、文字等信息展示景区精华，让游客心情愉悦，从而提高其游兴及欣赏水平，还可以上传到景区网站或者供景区电视台播放，让潜在的旅游者心驰神往。视听解说不仅可以起到解说、引导、宣传、教育作用，还方便游客购买、携带，具有一定的收藏和纪念价值。

【业界动态】

娄底旅游形象宣传片解说词

片名：发现之旅——国藩故里，梅山神韵

这是一次穿越历史的寻找，这是一次际会神奇的发现。

响彻云天的战鼓，四海升腾的华夏，托出威震历史的“战神”、号称中华民族三大始祖之一的“九黎之君”——蚩尤，他巨臂一挥，划开了远古的混沌……

看几许彪炳历史的风云人物，数多少辉映时空的时代精英。三国丞相蒋琬、中兴重臣曾国藩、蹈海英雄陈天华、中共早期杰出领导人蔡和森。在娄底这片热土上，是什么滋养了如此的大智大勇、豪气干云？

登攀秦人梯田，造访乡间侯府，举步极品溶洞，漫步华夏药园……巧夺天工的山水神韵，勾起多少如痴如醉的向往。

娄底，发现神奇

娄底，地处湖南几何中心，相传是天上二十八星宿中“娄星”、“氐星”交相辉映、福星高照的地方。

翻开近代史，人们惊奇地发现：黄埔军校娄底籍毕业生独领风骚，1000余名将士屡建奇勋；辛亥革命同盟会娄底藉会员勇为先驱，前期会员足有百余人，其中新化籍就有37人；“中兴将相什九湖湘”，从娄底发源的曾国藩湘军更是骁勇善战，勇冠一时……

追溯历史，娄底却留下了“梅山洞蛮，旧不与中国通”的迷惑。

据民俗研究的权威人士论证，5000年前与黄帝逐鹿中原的蚩尤部落就诞生在娄底这块神奇的土地上。蚩尤乃九黎先祖，传说他铜头铁额，剽悍勇猛，连黄帝也不能力敌，只好求助天神才将其制服。后被黄帝封为“兵主”，以制四方。

“立德立功立言三不朽，为师为将为相一完人”。这幅对联高度评价了曾国藩不寻常的一生。在乡间茶坊流传着这样一件趣事：有一天晚上，一个小偷早早潜伏在书房，想等曾国藩睡觉之后捞点好处。可左等右等，却只见曾国藩一直翻来覆去地读着同一篇文章。小偷实在忍不住了，索性跳出来将文章流利地背诵完后，扬长而去。

很多学者认为，正是曾国藩的勤勉与屡败屡战的精神，使他成为历史上罕见的奇才，也正是由于曾国藩的影响，才盛传着“半部中国近代史由湖南人写就”的佳话。

娄底，缔造神奇

曾国藩是一个富有传奇色彩的人物，他的故居叫富厚堂，又名毅勇侯第，是目前全国保存最完整的乡间侯府。富厚堂坐落在娄底市双峰县荷叶镇，院落青山秀水相拥，群峰环抱。全宅占地60余亩，建筑面积1万余平方米。2006年被国务院批准列入第六批全国重点文物保护单位名单，后又入选“新潇湘八景”，成为世人了解曾国藩的重要窗口。

岁月更迭，湘中人才辈出。爱国外交家曾纪泽、全国第一任妇联主席蔡畅、伟大的国际主义战士罗盛教……

人们不禁要问：是娄底神奇的山水养育了奇人，还是这些杰出人才书写的传奇成就了娄底？涵养着“坚韧、勤奋、尚德、自强”的精神，娄底人用前所未有的豪气和锐气，打造了全国绿化模范城市、中国十佳宜居城市、中国最佳生态旅游城市等一张张闪光的名片，挥写着“科学发展、加速赶超”的时代奇迹。

湘中娄底，彰显神奇

钟灵毓秀，奇山异水；自然胜景，精美绝伦。有山的巍峨，有水的灵秀，有洞的神奇，有崖的险峻……大熊山、龙山国家森林公园飞绿播翠；油溪河、飞水、紫鹊界漂流激起一路欢声笑语。

享有“亚洲最美的地质博物馆”美誉的梅山龙宫，由9层洞穴、上万个溶洞组成。峡谷云天、哪吒出世、玉皇天官、水中金山、远古河床五大景观，被誉为“五大世界溶洞景观之绝”。国家级湿地公园——水府庙，碧波万顷，渔歌唱晚，鸥鹭群飞；国家地质公园——湄江，岩门奇境，峡谷险峰，十里画廊，被誉为“三湘独秀”。

如果说以上景观都是大自然对娄底的宠爱，那么紫鹊界秦人梯田便是人与自然最完美的杰作！紫鹊界梯田位于娄底市新化县西部水车镇境内，周边梯田达8万亩以上，其地势之高、规模之大、形态之美，堪称梯田王国。紫鹊界梯田始于秦汉，是南方稻作文化与苗瑶渔猎文化交融的历史遗存。其独特自然的自流灌溉系统，巧夺天工，堪称世界灌溉工程奇迹，可与都江堰、灵渠等古代水利工程媲美，已被列入《世界自然文化遗产预备名录》。

娄底，汇聚神奇

丰厚的历史积淀、独特的地理环境，孕育了湘中独具魅力、绚丽多姿的地方文化。这里的民俗风情、民间艺术、古朴民居无不带着山野露珠的清新之气。苗、瑶、侗、汉等民族和睦相处，山歌古韵拨人心弦，苗瑶舞蹈引人遐想，独具特色的“舞草龙”，与广袤梯田交相辉映。梅山武术神秘威猛、内外兼修，颇有战神蚩尤的遗风，从偏远山乡打进了世界擂台；兴起于明末清初的民间剪纸匠心独运；以三合汤、雪花丸、白溪豆腐为代表的地方饮食香飘四海。

娄底，续写神奇

娄底，立湘中而通八方，居腹地而达全国，处一隅而至世界……神奇娄底，风生水起；多彩湘中，万千气象。敢为人先的娄底人，与时代奋进，和青春同行，正乘势而上，勃发活力与生机。璀璨的湘中明珠，正一步步向世人撩开她神秘的面纱……

神奇娄底，永远有待发现……

资料来源：新闻论坛《娄底旅游形象宣传片解说词》，http://wenku.baidu.com/view/58a70c0a581b6bd97f19ea54.html（有修改）。

（二）便携式电子解说

便携式电子解说系统是为了方便游客自助游，借助通信、无线调控技术等现代技术的语音或感应解说系统。目前，景区内部主要有以下几种电子导览系统：

1．录音方式

即将景区全景解说、景点解说和景观解说采用数码录音的方式存放到一个存储量较大的解说器上。解说器上有一个很大的显示屏，并且有很多的数字键以及播放、停止键，形式就像现在的MP4一样。这种解说最大的优点就是游客可以各取所需，并随意听到自己想听的内容。解说不受游览线路、游览进度的限制，游客使用起来非常方便，收听质量可以得到很好的保证，成本也很低。若景区中要增加或修改景点、景观内容，处理起来也非常方便。这种解说方式对于景点景观多、解说内容大的景区非常有用。这种解说器体积很小，便于携带。

2．感应式电子导游

这种方式有很多语种可以选择，如中、英、日、法等语种。它由两部分组成：一部分是具有解说内容的芯片，另一部分是游客手中的解说器。景区经营者先将解说内容通过压缩技术压缩在芯片中，然后将它置于需要解说的景点上面。当游客携带解说器到达某一景点时，解说器会与景点感应，启动信号自动解说。这种解说不受时间、地点和游览线路的限制，福州三坊七巷和北京颐和园等景区采用的就是这种方式。但是由于技术上的要求，它的成本相对来说比较高，但随着电子技术的不断提高，其成本会不断降低。

3．无线接收方式

这种解说方式由无线调频发射机和游客接收机构成，设备功能和收音机相似。这种无线接收方式的导游解说系统服务范畴比较宽，无论多大的游客量，只要手中有接收器，就可以享受解说服务。

此外，便携式电子解说还有手机接收方式、手控式导游方式、GPS景区导航等电子导游。随着科学技术的发展，将出现更多人性化的、方便游客的高科技导游方式。

4．景象再现

借助技术展示的再现被称为“景象再现”，其描述对象是实物，属于技术解说范畴。如用声、光、电等形式来再现侏罗纪时代恐龙的活动。又如，地处浙江省中部的东阳市横店镇有一座八面山，海拔高度仅523米，但其外形与日本富士山非常相似，是一座火山锥，在新生代时曾喷发过炙热的熔岩。亿万年后的今天，来自上海、杭州等地的技术人员，借鉴声、光、电等高科技手段，在横店影视城再现了火山熔岩爆发的壮观景象。横店梦幻谷景区的“火山爆发”、“地震”等主打旅游项目都集聚了现代高科技含量，“暴雨山洪”更是国内首创。

四、书面解说

书面解说即印刷品解说，是利用书面宣传资料来传达旅游信息。其类型多样，包括导览图、交通图、导游手册、景区旅游指南、风光图片、书籍、画册、报刊以及专项旅游活动的广告宣传品等，具有保留时间长、阅读层次广等特点。

书面解说资料主要向游客传递食、住、行、游、购、娱等方面的旅游信息，可以使游客对景区有更深刻的了解，以减少游客在游览过程中的各种障碍，还可以满足游客精神上的需求。通过阅读宣传资料，获得有关景区的自然、文化、宗教、艺术等各种信息，满足游客获得知识的乐趣，丰富游客的精神世界。

书面解说要能吸引游客的眼球，其设计至关重要。总的原则应做到特色突出、品种齐全、文字优美、内容丰富、制作精美，并注意时效性，做到实时更新。下面介绍几种主要印刷品：

（一）旅游地图

旅游地图主要向游客展示景区的地理位置、景区景点分布、景区旅游线路等，它也附有文字性的介绍，如景区概况、景区经典景点的简介等。旅游地图不仅可以让游客明白自己在游览途中所在的位置，而且还可以指导游客进行其他的旅游活动，满足不同类型游客的需求。

（二）旅游指南

旅游指南因不受字数和版面的限制，所反映的内容相当丰富，封面页可以制作得相当精美，以反映当地的特色和文化气息。旅游指南上反映的信息一般有：景区简介、游客须知、旅游服务设施（住宿、饮食、交通、购物等）、景点的精辟介绍、景区全景图、景点旅游线路、旅游咨询等。

（三）旅游风光画册

旅游风光画册就是将有关旅游景区的风光照片、景观特写、独特景象等具有纪念意义的、现实意义的图片装订成册，制作成精美的画册。与旅游指南突出准确性、科学性不同，旅游风光画册更加注重给人以美的享受。因此，旅游风光画册的文字与图片，更突出文字的优雅、图片的优美，并强调图文并茂、风格协调。旅游风光画册不仅向旅游者展示了景区景观及景象，更有珍藏和纪念意义。

（四）门票

门票既是旅游者入门的凭证，又是旅游景区宣传旅游形象的平台，一般是单页双面，因版面所限，展示的内容很有限，门票展示的信息有：景区概况介绍、景点游览路线图、景点美誉介绍、景区主题景观以及特色景点图片、价格信息、投诉热线等。景区门票不仅有实用价值，还具有一定的收藏纪念价值。因此，门票在有限的设计空间中应尽可能包含丰富的、形象的解说信息。

除上述几种书面解说外，还有以书籍、报纸、刊物等形式介绍景区、宣传景区的印刷品。

图 3-4　旅游景点风光画册

图 3-5　旅游门票

五、展示陈列

展示陈列是科普教育常用的解说方法，特别在遗址、故居及博物馆等文化性或技术性比较强的景区被广泛使用。它采用真品实物配以照片、图表和模型的形式集中展示，游客参观方便，容易理解，而且不受外界因素干扰。展示陈列常常以博物馆、游客中心等形式出现，如韶山毛泽东同志纪念馆是全国唯一一家系统展示毛泽东生平业绩的博物馆。

六、网络展示解说

旅游景区网络展示解说即旅游景区借助现代网络技术，建立门户网站或通过其他网站整合景区信息资源，发布各类景区信息，传播景区形象，并提供景区旅游的网上相关代理服务，是景区与客户之间信息沟通的交流平台。

随着网络的普及，通过景区网站来宣传介绍景区，成为许多景区的选择。景区网站和其他解说相比具有更明显的优越性：它集音、像、图、文多功能为一体，所提供的信息量和信息面也比上述其他解说方式大得多；更重要的是，它不仅是一个信息提供方式和展示方式，还是一个优良的信息交流平台，使游客和信息传播者可以借此实现信息互动。目前，正在试运行的青岛旅游网由旅游信息网、旅游政务网、旅游美图网、旅游体验网、旅游手机 WAP 网五部分组成，网站图文并茂、动静结合、交流方便，对旅游者产生了巨大吸引力。

七、游客中心

游客中心，顾名思义，就是接待游客、为游客提供景区游览所必需的信息和相关服务的场所。一般设在景区的入口或交通站点，是展示景区形象的窗口，属于旅游公共服务设施。基本游客服务主要指免费为游客提供的必要服务，包括厕所、寄存服务、无障碍设施、科普环保书籍和纪念品展示。除了基本游客服务，还具备以下功能：

图 3-6 旅游景点纪念品

（一）旅游咨询

游客中心为游客提供相关的咨询服务，包括景区及旅游资源介绍、景区形象展示、区域交通信息、游程信息、天气询问、住宿咨询、旅行社服务情况问询及应注意事项提醒。

（二）旅游投诉

游客中心受理旅游者向旅游行政管理部门提出的对旅游服务质量不满意的口头或书面上的投诉。

（三）旅游管理

游客中心对服务半径范围内的各类旅游事物及游客中心本身进行管理，包括旅游投诉联网受理、定期巡视服务半径范围、紧急救难收容及临时医疗协调，以及设置游客服务中心服务项目公示牌。

（四）其他游客服务

游客中心还提供其他游客服务，包括雨伞租借、手机及摄（照）像机充电、小件物品寄存、失物招领、寻人广播服务；电池、手机充值卡等旅游必需品售卖服务；邮政明信片及邮政投递、纪念币和纪念戳服务；公用电话服务，具备国际、国内直拨功能，移动信号全覆盖，信号清晰；有条件的景区还提供医疗救护服务，设立医务室，配有专职医护人员，备日常药品、氧气袋、急救箱和急救担架。

八、特殊解说服务

景区有责任为特殊群体提供方便，尤其是智障、残疾人士和老人，这是解说方式的一种人性化的发展趋势。哈里森（1994）提到了四种特殊群体，在提供解说设施时要考虑他们的特殊需求，如：便于轮椅活动的足够空间，适合轮椅观看高度，失聪的人所需要的助听器，弱视者所需要的充足的光源，盲人需要的盲文，行动不便的老人所需的座椅和休息处等。除了配备帮助人们聆听、感受和获取解说内容的机械设备外，讲解员还必须接受敏捷度训练，小心谨慎地使用某些字句，表现出景区员工关心每一位游客的需求和感受。

【业界动态】

世博会为残障人士首设“生命阳光馆”

上海世博会在历史上首次为残疾人设立的“生命阳光馆”，突出人文关爱，受到社会关注。

世博会“生命阳光馆”占地面积 1200 平方米，位于主题馆的城市人馆中，分为序厅、生命区、阳光区、爱心走廊四个展区，展馆以残疾人为主体，通过多媒体手段的展示和互动体验，生动地诠释了“消除歧视、摆脱贫穷、关爱生命、共享阳光”的主题。

全馆的通行无障碍可以使坐轮椅的残疾人不受区域限制；馆内地面均采用了防滑材料，以免使用拐杖的残疾人滑倒。

考虑到视障人士的参观，“生命阳光馆”在进口处设有盲文导航图和可触摸式的馆内整体模型，所有重要文字介绍和指示牌也都加注了盲文，所有曲线的墙壁和较窄的通道也安装了扶手；为避免视障人士碰伤，所有的墙角也都进行了圆角处理；通过馆内提供的电子盲杖，每经过一个展项时还能听到详细的语音解说。

针对听障人士，馆内发放文字导览卡，配备了引导员，每个展项还安排有专门的手语讲解员，所有的视频和影片也都配有字幕。

资料来源：张建松：http://news.xinhuanet.com/mrdx/2010-04/23/content_13407983.htm，新华每日电讯2版，2010.4.23（有修改）。

本章小结

本章介绍了景区解说服务系统的内容、功能及必要性，介绍了景区解说服务的技巧，并详细介绍了自助式解说的类型、特点以及导游解说的语言技能、解说技能。通过本章的学习，学生会掌握旅游景区解说服务的基本原理；掌握解说服务的技巧和方法。

主要概念

景区解说；自助式解说；导游人员解说

基础训练

1.填空题

（1）旅游景区解说服务的原则是____、____、____、____。

（2）旅游景区解说服务功能有____、____、____、____。

2.简答题

（1）什么是景区解说服务？景区解说服务有何功能？

（2）自助式解说服务包括哪些形式？

（3）景区导游解说有哪些技巧？

案例分析

案例1：

一架客机失事后的第二天，一批游客将在景区游览结束后，飞往那架失事飞机所在的城市，在游览过程中，游客们都有一种恐惧、不安的情绪。这时，景区导游员微笑着对客人说：“请各位放心。我是大家的护身符，今天有我陪同大家，保证一切都会顺顺利利。请允许我在此向大家透露一个信息：我干了十八年导游，坐过几十次飞机，还没有一次从天上掉下来的经历。”客人们一听，都笑了。

案例2：

旅行车在一段坑坑洼洼的道路上行驶，游客中有人抱怨。这时，景区导游员说：“请大家稍微放松一下，我们的汽车正在给大家做身体按摩运动，按摩时间大约为10分钟，不另收费。”引得游客哄然大笑起来。

问题：分析案例中导游解说运用了哪些技巧？阐述导游人员解说在旅游活动中的作用。

实践训练

【实训项目】旅游景区解说服务系统实训

【实训准备】

知识准备：学习景区解说服务的类型，以及各类解说类型的功能、优缺点。

场地准备：4A或5A级旅游景区；校内具备网络的实训室。

【实训要求】

掌握旅游景区解说服务的类型，以及各类解说类型的功能、优缺点，能取长补短，根据实际情况提出改善景区解说系统不合理之处的建议。

【实训步骤】

1.学生在校内具备网络的实训室，通过网络等手段查找指定景区的相应资料，对该景区服务与管理状况有一个初步的认识。

2.教师带领学生到指定景区。学生分组，每组10~12位学生，并指定1位负责人。每组再进行分工，每位学生重点负责某一类型的解说。

3.小组谈论交流，并形成《××旅游景区解说服务系统调研报告》。

4.班级交流汇报，每组由1位学生汇报该小组的调研情况。

5.教师总结。

【实训考核办法和评分标准】

1.测试评分：根据学生对旅游景区解说服务内容的了解、指定景区解说服务的熟悉程度、调研报告的写作等进行评分。按百分制记分。

2.测试表

组别：　姓名：　时间：

项目	标准分（100）	实得分
实训态度	20	
团队协作	20	
材料准备	20	
问题回答	40	

考核时间：　年　月　日　考评教师（签字）____________

第四章　旅游景区娱乐服务

学习目标

知识目标：了解旅游景区娱乐服务的相关概念、主要类型；掌握旅游景区娱乐服务的策划流程；掌握旅游景区娱乐服务的策划模式；熟悉旅游景区娱乐服务的经营与管理。

技能目标：能够依据旅游景区娱乐服务的策划流程，熟练地完成旅游景区娱乐服务的策划工作，并能对旅游景区娱乐服务项目进行管理。

【引例】

北京欢乐谷第六届时尚文化节“炫”感来袭

温暖的春天还没站稳脚跟，北京欢乐谷已经准备好一场盛大的狂欢来唤醒城市中慵懒待苏醒的心。2012 年 4 月 2 日到 6 月 24 日，为期 3 个月的北京欢乐谷第六届国际时尚文化节带着一股时尚“炫”风再度席卷北京城。围绕“炫动漫、炫嘻哈、炫温情、炫感恩、炫人文、炫惊喜”六大主题，欢乐谷推出了一系列丰富多彩的主题活动。

“漫”游欢乐谷 4月时尚动漫季

2012 年 4 月，动漫“炫”风再度来袭，欢乐谷全面变身动漫主题公园。据欢乐谷艺术总监李向阳介绍：“清明节小长假期间及 4 月各周末，来自国内 10 余个地区的 500 余名 Coser 在北京欢乐谷轮番上阵，演绎近 50 场 Cosplay 精英秀，《最终幻想》、《格斗之王》、《海贼王》等经典动漫作品中最受欢迎的角色都将一一登场。同时，我们还邀请到了颜开、黑背、莎拉布丁等深受漫迷喜爱的漫画大师到欢乐谷签售，漫迷朋友可以近距离与大师互动，还有机会免费得到漫画大师量身订做的 Q 版画像。”华北地区一年仅此一次的大规模动漫盛宴，京城的漫迷绝对不可错过。

据悉，4 月 2 日，欢乐谷还正式启动了京城最大规模的动漫表演基地的建设。“作为北京地区最具代表性的文化创意基地，欢乐谷近年来一直大力发展动漫相关产业，不仅完善了欢乐谷的时尚文化内涵，也丰富了游客在园内的游乐体验。”

除此之外，北方地区最大规模的动漫花车巡游、清明节小长假期间的全明星漫话强音大课堂、仅在动漫主题月期间开张的女仆餐厅、动漫创意市集同样是喜欢新鲜、时尚的游客们不可错过的体验。

都市夜场新花样 5月动感嘻哈季

5 月夜场，欢乐谷倾心打造了两大别出心裁的夜场音乐会——“五一”小长假期间的嘻哈音乐盛典和 5 月每周末的欢乐嘻游记。这两大嘻哈音乐晚会都邀请到了众多国内乐坛的知名人士，包括曾获得中韩街舞大赛冠军的 DJ 杨敬林、著名摇滚乐队王麟军乐队、国内最专业的 MC BATTLE “IRON MIC”、幽默小提琴创始人叶飞等。

5 月的两大赛事——街舞精英争霸赛、极限精英挑战赛也全面升级了比赛阵容。

第四届北京“欢乐谷杯”街舞精英争霸赛吸纳了来自韩国、英国、泰国、日本、马来西亚以及国内 16 个省市的超过 300 名顶尖街舞高手，同时邀请国际顶尖舞者韩国 Born 、美国 Loost Joint 、Shonnie 坐镇裁判席，国际水准的街舞精英 PK 、街舞王者的示范表演，让游客全方位领略街舞的动感魅力。

第五届北京“欢乐谷杯”极限精英挑战赛特邀来自法国、泰国、美国国际极限精英和全国 10 省市近百名极限高手，现场除了挑战 BMX 小轮车、小轮车花式、直排轮滑三大极限传统项目，还新增了更具观赏性及视觉刺激的直排轮滑绝招 PK 单项赛，让极限视觉的挑战没有极限。

全民游乐合家欢 6月温情游乐季

在“六一”儿童节，欢乐谷不仅有为孩子们准备的第二届欢乐扭蛋节，还为玩心不减的大人们安排了立体桌游体验。桌游还有什么新玩法？你一定很好奇！立体桌游采用真人比例、同等放大游戏道具，全方位立体实战，角色扮演、拼图大战、道具组装……虚拟世界玩得不过瘾，就到欢乐谷的现实游戏世界里尽情 PK 吧！三国杀、武林外传、曹操墓、乌邦果、雪地狂欢砸蛋 5 款桌游可供选择，参与就有机会得到桌游系列纪念品。

端午节期间，北京欢乐谷三国杀挑战赛也决战线下。作为目前最火爆的桌游，三国杀从来不缺少高手与粉丝。来自北京、天津、河北、沈阳等华北地区各路桌游大神纷纷集结北京欢乐谷，每天百名职业高手现场过招，游客不仅可以旁观巅峰对决，更有机会与专业的玩家过招，亲身体验三国杀 3V3 新赛制的独特魅力。

6 月份，北京欢乐谷联合 20 家知名演艺公司推出的“欢乐偶像”艺能新星选秀活动在欢乐谷拉开比赛大幕。“我们希望通过这个选秀活动为民间音乐人提供实现梦想的平台。最终从比赛中脱颖而出的优胜者将获得签约唱片公司、灌制并发行个人单曲的机会，而且将参与到欢乐谷 2 部年度巨制微电影的拍摄之中，成为全民欢乐偶像。”

资料来源：《欢乐谷第六届时尚文化节“炫”感来袭》，新华旅游网，http://news.xinhuanet.com/travel/2012-03/30/c_122910319_2.htm，2012.3.30（有修改）。

旅游者的需求及其旅游动机有很大的随意性，设计、组织旅游娱乐项目时，要细致地了解旅游者的具体需求和心理需求的变化，把握旅游娱乐时代的脉搏，设计有时代感、有特性、有特色的旅游娱乐项目。北京欢乐谷作为国内著名的主题文化公园，以开发文化与科技、市场、旅游相结合的新兴项目来吸引游客的眼球，赢得不少旅游企业的肯定。

第一节 旅游景区的娱乐服务

娱乐是旅游六大要素之一，也是其中弹性最大的要素。随着人们旅游需求的多样化，景区的娱乐服务可以满足游客休闲、求知、新奇、刺激等多方面的需求。此外，景区娱乐服务也是体现地方文化、地方特色的一个重要途径，它可以丰富游客的旅游体验、延长游客的逗留时间，是景区经营管理的重要内容。

一、旅游景区娱乐服务的概念

旅游景区娱乐服务是指借助旅游景区的设施、设备，向游客提供各类表演和参与性活动项目，以使游客得到视觉及身心的愉悦。旅游景区娱乐活动项目涉及领域较广，如体育、文艺、保健、风俗、艺术等，并且随着时间推移、社会的发展，旅游景区娱乐活动项目范围会越来越广，题材也会日益富有现代气息及时代感。如在农家乐旅游中，游客可以与农民一起下田采摘水果、蔬菜，进行农作物耕种等，原本是农民工作或劳作的场地变成了景区的娱乐项目。

二、旅游景区娱乐服务的意义

（一）丰富游客的旅游体验，提高游客满意度

旅游景区通过提供娱乐服务突破传统型观光旅游模式，在游览的同时还能让游客欣赏精彩的节目表演，达到寓看于乐的目的，使旅游活动的内容得到极大的丰富，并且可以让游客主动参与到娱乐活动中，在体验的过程中放松精神，获得美好愉悦的享受，提高游客对景区的满意度，从而提升景区的重游率。如到湘西地区旅游时与苗家姑娘跳竹竿舞，傣族的泼水节时与当地人同玩同乐，丰富旅游活动的同时还能体验到当地独特的民风民俗。

（二）直接创收及间接创收，是景区增加旅游收入的重要途径

娱是旅游六要素之一，发展空间大，利润空间大，是景区直接创收的途径之一。旅游景区发展娱乐服务的同时，可以延长游客的停留时间，进而拉动食、宿、购等环节，促进景区经济的良性循环。

（三）体现地方文化、地方特色的重要途径

旅游景区除了常规的娱乐服务项目外，结合当地的历史文化、自然风光、民俗风情、产业特征来塑造独特且并非无根基的娱乐服务，游客通过欣赏或参与到此类娱乐活动中，更深入地了解当地的民族特色、地域特色、文化特色，如《印象·丽江》等大型实景演出。

三、旅游景区娱乐服务的内容

随着社会的发展，旅游景区娱乐服务的内容涵盖越来越广泛，我们从其产生时间和主题、场地、规模三个方面进行说明。

（一）按产生的时间和主题划分

从娱乐活动产生的时间和主题来看，旅游景区娱乐服务可分成传统型和现代型两大类。传统型娱乐活动以我国悠久的历史文化为基础，或传承，或模仿，如放烟花、赛龙舟、泼水节、黄帝祭祖大典等。现代型娱乐活动借用现代科技手段，紧扣时代，极具现代时尚气息，时尚文化节、篝火晚会、蹦极、热气球等，这类活动符合现代人对新、奇、特的需求，在组织者的精密策划下，此类现代、新兴的娱乐活动会层出不穷，常办常新。

图 4-1 我国传统娱乐活动泼水节和赛龙舟

（二）按场地划分

1. 舞台类

这类娱乐服务多与旅游景区的主题相关，通过舞台表演形式让游客从多种途径、多个方面更直观地了解景区，现在成功的案例是各地推出的大型实景演出，如《印象·刘三姐》、《印象·丽江》、《大宋东京梦华》、《天骄·成吉思汗》等。

【微型资料】

中国实景演出创始人——梅帅元

梅帅元，中国山水实景演出创始人、著名实景演出总导演及制作人。2002 年起，创造了山水实景演出形式，并邀请著名导演张艺谋一起合作，在广西桂林制作并实施了中国第一部山水实景演出《印象·刘三姐》，创造了一个全新的演出形式。2007 年，梅帅元邀请作曲家谭盾、舞蹈家黄豆豆、少林方丈释永信、著名学者易中天一起制作了嵩山实景演出《禅宗少林·音乐大典》。还有河南开封清明上河园实景演出《大宋东京梦华》，以及红色圣地实景演出《井冈山》、山东泰山实景演出《中华史书泰山封禅大典》、呼伦贝尔草原实景演出《成吉思汗》、张家界山水音乐剧《刘海砍樵》、都江堰实景演出《道解都江堰》、河北承德实景演出《鼎盛王朝康熙大典》等共 9 部大型实景演出，范围覆盖广西、湖南、江西、山东、河南、内蒙、河北等著名风景胜地。其中《印象·刘三姐》、《禅宗少林·音乐大典》成为国家级文化产业示范基地，《刘海砍樵》获得首届中国旅游文化节实景演出类金奖，被誉为“中国山水百老汇”。《鼎盛王朝康熙大典》是目前全球实景演出史上投资最大、规模最大、全球首部皇家文化主题的大型实景演出，投资超过 2 个亿，有近千名演员和两百匹战马参与。

资料来源：《梅帅元》，中国经济网，http://www.ce.cn/culture/zt/msy/1/201202/16/t20120216_23078684.shtml，2012.02.16（有修改）。

2. 广场类

这是旅游景区最早采用的娱乐形式，是景区为了丰富游客的旅游经历而策划的中小规模的娱乐活动，有的娱乐活动游客可以直接参与，其活动内容比较丰富，如游戏、各类场景模拟等。

3．村寨类

由于社会经济的快速发展，许多民族的特色文化逐渐消失，为了保持文化的真实性，许多民族聚集地相继建立了以民族村寨为特色的景区。游客在景区内可以体验到许多民族的民间游艺活动，获得精神的愉悦。目前，比较成功的有深圳锦绣中华民俗村、云南民族村等，该类景区的民族娱乐活动不仅使游客体验到了原汁原味的民族风情，更重要的是传承了特色的民族文化。

4．街头类

该类娱乐活动纷繁复杂，主要源于过去或新兴的街头娱乐项目。传统项目如套圈取宝、卖唱、评书、杂技等，新兴项目如街舞、素描等，工作人员多为民间艺人和文艺爱好者。这种类型的娱乐项目可以很好地烘托景区的热闹气氛，可以使老年人追忆过去，又可以使年轻人陶醉其中，更重要的是保护了民族文化。

5．流动类

该类娱乐活动没有具体的表演地点，而且多为短暂的表演，如马戏团、吉卜赛大篷车歌舞等。

6．特有类

该类娱乐活动多是景区为了适应现代人的娱乐需求变化而推出的新型娱乐。目前，这类娱乐活动更新速率很快，如蹦极、滑翔基地、滑草等。

（三）按活动的规模和提供频率划分

1．小型常规娱乐活动

小型常规娱乐是景区长期提供给游客的娱乐活动，占用员工较少，因而规模小，游客每次的娱乐时间也不长。小型娱乐项目在游乐园和主题公园中比较多，此类娱乐项目的特色性较弱、复制难度低，所以对中远距离游客的吸引力较小，主要吸引当地和周边居民。小型常规娱乐活动主要包括以下几类：

（1）表演演示型。

这是景区为旅游者提供的有固定场所和固定时间的演出活动，这些娱乐活动通常具有较强的民族性、民俗性、参与性等特色，主要包括地方艺术类、古代艺术类、风俗民情类、动物表演类。例如：表现地方特色的川剧“变脸”表演，表现古代艺术的纳西古乐表演，表现民俗风情的对歌等。

（2）游戏游艺型。

①棋牌类。

棋牌是世界性的传统娱乐活动项目。棋类项目主要有中国象棋、国际象棋、围棋、陆战棋、跳棋等。牌类活动项目通常指扑克牌、麻将牌等。在我国，牌类活动中十分普及的麻将项目，已经被列入可以进行公开竞赛的体育娱乐项目，很多娱乐场所都配备了能够自动洗牌的麻将桌，为众多麻将爱好者提供了方便。由于棋牌活动差异性很大，因此必须在活动室里分隔成不同空间进行，以利于从事不同娱乐项目的客人互不干扰。

②电子游戏类。

电子游戏活动以其富有挑战性、竞争性、刺激性及立体的视听效果而使人着迷，主要分为三类：第一类是普通电子游戏机；第二类是仿真模拟机，又可分为两种类型，一种是纯粹的娱乐活动型，如驾机、开车等，另一种是与体育健身活动相结合，如打高尔夫球、滑雪等；第三类是电脑游戏。

③机械类娱乐。

即游乐园（场）中采用沿轨道运动、回转运动、吊挂回转、场地上运动、室内定置式运动等方式，承载游客游乐的现代机械设施组合，如过山车、滑行车、观览车、转马、空中转椅、碰碰车、海盗船、光电打靶等。

④动感类娱乐。

动感类娱乐中人们最为熟悉的就是动感影院和时空穿梭机。动感影院的核心是由计算机控制的放置有几十张座椅的特殊平台，随着银幕上剧情的展开，平台呈现接近6个自由度的上下升降、水平移动、左右倾斜和前俯后仰等动作，使平台上游客的感受与银幕画面的切换完全一致，从而获得身临其境的感受。时空穿梭机是一种集电子模拟、3D动画、数码遥控和高保真音响于一体的娱乐仿真模拟机，通过声、光、电、影像、同步仿真运动等手段和环节，展示出奇妙逼真的三维环境效果，并在极短的时间内将各种时间和场面连接起来，让观众在安全的条件环境里，领略太空历险、高速行驶、穿越时空、灾难逃亡等多种惊险、刺激的场面。

⑤水上游戏类。

主要是指承载游客在水面上进行游乐活动，由机械动力驱动、人力驱动或由游客自行操纵的设施类娱乐，如碰碰船、游船、水上自行车、水滑梯等。

（3）体育健身型。

旅游景区娱乐活动中，体育健身建设项目占有比较大的比重，主要可以分为健身类、水上类、球类和极限运动四种。

①健身类。健身娱乐活动通常通过健身娱乐设施和场所，为人们提供强身健体的娱乐体育活动项目，包括垂钓、骑马、狩猎、健身浴（如温泉疗养、桑拿、氧浴等）、划船、射箭等。

②水上类。水上类运动主要是指在不同环境、配备不同设施、体现不同式样的各种水上娱乐活动项目，包括游泳、冲浪、潜水、帆板、滑冰等。

③球类。球类运动是人们日常参与比较广泛的体育娱乐活动项目，一般可以分为室内球类和室外球类两类，包括羽毛球、保龄球、桌球、网球、高尔夫球、沙滩排球等。

④极限运动。极限运动是指人类在与自然的融合过程中，借助现代高科技手段，最大限度地发挥自我身心潜能，向自身挑战的体育娱乐运动。极限运动中较有代表性的是蹦极和攀岩。

（4）知识娱乐型。

景区为了向游客传播知识，还会在景区内设立影视中心、阅览室、展馆等寓教于乐的设施，使游客通过参观、欣赏来获得精神上的满足。例如秦始皇兵马俑博物馆内的360度环幕电影放映厅，利用电影技术全方位地介绍秦兵马俑的发现、发掘和展出情况，使游客能够身临其境地感受到秦兵马俑以及它所产生的历史背景。

（5）附属类娱乐。

主要指在各类主题酒吧、网吧、茶艺馆、咖啡屋等娱乐场所开展的娱乐活动。

（1）酒吧。酒吧源于西方，是人们饮酒、聊天的场所。随着人们娱乐需求越来越多样化，还出现了各种主题性酒吧。这种酒吧以一定的专业文化背景或专业活动方式为主题来吸引客人，例如足球吧、电影吧等。另外，还出现了以参与性和随意性为特点的各类休闲娱乐型主题吧，例如网吧、氧吧、陶吧等，人们可以动手进行一些参与性的如制陶等娱乐活动。由于酒吧的环境轻松，特别是一些主体吧特色鲜明，所以在我国的一些景区，当地的酒吧成为旅游者休闲放松、体验当地文化的好去处，著名的有北京什刹海景区酒吧街、云南丽江古城酒吧街。

（2）茶馆。茶馆是具有中国传统娱乐文化色彩的休闲场地，以茶艺、茶道等茶文化表演形式和传统地方戏曲表演形式为主要内容，通过古朴典雅的环境布置和琴棋书画的映衬，烘托出十分诱人的传统娱乐文化氛围，使人们在惬意品茗的过程中享受传统文化的乐趣。

2．大型主题娱乐活动

大型主题娱乐活动是旅游景区通过精心筹划组织、动用大量员工和设备推出的大型娱乐活动。

按照活动方式，可以将大型主题娱乐划分为三类。这三种类型运用大量的声、光、电、视频等高科技手段，并在一定程度上相互交叉，使景区的活动更为丰富、精彩。

（1）舞台豪华类。舞台豪华类娱乐多借助最先进的舞台灯光技术，采用氢气球、秋千、声控模型、鸽子等占据多维空间，并辅以施放焰火、礼炮、喷泉等配合舞台演出。舞台服饰多为锦衣华服，色彩绚烂，节目丰富多彩，集歌舞、服装表演、小品、杂技、相声等于一体，娱乐性极强。如杭州宋城集团推出的大型歌舞剧《宋城千古情》，演出内容丰富，形式多样，规模宏大。

（2）分散荟萃类。分散荟萃类娱乐主要围绕某个主题而展开，或者是以某个节庆为契机，在景区多个地点同时推出众多小型表演或参与类娱乐活动，从而形成一个大型的主题娱乐活动。例如，清明上河园大型主题公园即围绕大宋历史及风俗民情推出一系列精彩演出活动，有盘鼓、布袋木偶、女子马球、蹴鞠、梁山好汉劫法场、大宋科举等。

（3）花会队列类。花会队列类娱乐是一种行进式队列舞蹈表演、人物表演，在广场或景区内街道上进行，有的以民俗为主题，有的以神话传说为主题，演出服饰夸张怪诞、锣鼓喧天、娱乐性强。例如，深圳世界之窗汇集了文化彩车、扑克方阵、皇家马队等异国文化风情的游行队列。

四、旅游景区娱乐服务特点

（一）休闲性

社会生活的快节奏使得人们的身心承载了前所未有的重负，为摆脱日常生活工作的烦恼，人们走出家门寻找能够让自己彻底放松心情的地方。因此，旅游景区在设计旅游娱乐服务项目时，首先要营造一个轻松愉快的氛围，让旅游者在享受娱乐服务时能彻底地放松身心。

（二）新颖性

人们出游就是为了获得一种与众不同的经历和感受，新、奇、特的旅游娱乐项目最能引起人们的兴趣，最能引起轰动。因此，旅游景区除了常规旅游娱乐项目外，还要不断推陈出新或者更新项目内容或形式，才能使游客们常玩常新、乐此不疲。旅游景区每增加一项新颖的娱乐项目，等于为景区带来一个新的经济增长点。香港迪士尼乐园在开发“后黄金周”市场方面把情人节、万圣节等一两天的节日作为两周、三周甚至整月活动的主题，同时不断推出新的游乐项目。万圣节卡通人物加之神秘的音乐、光怪陆离的灯光以及绚丽的烟花，使游人陶醉在梦幻世界中，造成香港迪士尼乐园淡季不淡的局面。

（三）刺激性

随着旅游业的发展，传统的观光旅游产品已不能满足旅游者的需求，特别是年轻旅游者的需求，这一社会群体争强好胜、喜欢冒险，于是一批能给人带来惊心动魄感受、挑战人类极限的专项旅游娱乐活动应运而生。目前，景区这一类型的娱乐项目很多，如滑翔伞、蹦极、攀岩、冲浪、帆板等。

【微型资料】

滑翔伞运动始于20世纪80年代的欧洲，近年来已成为欧洲很普及的休闲娱乐活动。据统计，全欧洲有300万人参加过滑翔活动，年龄从10多岁的儿童到60多岁的老人，可见其参与人员的广泛性。滑翔伞运动的主要器具是滑翔伞，目前人们使用的滑翔伞已成为一种独立的航空飞行器，其滑翔速度、爬行率、滑翔等功能都比较好。据有关资料显示，现在使用的滑翔伞最长可飞行14个小时，最远飞行距离也达到300多公里。滑翔伞运动可分为三个等级：第一级是休闲级，第二级是休闲、竞赛级，第三级是竞赛级，旅游者经常进行的运动是休闲级。

蹦极最早源于南太平洋岛国瓦努阿图，后来在澳大利亚、新西兰、加拿大、美国、日本等国流行起来。蹦极运动极富刺激性，人们要从悬崖、高塔或大桥上纵身跃下，这时人仿佛与蓝天融为一体。参加这项活动的人需要有足够的勇气，因此，蹦极被称为挑战性活动。

攀岩活动是从早期的登山活动逐渐演变而来的，20世纪70年代在欧美国家逐步兴起，目前已十分流行。当今世界上攀岩水平最高的是法国，在亚洲应属日本和韩国水平较高。攀岩活动需要攀岩者通过腾挪窜越、引体向上的动作，以及依靠自身各部位的协作完成不断向上攀岩的过程，它需要攀岩者集耐力、柔性和平衡性于一体。目前攀岩活动分为两种：一种是在天然的山崖上进行攀岩，我国的华山攀岩因其天然的花岗石岩壁、雄奇挺拔的山势在国内已较有名气；另一种是在人工模拟搭建的岩壁上攀岩，我国的北京、上海、四川、天津等地都有攀岩场。

（四）时代性

娱乐服务项目还应把握时代脉搏，娱乐服务的时代色彩反映一个社会的文化风貌、人们生活的价值取向和精神向往的发展趋势。比如，年轻人接受新文化价值观比较快，他们更愿意进行富有挑战性和新颖性的旅游娱乐项目，天空、海底等探险类娱乐项目更符合年轻人的要求。把握住旅游的时代脉搏，旅游娱乐项目才会有市场，才会经久不衰。

第二节 旅游景区娱乐服务策划

目前大部分景区主要以游览观光为主，旅游产品单一，休闲娱乐项目较少，游客逗留时间短，旅游收益低。为解决这一问题，各景区纷纷结合本地实际，深入挖掘文化内涵，积极开发参与性和娱乐性强的旅游项目，吸引游客在景区停留和消费，提高景区的综合收入。

一、景区娱乐服务策划的原则

（一）满足游客需求原则

市场需求是娱乐服务生存的前提，有需求才会有消费，不断提高游客的消费量是任何景区娱乐服务孜孜以求的。因此，景区在进行娱乐项目的选项时应该深入研究游客娱乐消费的正当需求，不断丰富娱乐项目，开发设计科技含量高、参与性强、吸引力大的旅游项目，最大程度地满足游客的需求。

（二）突出特色创新原则

景区所选择的娱乐项目不仅要避免雷同，而且应讲究特色创新，特色越明显就越有吸引力，因为特色是景区娱乐项目对客源具有吸引力的根本所在。所以景区的娱乐项目应深入挖掘自身旅游资源，根植于本地文化的基础上进行开拓创新，实现“人无我有，人有我优，人先我变”。例如美国迪士尼乐园的成功，就在于沃尔特把制作卡通片的一些手法和想象力创造性地移植于一个真实的世界中，开创了主题公园这一现代旅游娱乐场所概念的先河。河南开封清明上河园内的一系列娱乐服务项目均围绕大宋题材而展开，如汴河大战、杨志卖刀、梁山好汉劫囚车、斗鸡、大宋科考等，既独特又具有文化内涵。

（三）坚持经济效益、社会效益并重的原则

在市场经济条件下，景区娱乐项目的选择必须认真研究市场需求，考虑经济效益，否则就失去了存在的意义；同时还要遵循社会效益的原则，即坚持选择对人们的身心健康有益、符合社会主义精神文明要求，并且是国家和地方的法律法规及政策所鼓励的项目；另外要与景区的生态环境相协调一致，特别是大型娱乐设施的建设不能破坏景区的生态资源。好的娱乐服务项目可以改善旅游形象，促进传统文化保护、带动就业，具有社会效益。但如果一味只顾社会效益，娱乐服务项目就会成为无本之木，失去生存基础。所以，旅游景区娱乐服务策划应以获得好的经济效益为出发点和归宿，兼顾社会效益，做到经济效益和社会效益共同发展。

二、旅游景区娱乐服务策划流程

策划是一项需要有丰富经验和创新性的工作，一个好的策划是景区娱乐服务项目成功的关键之一。在旅游景区现状分析及旅游景区背景分析的基础上，确定景区活动主题，进而设计娱乐活动的具体内容，在整体的运作过程中通过对游客满意度的调查来对各个环节进行调整。现把整个策划过程中主要考虑的几个问题归纳如下：

（1）为什么要选择该主题？

（2）活动内容是什么？

（3）游客主体是谁？

（4）目标是什么？

（5）制定周密的运作模式。

（6）通过评估测量娱乐项目的效果。

（一）立项

景区娱乐策划是一项需要有丰富经验和创新性的工作，要求策划人员具备多方面的知识和技能，必要时还需要各方面的专家人员参与，依据旅游景区规划中旅游发展的方向、性质

和主题拓展，结合市场需求进行旅游娱乐服务策划。

（二）可行性研究

旅游景区娱乐服务策划需要作好对各方面信息的调查及可行性分析，包括对旅游资源、旅游市场环境、旅游设施和服务设施以及国内外相似或相近娱乐项目等的调查及分析。

1．旅游资源调查

对旅游景区自然、人文、历史等各种资源进行调查，挖掘其中可开发因素，这是景区娱乐服务的基础。在此基础上，提出娱乐服务项目的主题及一系列活动的主要内容。

2．旅游市场环境调查

调查内容包括游客需求调查、客源结构调查、旅游行为调查以及游客消费行为调查等。游客是景区娱乐服务消费的主体，通过调查了解消费者的消费需求方向、主要的客源地及组成、游客的喜好及消费情况等信息。

3．旅游基础设施和服务设施调查

对景区及其附近地区的旅游基础设施、服务设施以及综合接待能力进行调查，了解景区的供给能力，这是娱乐项目举办时间、举办期长短及规模的重要依据。

4．国内外相似或相近娱乐项目调查

景区娱乐项目在借鉴别人成果的同时，要体现自己的特色，才能有效规避竞争风险。对国内外相似或相近娱乐项目进行调查，并对比分析，主要包括举办时间、节期、规模、主题、效益等，避免娱乐项目在时间和空间上的重叠，同时也要在娱乐项目的主题和活动内容上下功夫。

（三）确定主题

通过可性行分析阶段后，运用头脑风暴法或资源分析法等进行全面的讨论与研究，在对所提出的方案进行整理的基础上，遴选出合理而有价值的方案并对其进行评价，选定娱乐项目的主题，进而制定具体活动内容，包括背景介绍、活动时间、活动地点、活动内容以及日程安排、活动宣传、活动费用预算、其他需要说明的问题等。

（四）策划模式

1．“无中生有”模式

本模式是指对旅游景区内各种现实和有潜力的旅游资源进行分类、分析、拔高、拓展，选择适当的物质和文化载体，以时空为手段加以系统整合，通过赋予其特殊含义而使其变为现实娱乐项目的一种娱乐策划形式。这里的“无”并非真的没有，而是在整合前显得“散乱”。如河南开封的大宋繁荣盛况，我们认可它的繁荣，也散乱地掌握一些故事，但如何让游客更直观地了解其强大及繁荣，把它呈现在游客面前？景区通过整合设计了以大宋文化为题材的一系列北宋民俗风情和市井文化的剧目表演，如包公迎宾、汴河漕运、大宋科举、王员外招婿、梁山好汉劫囚车等。

2．“旧瓶装新酒”模式

“旧瓶”指的是景区传统的、原汁原味的地方娱乐活动，“新酒”是指在原有传统娱乐活动的基础上重新定位、深化内涵和更新活动内容。这种模式既保护了传统娱乐活动，具有民族风格和地方色彩，又赋予了现代商业文化开发理念中追求时尚、体现时代气息的理念。采取这种模式时应注意“旧瓶”与“新酒”的匹配、主体与内涵的协调、经济与文化的冲突等，避免重经济而忽视传统文化习俗的倾向。

3．“拿来主义”模式

“拿来主义”模式是指直接引进或模仿其他国家和地区的旅游娱乐活动并为我所用的一种旅游娱乐策划模式。采取“拿来主义”模式需要两地有相似的旅游资源，可以是名称上“拿来”，也可以是相似的旅游产品内容或异域文化等内容上的“拿来”。如现在各地盛行的大型实景演出，都属于模仿性质，所不同的是“拿来”的同时体现了本地特色文化，所以让人感觉新颖。青岛国际啤酒节也是在引进德国慕尼黑啤酒节的基础上，结合本地特色开展起来的。

第三节 旅游景区娱乐服务经营管理

一、旅游景区娱乐服务规范

（一）服务人员要求

1．服务人员应遵守旅游职业道德和岗位规范，礼貌待人，维护旅游者的合法权利。

2．服务人员应掌握本岗位所需的专业知识，按国家相关规定持证后方可上岗。

3．特殊岗位的服务人员应满足相关国家标准、行业标准和地方标准的要求。

4．服务人员发现事故隐患或者不安全因素，应当立即向现场安全管理人员和单位有关负责人报告。

5．服务人员应熟练掌握本岗位有关应急安全处理方法。

6．服务人员应身体健康，无职业禁忌症，应持有效的健康体检证明方可上岗服务。

7．营业期间，服务人员应着统一的工作制服，佩戴工作标志。

8．服务人员应会讲流利的普通话，吐字清晰。

9．接待海外旅游者的服务人员应能用相应外语为海外旅游者服务。

10．服务人员应主动、具体、详实地介绍服务内容和服务价格，并主动为老、弱、病、残、孕和抱婴者提供特殊服务。

11．提倡微笑服务，使用礼貌用语。

12．服务人员应尊重旅游者的道德信仰与风俗习惯，满足不同民族人员的合理需求。

13．对旅游者提出的问题暂时不能回答的或暂时无法解决的，应记录并事后跟进。

14．设施、设备服务人员应时刻观察旅游者的动态，指导旅游者安全娱乐。

15．各出入口服务人员应具有接待和疏通旅游者的能力，在高峰期间，协助门岗工作，确保出入口畅通无阻。

16．发现旅游者遗失物品，应及时上缴有关部门，以方便归还失主。

17．当发生突发事件时，应立即报告，并按职责采取有效措施，减少损失。

（二）服务流程要求

1．通用要求

旅游娱乐场所应对所提供的各项娱乐活动或服务制定相应的、合理的服务流程，包括服务内容、与服务内容相对应的管理部门和服务流程图。

2．信息公告

（1）在服务的初始阶段和中间过程中，应利用信息设备，如电子显示屏等向旅游者及时通报场所内设施及服务项目当前的状况。

（2）服务过程中所有提供的娱乐服务项目和出售的商品，应明码标价，并向消费者出示价目表；其价格应符合相关部门的规定。

（3）公共广播语言应采用标准普通话播音，按地域不同宜增加当地方言播音。

（4）接待海外旅游者场所中的所有标识信息至少以中、英文两种以上文字表示，公共广播语言至少以中、英文两种以上语言广播。

3．投诉处理

（1）应按公平、公正、公开的原则建立完善的投诉处理制度。

（2）在服务的不同地段应设立投诉接待处，或投诉箱、投诉簿等。

（3）投诉处理应做到 24 小时内回复、10 天内反馈处理结果。对不满意处理结果的，应积极配合上级主管部门调查，协调处理。

（4）投诉处理结案率大于 98%。

（5）建立投诉档案管理制，档案记录应实事求是，保持完整。

4．信息收集、统计与归档

（1）旅游娱乐场所的内部管理用信息系统应能够实时对场所进出的旅游者数量、经营效益、从业人数等业务情况进行收集和统计。

（2）应采用统计技术对采集到的数据进行统计分析。

（3）应对所有统计信息和记录建立统计台账和核算制度，并按相关规定按时报送各级管理部门。

（4）信息统计数据文档保存期为 5 年。

5．服务质量控制

（1）企业应制定质量管理目标，并建立监督检查制度。

（2）企业宜设立质量管理部门或质量管理岗位。

（3）企业应公布 24 小时服务电话，受理旅游者的投诉和咨询。

（4）企业应有专职人员负责服务质量的监督和考核。社会有效投诉率应不超过 3‰。

（5）应定期向旅游者发放并回收“征求意见表”。

（6）应有计划、有目的、有选择地回访旅游者。

（7）应对旅游者提出的合理化建议制定有效的纠正措施，改进服务工作，提高服务质量。

（8）鼓励企业积极获取相关的质量管理体系和环境管理体系等的认证。

本章小结

本章介绍了旅游景区娱乐服务的概念、意义、内容，并在此基础上分析了旅游景区娱乐服务的策划流程及经营管理方法。通过本章学习，掌握旅游景区娱乐服务的相关概念，认识景区娱乐服务的重要意义，且能够依据本章所学内容制定出适合景区的娱乐活动方案及经营管理方案。

主要概念

景区娱乐服务；小型常规娱乐项目；大型常规娱乐项目

基础训练

简答题

1. 旅游景区娱乐服务的意义是什么?

2. 旅游景区娱乐服务的内容有哪些?

3. 旅游景区娱乐服务的策划原则有哪些?

4. 分析旅游景区娱乐服务的策划流程。

案例分析

印象·刘三姐

在方圆2公里的阳朔风光美丽的漓江水域上，以12座山峰为背景，广袤无际的天穹下构成了迄今为止世界上最大的山水剧场。传统演出是在剧院有限的空间里进行的，这场演出则以自然造化为实景舞台。放眼望去，漓江的水、桂林的山化为中心的舞台，给人宽广的视野感受，让您完全沉溺在这美丽的阳朔风光里。传统的舞台演出是人的创作，而山水实景演出是人与自然的共同创作。山峰的隐现、水镜的倒影、烟雨的点缀、竹林的轻吟、月光的披洒随时都会加入演出，成为最美妙的插曲。晴天的漓江，清风倒影特别迷人；烟雨漓江赐给人们的则是另一种美的享受。细雨如纱，飘飘沥沥；云雾缭绕，似在仙宫，如入梦境……演出正是利用晴、烟、雨、雾、春、夏、秋、冬不同的自然气候，创造出无穷的神奇魅力，使每场演出都是新的。

演出以“印象·刘三姐”为总题，在红色、白色、银色、黄色四个“主题色彩的系列”里，将刘三姐的经典山歌、民族风情、漓江渔火等元素创新组合，不着痕迹地融入山水，还原于自然，成功诠释了人与自然的和谐关系，创造出天人合一的境界，被称为“与上帝合作之杰作”。尤其是“洗浴”一场，身着白色纱巾的少女翩然起舞，水镜晨妆，风解罗衫，山水与少女彼此呼应，似乎在告诉每一位注视者，灵性就在大自然的深邃处，少女所有的美丽来自山水的赐予。演出把广西举世闻名的两个旅游文化资源——桂林山水和刘三姐的传说进行巧妙的嫁接和有机的融合，让阳朔风光与人文景观交相辉映。演出立足于广西，与广西的音乐资源、自然风光、民俗风情完美结合，看演出的同时，也是在看漓江人的生活。

刘三姐歌圩坐落在漓江与田家河交汇处，与闻名遐迩的书童山隔水相望。歌圩几乎全部被绿色覆盖，种植有茶树、凤尾竹、草皮等，绿化率达到90%以上。其中灯光、音响系统均采用隐蔽式设计，与环境融为一体。水上舞台全部采用竹排而建，不演出时可以全部拆散、隐蔽，对漓江水体及河床不造成影响。在100多亩的建设用地上，鼓楼、风雨桥等建筑散发出浓郁的民族特色，整个工程不用一颗铁钉，令人叹为观止。观众席由绿色梯田造型构成，180度全景视觉，可观赏江上2公里范围的景物及演出，同时也考虑到了泻洪的安全。共设座位2200个，其中普通座位2000个、贵宾座180个、总统席20个。演员阵营强大，由600多名经过特殊训练的演员组成；演出服装多姿多彩，根据不同的场景选用了壮族、瑶族、苗族等不同的少数民族服装。

刘三姐是中国壮族民间传说中一位美丽的“歌仙”，围绕她有许多优美动人、富于传奇色彩的故事。1961年，电影《刘三姐》诞生了，影片中美丽的桂林山水、美丽的刘三姐、动听的山歌迅速风靡了全国及整个东南亚。从此，游览桂林山水、寻访刘三姐和广西山歌，便成了一代又一代人的梦想。

《印象·刘三姐》是一次与真相无关的艺术呈现，以山水圣地桂林山水美丽的阳朔风光实景作为舞台和观众席，以经典传说《刘三姐》为素材，由桂林广维文华旅游文化产业有限公司投资建设，我国著名导演王潮歌、张艺谋、樊跃出任总导演，国家一级编剧、中国实景演出创始人、山水文化机构董事长梅帅元任总策划、制作人，数易其稿，历时三年半，努力制作而成。集漓江山水风情、广西少数民族文化及中国精英艺术家创作之大成，是全世界第一部全新概念的山水实景演出，集唯一性、艺术性、震撼性、民族性、视觉性于一身，是一次演出的革命、一次视觉的革命，是桂林山水的美再一次与艺术相结合的升华表现。

资源来源:《印象·刘三姐》，百度百科。

问题：从我国第一部全新概念实景演出——《印象·刘三姐》中能得到什么样的启发?

实践训练

【实训项目】旅游景区娱乐服务项目分析与策划

【实训要求】分析某一旅游景区的现状及其文化、市场方面的信息，找出其现有娱乐活动的可借鉴之处及存在的问题，并为其制定一份可行的娱乐服务策划方案。

【实训步骤】

1．学生在校内通过查阅书籍、网络搜索，了解景区的相关情况及旅游娱乐服务活动情况。

2．学生分组完成相关问题。

3．班级交流讨论，评出最佳旅游景区娱乐服务策划方案，可相应给予一定的奖励。

4．教师总结。

设计者：　旅游商品：

旅游娱乐项目评价标准	标准分	得分
休闲性	20	
新颖性	20	
刺激性	20	
时代性	20	
经济与社会效益性	20	

考核时间：　年　月　日　考评教师（签字）＿＿＿＿＿＿

第五章　旅游景区购物服务

学习目标：

知识目标：了解购物在旅游景区的地位和作用；了解旅游景区购物商品的概念、特性和类型；熟悉旅游景区购物区、点布局及环境营造方法；了解我国旅游景区购物服务现状；掌握我国旅游景区发展购物服务的对策。

技能目标：能对特定旅游景区购物区（点）进行设计布局，且能掌握现实中旅游景区购物服务的基本规律和方法。

【引例】

22万元大奖引高手设计旅游商品

距2008年北京奥运会正式开幕一年前，北京市旅游局主办“第六届北京旅游商品设计大奖赛”，首次设立22万元奖金以吸引全国的设计高手报名参赛，此次活动还在各个景区设立展区展示获奖产品。

北京旅游商品设计大赛旨在促进北京旅游商品设计创新，推动旅游商品产业发展，提高旅游经济收入，为发展首都经济服务。2008年北京举办奥运会，世界各国的观众、游客汇聚北京，为北京旅游商品提供了一个广阔的市场，也对北京的旅游商品供给提出更高的要求。这次举办“第六届北京旅游商品设计大奖赛”就是要借助奥运会的契机，挖掘社会各届的创新设计能力，推出一批具有北京特色的、设计新颖的、拥有市场潜力的旅游商品，提升旅游景区（点）的旅游商品质量，满足来京的中外游客的购物需求，并且以大奖赛成果为基础，提升旅游商品生产企业的产业化水平，力争搭建一个旅游商品设计、生产、经营、销售平台，并成为一种长效机制，不断推出具有北京特色的、代表中国璀璨文化的旅游商品。

资料来源：《22万元大奖引高手设计旅游商品》，http://news.sohu.com/20070816/n251611146.shtml，2007.8.16（有修改）。

上述案例主要讲述北京旅游局设22万元大奖，请高手们帮助设计旅游产品，其实这种旅游商品的征集从2001年举办首届中国旅游纪念品设计大赛开始，全国各地都在进行，一直没有间断。通过旅游商品征集，开发特色旅游商品，并积极推动其市场化。

为什么下这么大力气在旅游纪念品的开发设计上呢？其实原因很简单，我国旅游商品的开发设计远远跟不上旅游产业的发展。我国旅游购物收入占旅游总收入的比重长期处于20%左右，而世界旅游发达国家购物收入占旅游总收入的40%~60%。我国旅游商品怎么就不能让游客们掏腰包呢？原因在于，我国各地的旅游商品都大同小异，游客很难买到体现当地文化、风俗民情的旅游商品。本章内容就是分析我国旅游购物商品，分析其内容、购物环境和购物服务的管理。

第一节　旅游景区购物商品概述

购是旅游六要素中最活跃的因素，也是旅游产品构成要素中可挖掘的经济效益潜力最大的要素，因此世界上许多旅游业发达国家和地区都十分重视发展旅游购物。并且旅游购物本身就是旅游资源，可以满足游客的购物体验需求，已成为某些旅游目的地最具吸引力的内容之一。

一、旅游购物的含义

关于旅游购物的含义，仁者见仁，智者见智。有人认为，旅游+购物=旅游购物，是发生在旅游过程中的购物行为，就是旅游与购物的一个综合行为。也有人从旅游购物的分类出发，提出旅游购物包含两个重要部分：一个是购物旅游，指以购物为旅游首要目的的旅游活动；另一个是旅游者购物，指那种发生在旅游过程中的购物，而旅游者并非以购物为首要目的。世界旅游组织关于旅游购物的定义是：旅游者为旅游作准备或者旅途中购买商品的总和，其中包括对衣服、工具、纪念品、珠宝、玩具、报刊书籍、音像资料及个人物品和药品等的购买，不包括任何一类游客出于商业目的而进行的购买，即为了转卖而进行的购买。

【业界动态】

香港旅游业中的“购”

中国香港素来被中外游客称作“购物天堂”。在香港购物，不论是货品种类、价格还是服务，都是世界知名的。因香港特别行政区政府采取低税政策，在香港出售的大部分商品都不征税，所以在香港购物，货品价格相应较低，普遍低于其他国家、地区。此外，这里每年都有许多换季大减价的促销活动，能为游客提供真正的实惠。香港店铺中销售着世界各地不同特色的货品，而且大部分服务行业的从业人员都受过专业训练，态度殷勤友善，服务以客为先，故来香港旅游必能享受到称心满意的购物经历。购物成为香港吸引游客的一个重要因素，为旅游的发展提供了极为有利的条件。到香港地区购物是许多游客来港旅游的主要动机。“购”促进了香港地区整个旅游业的发展。

二、购物在旅游景区中的地位和作用

（一）购物是景区创收的重要来源

景区旅游经济效益的好坏通常用旅游收入指标来衡量。旅游收入主要由两个因素决定：旅游接待人数和旅游消费水平。接待人数的多少受景区的旅游接待能力、景区的环境容量和景区的客源等因素制约。而旅游消费水平以最大限度地满足旅游者的需求为前提，旅游消费水平的提高取决于景区能够满足消费需求的程度。在旅游消费构成中，旅游者饮食和住宿的需求弹性很小，而购物和娱乐是旅游消费需求中弹性较大的“活消费”，对旅游景区收入极具影响。衡量一国能否成为旅游强国的一项重要指标就是旅游收入中购物及娱乐所占比重的大小。

（二）购物活动可加深游客对旅游目的地的了解

旅游购物主要是发生在旅游过程中的购物行为，既包含了购物本身，同时也包含了因为购物而引发的其他活动，如景德镇古窑景区将制瓷老师傅现场制瓷过程融入购物点中，大理三道茶表演等。这种活动本身不仅使游客们更感兴趣，丰富了旅游内容，同时也让游客对当地历史文化、风俗习惯等有了更深的了解。由此可见，旅游购物活动是一个复杂的活动，它不仅仅包含购买行为本身，同时也是一个重要的旅游吸引物，是加深游客对旅游目的地了解的一个重要渠道。

（三）购物可提高当地人就业水平，带动相关产业发展

旅游景区利用当地的资源特色，大力发展旅游购物，方便了当地居民农副产品的销售，增加了旅游地居民的收入。旅游购物业本身就是劳动密集型产业，发展旅游购物可以解决大批劳动力的就业问题，对于稳定社会治安具有非常重要的意义，同时也促进了地方工艺美术、轻工业、农业以及服务业等的发展。

三、旅游商品概述

旅游商品是旅游购物资源的核心，也是吸引游客购物的根源。任何旅游购物活动都是围绕旅游商品展开的。因此，以下对旅游商品的概念、特性及类型作一下介绍。

（一）旅游商品的概念

旅游商品概念有广义和狭义之分。广义的旅游商品是指旅游企业为满足旅游者需求而提供的具有使用价值和价值的有形商品和无形服务（无形商品）的总和，且这些物品和服务必须以交换为目的，如旅游景观、旅游服务、旅游线路等，它是一个整体性的概念。

狭义的旅游商品只指旅游景区商店内为游客准备的各种有形实物。我们研究旅游景区购物，也主要是从狭义旅游商品的角度进行分析的。

【微型资料】

旅游纪念品是指旅游者在旅游活动过程中购买的具有地域文化特征、富有民族持色、具有纪念性的所有物品。一般以旅游目的地或者景区、景点的自然风光、文物古迹为题材，体现当地传统工艺和风格，并且做工独特。旅游纪念品所包含的内容十分广泛，比如文物古董、珠宝玉器、金银首饰、工艺美术、特色服饰、土特产品等。

旅游工艺品是旅游纪念品的重要组成部分，是体现地域特色的重要载体，开始主要是民间艺人世代传下来的传统手工技艺，通过家庭式作坊制作，比如云南大理的白族银器。随着技术的发展，又出现了由工业生产的工业工艺品，如水晶工艺品。但是手工制作工艺品仍然是人们比较推崇的，售价也相对较高。

（二）旅游商品的特性

1．纪念性

纪念性是旅游商品的一个最基本特性。旅游是一种体验，是一个开眼界、长见识的过程，旅游结束后的旅游商品和相片可以勾起游客美好的回忆，因为旅游商品能够显示旅游所在地的某种特点，蕴含着旅游目的地的地域文化特征，是自己旅游经历的见证。

2．地域性和民族性

因为旅游景区所处的自然地理环境和文化背景有很大差异，所以根据其所拥有的资源而开发的旅游商品具有明显的地域性和民族性，正是这种地域性和民族性满足了旅游者的求异心理，如新疆的帽子、服饰，景德镇的瓷器，丽江的纳西族木雕以及各种印有东巴文字的手工艺品等。

3．艺术性

艺术性是指旅游商品所具有的独特创意和典型美观的特性。随着社会经济的发展和人们人文素养的提高，人们对物品不仅仅追求实用功能，也十分重视其美观与否。所以不管旅游者购买旅游商品的动机是自己留作纪念还是赠送亲朋，都要求旅游商品具有艺术美感。

4．实用性

实用性是指旅游商品所具有的实用价值。许多旅游者在旅游过程中会选购一些具有实用价值的商品，比如旅游的鞋帽、中药材、土特产品等。如旅游商品兼具纪念性、艺术性、实用性是最受游客欢迎的，如紫砂茶具、民族服饰、雕花手杖等。

（三）旅游商品的类型

旅游商品种类繁多，按照其特点和主要用途可以分为旅游纪念品、旅游实用品、旅游消耗品三大类。

1．旅游纪念品

即旅游者在旅游过程中购买的具有地方和民族特色、有纪念性的一切物品。它多是以旅游景点的自然风光或文物古迹为题材，体现当地的传统工艺和风格，且制作独特的商品。旅游纪念品构成了旅游商品的主要内容，可以分为以下几类：

（1）文物古董及其仿、复制品。作为旅游纪念品的文物古董主要是指国家法律允许进行流通的，反映了古代社会制度、生产生活的历史文献资料或代表性实物。

（2）书画金石、文房四宝。书画金石，是反映民族文化的各类书法、绘画、篆刻、拓片作品，是旅游购物商品的一个重要组成部分，它是形象反映民族文化的艺术品，有很高的收藏价值。而文房四宝是我国书画艺术的主要工具——笔、墨、纸、砚的总称。其中的珍品是湖笔、徽墨、宣纸、端砚。

（3）工艺美术品。工艺美术品是观赏性、陈设性较强，艺术欣赏价值较高的旅游商品，它包括雕塑工艺品、陶瓷工艺品、编制工艺品、刺绣工艺品、漆器工艺品、民间工艺品等，我国比较有代表性的工艺美术品有三大名石、四大名玉、四大瓷都的瓷器、三大名锦、四大名绣和民间蜡染、扎染、风筝、剪纸等工艺。

（4）土特产品和中药材。土特产品是指借助当地的原材料，根据当地人的生活习惯生产而成的具有浓郁地方色彩的产品。我国地域广大，资源条件千差万别，因而土特产品相当丰富，例如，北京的烤鸭、天津的狗不理包子、贵州的茅台、桂林三宝、天山的雪莲等。其中在世界上独具特色的就是茶叶和各类中药材。

（5）珠宝首饰。人类自古就有佩戴珠宝首饰的习惯，主要是作为权力、财富和吉祥的象征。世界各地的珠宝首饰造型各异，也充分体现了各民族和地区的文化，是旅游商品的一个重要组成部分，且这类商品较为名贵，具有较高的收藏价值。随着中国经济的发展、人民消费水平的提高，珠宝首饰正在成为继住房、汽车之后中国老百姓的第三大消费热点。近年来，我国珠宝产业销售总额以年增长率高于15%的速度发展。据统计，中国珠宝首饰年消费额超过300亿美元，消费能力居世界第三，仅次于美国和日本。

【知识延伸】

宝石可以理解为“石头中的宝贝”，即“宝贵的石头”。宝石以其特有的绚丽色彩、高雅的质地被人们视为“圣洁之物”，自古以来就一直为人们所喜爱、追求。宝石是自然界和人类活动的共同产物，自然界主要形成原材料，而人类则学会了将原材料进行加工，以增强其美感，使之适于做首饰或其他装饰品。根据中华人民共和国国家标准（GB/T16552－2003），将珠宝玉石分为四大类。

表 5-1　我国珠宝玉石分类

种类	基本名称
天然宝石	钻石、红宝石、蓝宝石、金绿宝石、萤石、赤铁矿、水晶、尖晶石、金绿猫眼、黄绿猫眼、黄宝石、绿宝石、祖母绿、碧玺、蛋白石、紫晶金矿石、石英
天然玉石	硬玉、软玉、玛瑙、青金石、蛇纹石、印章石、砚石、观赏石、田黄石、鸡血石
天然有机宝石	珍珠、珊瑚、象牙、龟甲
人工宝石	合成宝石、人造宝石、拼合宝石和再造宝石

（6）服装。服装最能体现地方特色和民族特色，再加上其实用性，受到广大旅游者的青睐，例如中国的旗袍、日本的和服、美国的牛仔裤等。除了这些传统服饰，现在流行的时装也成为旅游购物的新亮点，比如到巴黎的旅游者往往会把巴黎的时装作为购物的首选。

2．旅游用品

旅游用品，是旅游者为了满足在旅游活动中的日常需要所购买的日常生活用品，主要有旅行车、旅行箱包、旅游鞋帽、登山器械、滑雪器械、摄像器材、美容护肤品、防晒品、避雨用品及常备药品等。随着旅游者旅游个性化的要求及各种新型旅游项目的兴起，这种旅游用品市场前景极为广阔，与旅游纪念品具有同等地位，是旅游商品开发的一个新方向。

3．旅游消耗品

旅游消耗品是旅游途中所消耗的商品，主要有两类：饮食用品和日用品。饮食用品是旅游者在旅途中消耗的食品、饮料、当地特色小吃等。日用品是指旅游者旅途中所需要的洗涤用品、化妆用品、卫生用品等。旅游者对这类商品的购买通常是根据平时的生活习惯，而且每个消费者的需求也差不多，所以消费是比较稳定和有限的。

第二节　旅游景区购物环境营造

一、景区购物区（点）的布局

景区商业网点布局必须充分考虑旅游景区中各相关要素之间的关系，如相互作用、关联性、互补性、整合性等，才能构建合理的网点布局结构。布局方法主要应考虑以下因素：

（一）旅游资源类型及分布

旅游景区前入口处与前出口处为最佳的两个购物选址位置，但因资源类型不同，处理方式存在差异。山岳、水体等自然观光类景区往往出口和入口合二为一，这类景区的旅游购物点主要布局在入口（出口）两侧，风景线上辅助插点布局；以古建筑、园林、民俗、表演等人文景观为主的景区就布局在前出口处；以朝圣为主的宗教景区适合前入口处和前出口处两点布局；主题公园更适宜插点式布局；博物馆、展览馆、工业旅游、农业旅游等观光类适宜在前出口处布局旅游购物点；对于城市旅游，不妨在主要旅游吸引物附近或商业中心建立旅游商品购物中心或旅游购物一条街。

旅游资源的分布或集中或分散，网点的布局应同资源分布状况相适应。旅游资源集中分布的地段，会成为景区开发的优先区域，也必将是游客集中的区域。因此，景区内主要的商业网点应力图设立在旅游资源分布集中，游客流量最多、最集中的地点附近，如邻近几个景点的中心区域或通往几个景点的主干道上。这样不仅能够保证最大的客流量，也能确保满足游客的购物需求。

（二）交通条件

交通条件是影响景区购物区（点）开设地点选择的一个重要因素，它决定了网点经营能否顺利开展和顾客购买行为能否顺利实现。从购物区（点）经营角度来看，为方便游客购买，促进购买行为的顺利实现，对交通条件要作如下具体分析：

（1）主要的商店设在景区入口附近。景区一般在此设置售票处、游客接待中心、购物中心等。这里交通便捷，距离入口较近，客流较多，购买方便。此处距离停车场较近，方便笨重纪念品的搬运。同时，入口区的停车场解决了商店停车场的要求，方便购物点的设立与经营。

（2）设在景区内部散布的商业网点，要分析景区内道路的现状和将来规划，还要考虑商品的特点，不宜把笨重纪念品商店设置在山顶或山坡。店面标志要醒目而有特色，方便游客购买。

（三）客源市场

景区必须研究旅游客源市场结构、明确客源市场特点，以便对旅游商品进行正确的定位，确定切实可行的网点布局。客源市场的人口结构以及人均经济收入状况等都将影响游客对旅游商品的选择。年轻人喜欢一些新鲜有趣的纪念品，如北京的琉璃、新疆的玉雕、苏州的刺绣等；中年人和老年人则喜欢一些富有文化底蕴、有收藏与鉴赏价值的商品，如黄山歙砚、湖州湖笔、徽州徽墨、泾县宣纸、杭州王星记的扇、苏州双面绣、福州寿山石、洛阳唐三彩、西安铜车马等。此外，不同的职业和人均经济收入也影响了游客对旅游商品的选择。在分析目标客源的基础上，可以对旅游商品进行正确的定位，清楚在景区网点布局中重点突出哪些商品的销售，以及个别销售网点的装饰、布局等。

（四）周边环境

1. 建筑环境

景区购物网点要与景区的整体文化氛围一致，也要与周围的建筑环境相融合。景区购物网点的建筑物样式风格、形与神，应与景区的整体风格一致，与主体建筑协调，与景区的整体形象美和文化气质相吻合，使之融于周围的自然环境与文化环境，成为景区的有机组成部分。比如，福建南靖土楼周围的零售商店，突出土楼的水泥建筑和空调，严重破坏了土楼的文化氛围，与周围土楼的建筑不协调，应立即拆除。

2. 能见度

没有一片空白而平坦的地方和好的能见度的地点，对于网点开发和发展是不利的。必须考虑在此开发道路，甚至提供交通运输工具，其投资规模和成本很大。如果在一个有效的地点已有建筑物，不需考虑道路问题，可以考虑现有的建筑能否被改造和利用，或者与周围建筑共同发挥作用，以提供多功能的服务项目。

二、旅游景区购物环境营造

（一）着眼全局，合理规划

旅游景区要进行认真全面的可行性规划研究，确定购物点的位置、面积、用地和风格。避免只顾眼前利益、盲目开发的行为，要从长远出发，考虑景区的可持续发展。合理的旅游购物服务设施规划安排，有利于优化产品，保护当地环境的视觉形象，并体现自然和人文景观的美学特征。

1. 统一规划、统一布局

为了保证旅游景区的环境，旅游景区店铺的建筑和布局要做到统一规划、统一布局，成为富有特色的旅游商业街，最好能将这些旅游商店统一规划，周密设计，保证位置适当、数量合理。比如湖南南岳大庙附近就建了宗教文化物品一条街，体现出南岳独特的宗教文化特色。

旅游景区的商店往往融入旅游景区中，和景区风光融为一体，在允许每个店铺具有不同风格的同时，必须保证店铺和旅游景区风光的和谐一致性。要通过店铺的建筑使景区锦上添花，增加旅游景区的魅力，而不能破坏旅游景区的风光。在一些以历史文化遗产为主的旅游景区内，店铺应以仿古建筑为主，店内工作人员的服饰也应该以仿古服饰为宜。在一些名山大川，其建筑则应以与风景区相适应的亭、台、楼、阁及至竹楼、茅草屋等为主，营业人员也应身穿当地或民族服装，并以民族礼仪和民族风情向旅游者提供特色服务，使旅游者更深入地领略地方独有的文化韵味。

2. 限制破坏性的旅游购物设施

在旅游景区对影响景观、有碍游览、污染环境、与周边人文景观和自然景观不协调的购物设施应予以拆除，否则会削弱景区的吸引力。在珍贵景物周围和重要景点处除必需的保护和附属设施外，不得增建其他工程设施。例如，苏州刺绣研究所兴建接待楼，由于楼址在明代建筑玉祠堂和著名园林环秀山庄之间，经有关部门研究，建筑层数必须在一层以下，运用苏州地方建筑风格，与原有两组古建筑协调一致，融为一体。

3. 保护珍贵文化古迹

商业网点布局要保持珍贵文化古迹的历史特点，维持其原有面貌，不得随意改建、拆迁。文物古迹及古典园林风景点的周围不准建设高度、体量、色彩、格调不协调的建筑物及其他设施。例如，为了保持毛泽东故居的永久魅力，湖南省韶山市已把影响景观的摊点全部清除，转移到统一的市场里，使故居周围完全恢复到毛主席 1959 年回韶山时的原貌。

（二）提高质量，突出特色

随着人们物质生活水平的提高，有纪念性、观赏性的中档旅游商品会日益受到国内旅游者的欢迎。旅游商品经营商应该大力推荐当地的土特产及工艺品，突出各景区及民族特色。比如在中国瓷器之乡景德镇可以制作迷你型陶器和瓷器，便于携带；在南昌可以制作以滕王阁、绳金塔等景物为代表的工艺雕刻品等；在庐山可以加工一些纯天然无污染的茶叶。这些旅游商品价值的定位应以中档为主，减少初级产品，适当增加高档产品，满足不同旅游者的需求。不断提高旅游商品的文化和艺术品位，同时还应充分利用当地资源，加强购物街建设。政府也必须高度重视、精心组织，和相关部门共同形成全方位整治旅游商业市场的共识，建章立制，集中培训，制定促进旅游产业发展的有关政策和旅游发展规划，完善发挥配套商业服务设施的功能，优化旅游大环境，通过优质的商业服务设施，不断弘扬旅游行业健康、文明、向上的良好风尚，提高旅游产业素质。

（三）有章可依，有序经营

为了促进旅游业的健康发展，通过专项整治，有效遏制违法违规活动，工商部门配合旅游景区购物点的经营管理，取缔无证摊点，限制旅游景区购物点的数量和经营商品的区域。经营者出示经营执照，所卖旅游商品应明码标价，无假冒伪劣现象，符合卫生要求。严查强买强卖，打击欺骗行为，保护消费者权益，营建旅游景区良好的购物环境。

（四）内外协调，统筹管理

旅游景区应与相关旅游行政管理部门配合，调动景区所有工作人员及游客的积极性，共同营造良好的商业氛围，具体应注意以下几点：

（1）在各旅游景区设立举报岗亭和举报电话，对不法经营进行监督和制裁，遏止旅游景区拦客、围追、强拉旅游者的行为，对不法商业经营的行为配合工商部门给予行政和经济上的处罚。

（2）建立旅游消费告示牌，公布投诉电话，提高旅游者的自我保护意识。

（3）对景区的流动摊点应限制数量，严格管理并控制旅游景区内抬轿、挑包、摄影等个体工商户的数量，并合理安排在各景点区域内，确保旅游者的人身安全，保障旅游者的经济利益。

（4）宣传教育。利用报纸、广播、电视、标语等宣传媒介对当地居民进行服务意识、环保意识、商业道德意识及法制观念方面的宣传，改善旅游景区从业人员、经营者及周围居民与旅游者的关系。

（5）建立新闻监督机制。如庐山景区针对一些不良商业服务设施，通过报纸、电视等渠道发布公告，调动人民群众整治旅游环境的积极性和主动性。

（6）提高旅游工作人员的工作效率和职业道德素质，及时处理旅游投诉和解决有关问题。

（7）旅游行政管理部门应完善旅游法规，切实保障游客的合法权益不受侵害，从而稳定客源，取得游客的信任。对导游人员违规行为，如随意增加购物时间和次数、拿经营者的回扣等不良行为应严厉处罚。

【业界动态】

景德镇古窑景区：创“5A”完善旅游购物环境

购物点的建设与景区完美融合

旅游购物点的设置不仅要考虑游客的消费习惯，同时还要与景区的整体环境和文化完美融合。古窑景区在购物场所的建设中也坚持以人为本的原则，购物场所的选址和布局完全契合游客的消费习惯，将购物点设置在景区的各个小景观处和景区的出口处。这些购物点与景区的特色紧密结合，既可以满足游客在旅途中休闲、娱乐的需要，又可以促使游客在放松、舒适的环境中产生购买的欲望。另外，购物点所销售的旅游商品都是具有瓷都特色的陶瓷商品。

规范购物点销售制度

古窑景区对入驻的所有商家进行严格的筛选，诚信度不高的不许可入驻，这一举措保障了游客在景区内可以购买到质量有保障的商品。在日常管理中，古窑景区要求所有商家必须明码标价，禁止围追兜售、强买强卖的活动。

打造具有瓷都特色的商品

旅游商品是旅游购物的基础，也是旅游购物收益的关键，很多旅游景区都十分重视对旅游商品的开发。古窑景区的购物点一般以特色的瓷制品为主要销售商品，包括众多种类的瓷质小饰品、工艺品及艺术品。同时，景区还将制瓷老师傅现场制瓷过程、女子瓷乐队的表演融入到购物点当中，增加了景区的趣味性、互动性，促进了商品的销售。

资源来源：《景德镇古窑景区：创“5A”完善旅游购物环境》，http://www.jxcn.cn/1669/2012-9-6/30132@1153563.htm，中国江西网，2012.09.06。

第三节　旅游景区购物服务与管理

一、我国旅游景区购物服务现状

我国旅游购物收入占旅游总收入的比重长期徘徊在20%左右，与旅游发达国家购物收入占旅游总收入的40%～60%相比，存在很大差距。旅游购物多年来一直是我国旅游六大要素中最为薄弱的环节之一，游客想买但又不知买什么，具体分析原因有以下几点：

（一）旅游景区购物商品雷同、缺乏景区自身特色

购物是旅游中不可或缺的一个重要组成部分，绝大多数游客都希望在旅游的过程中可以购买到当地特色旅游商品，但旅游景区琳琅满目的商品如玉器、琉璃摆件、水晶（仿）、书画等大同小异，缺发新意，并且产品做工粗糙、包装粗劣。当然不排除有的地方旅游商品很有特点，如丽江的东巴文字饰品、布达拉宫的藏刀、敦煌的布骆驼、恩施的西兰卡普，但具体到当地的某一个景区又存在雷同的问题。旅游地特色旅游商品极度匮乏且缺少品牌化旅游商品，“人气聚不成财气”，游客在景区有钱无处花，购物欲望较低，景区的购物收入水平偏低。这反映了在我国旅游业快速发展的同时，旅游特色商品开发步伐的缓慢，与其他旅游发达国家旅游商品相比差距较大，我们应深思。

【业态深思】

中国人均境外购物874美元

全球最大的精选旅游特惠平台Travelzoo（旅游族）联手美国CNN旗下旅游媒体共同发布的一项调研结果显示，中国大陆游客境外旅游期间的购物开支在亚太区遥遥领先，平均每次出行的购物花费为874美元。与此相较，日本游客平均每次出行的购物消费为723美元，澳大利亚游客为668美元。

来自世界奢侈品协会的数据显示，中国游客2012年春节期间在高端奢侈品牌上的花费

高达 72 亿美元，这一数字堪称史无前例。世界旅游组织估计，中国境外游客人数到 2020 年将突破 1 亿人次。随着中国大陆居民消费能力的增长与消费观念的变化，这些数字仍在不断刷新中。

正因为拥有如此惊人的消费能力，各国都在想方设法抓住中国游客的钱包。欧洲旅游委员会 2012 年初推出了全新的中文门户网站，把中国市场作为重点；英国剑桥的国王学院依托徐志摩的《再别康桥》，制作售价为 95 英镑的限量版纪念盘；希尔顿酒店则推出针对中国游客的中式茶、中文频道及中餐等。

资料来源：大众网，http://www.dzwww.com/finance/jiaodian/zxbb/201210/t20121031_7595579.html，2012.10.31。

从上面的资料可以看出，国外对旅游商品的针对性开发是值得我们学习和借鉴的。

（二）购物环境散乱，购物陷阱多

很多旅游景区的旅游购物商店被私人承包，再加上缺乏统一协调管理，同行间为争夺客源相互杀价现象较为普遍。有的景区购物摊点散乱，商品价格不明确，旅游者往往因为担心上当受骗从而望而却步。有的地方还出现小贩围追兜售、强买强卖的情况，扰乱了市场秩序，败坏了景区形象，也影响了旅游购物。

（三）售后服务不完善，尤其是投诉管理水平低

旅游景区商品的销售对象是旅游者，流动性大，一些经营者带有侥幸思想出售价高质次的产品，所以很多景区售卖的旅游商品既不可能提供售后的维修、保养，更不会退货。加之很多旅游者购物没有索要发票的习惯，因而缺少证据无法投诉。即使有购物发票或收据作证，大多旅游购物属于异地购物，投诉成本很高，相对价格低廉的旅游商品投诉似乎非常不值得。加之投诉管理程序复杂、效率低下，所以造成旅游者采取积极手段进行投诉的人较少，大多只能带着不好的印象离开旅游景区。

二、旅游景区发展购物服务的新困难

随着旅游业的发展，旅游购物市场中出现了一些新的特点，这些特点在一定程度上降低了旅游购物的吸引力，需要旅游景区高度关注并采取相应的措施。

（一）旅游的日常化、大众化

随着旅游的大众化，旅游对于人们已不再是奢侈品，已成为现代人常态化、极普遍的消费方式，接触或购买旅游商品的机会增多，导致想买的旅游商品越来越少。同时，人们也不像以前那样期待别人赠送旅游纪念品。

（二）旅游商品价值下降

在经济利益的驱动下，商家哄推各类洋节日，再加上我国传统的节假日众多，人们之间互相赠送礼物的机会大大增加，如母亲节、父亲节、情人节、圣诞节等都是互赠礼物的好时机，因此没有必要非在旅游时购买礼品，这也导致旅游购物中礼品的价值在下降。

（三）专项旅游的发展

随着旅游的发展，针对性强的专项旅游项目增加，如体育旅游、考察旅游、修学旅游、购物旅游等。为满足游客购物的需求，有专门的购物旅游线（团）。除此之外，专项旅游在线路设计上没有或减少了旅游商品的购物。

（四）消费者的需求变化

现代旅游消费者更多地追求旅游商品的新颖性和特殊性，而各地旅游商品的雷同导致旅游商品本身的魅力进一步下降，而具有鲜明地方特色的旅游商品还是有一定市场的。

（五）流通渠道的通畅

随着流通渠道的通畅，各地的特产或名牌产品在全国各大中城市都能买得到，在东部城市能买到青海的冬虫夏草，新疆的哈密瓜、和田玉；在西部大中城市能买到杭州的丝绸、江西的陶瓷。因此旅游者不去某个地方也可以买到当地的特色产品。可以说，全国销售网络的发达与旅游景区特色产品的销售二者之间形成了一种矛盾。

三、旅游景区发展购物服务的对策

为提高景区购物服务的质量，需要从以下几个方面考虑：

（一）全面、正确地认识旅游购物在旅游业发展中的地位与作用

旅游者在食、住、行、游等方面的需求属基本需求，其消费支出具有相对稳定性、有限性，而购物则属于非基本需求，购物支出具有较大伸缩性，景区购物收入没有限度，是弹性最大的一笔收入。所以在旅游业发达的国家或地区旅游购物收入在旅游业总收入中所占比重一般达到50%以上。同时，旅游商品本身就是一种旅游资源，对旅游者具有很大吸引力。并且一件精美的旅游商品能使旅游者长久保存，还乐于向亲友介绍。它对旅游地形象传播而言是一个很好的广告载体，有助于扩大旅游地的知名度。另外，旅游商品是旅游者游览活动的延伸与继续，是其旅游印象的物化。精美的旅游纪念品能使旅游者反复回忆起美好的旅游经历。若买不到称心如意的旅游商品，往往会给其留下一些遗憾，甚至会引起其对旅游地的不满。只有正确认识旅游购物在旅游业发展中的上述作用，旅游景区才可能真正重视旅游商品的开发工作，这是旅游商品创新开发的基础和前提。

【业界动态】

旅游城市要推旅游必购商品

国家旅游局局长邵琪伟在谈到旅游购物时说，目前，我国旅游购物收入占旅游总收入的比重为 23%，而全世界旅游购物收入占总收入比重最高的是法国，占到 50%，去年中国人在法国购物就消费60亿元。可在国内，很多游客反映，去了上海、北京，不知道要买什么，南京、苏州也如此。

“很多游客去瑞士，肯定会买手表；到意大利，一定会买皮具；到日本，就会买小家电。”因此邵琪伟建议，像南京、苏州这些著名的旅游城市，应该推出旅游必购商品。去年全国游客满意度排名中，南京第一，苏州排名第六，无锡排名第八。来南京的游客都给南京打上高分，如果能推出让游客心动又满意的必购商品，无疑是锦上添花。

资料来源：中国江苏网，http://jsnews.jschina.com.cn/a/201105/t844812.shtml2011.05.14。

（二）重视旅游商品的设计与开发，打造独具魅力的旅游商品、纪念品品牌

1．设计开发突出地方民族特色及景区特色的纪念品、工艺品，例如景区模型、纪念章、宣传册等。总之，特色是旅游商品的生命力所在，旅游景区在旅游商品经营中必须把特色作为首要考虑因素，尤其是只有在某个目的地才能买到的纪念品，使得纪念品成为旅游产品甚至旅游吸引的一部分。旅游商品的开发，就需研究和分析旅游商品消费的特点和旅游者的购物喜好，才能开发出独具特色的旅游商品。比如在日本，富士山上出售的纪念品就很有意思，它会根据不同的海拔高度出售不同的纪念品，这样对于游客来说就很有意义。这样的旅游商品在设计上突出了旅游资源，也考虑到了游客的心理。

2. 旅游商品的开发要系列化、多样化、配套化、品牌化，以满足不同层次旅游者的需求。购物商品的开发与设计要求在题材、式样、规格、原料、色彩、包装、价格、功能等方面求多样、求系列、求配套。例如，世界著名的迪士尼乐园商业广场经营种类繁多、以迪士尼人物为主题的迪士尼乐园纪念品及礼品，如迪士尼乐园帽子、各种装饰品、玩具、纪念品、男女服装以及为儿童设计的迪士尼卡通人物服装等。大多数游客都会在这里进行消费，选购到自己需要的旅游商品。

3. 提高商品的制作工艺，注重商品的包装。因为很多游客购买旅游商品的目的不是留为己用，而是要作为礼品馈赠亲友同事。纪念品和产品应该附有外文说明，解释产品的意义、传统和背景。另外，旅游商品的设计与开发还应树立产权保护意识，注重知识产权保护，为旅游商品注册商标，给游客一种正规的感觉；同时可以与世界著名旅游商品企业合资或合作，开发新型旅游商品，在景区内设立旅游商品连锁专卖店。

（三）营造特色、人性化的购物环境

购物环境的好坏很大程度上影响着旅游商品对旅游者的吸引力。现代市场经济的发展也告诉我们，购物不是以往简单的商品交换活动，如今消费者越来越重视购物环境、购物设施的现代化、特色化、人性化，购物已经成为现代人的一种休闲消费方式，环境卫生、文明经商、礼貌待客的步行街、商业街都能成为旅游者的驻足处。而旅游景区内那些摆放杂乱的摊点、商品雷同的小店则难以激起旅游者的购买欲。旅游景区发展旅游购物时，除了要注重提供有特色的旅游商品外，必须配套相关的购物设施，提高人员素质，从而营造一个有特色、人性化的购物环境。旅游景区建立旅游商品一条街，在旅游者较为集中的集散地设立旅游购物中心及特色旅游商品专卖店。购物场所的布置可呈现出不同的风格。店铺的装潢应追求艺术感染力，与旅游景区的特色相融合。同时提高旅游商品经营者的服务技巧，搞好送货、托运、邮寄等售后服务工作，营造一个良好的购物环境，这样才能让旅游者买得舒心，买得放心。

图 5-1　杭州清河街区一角

【业界动态】

杭州清河坊历史文化特色街区

清河坊历史文化特色街区位于杭州南部景区吴山脚下，距西湖仅数百米，占地 13.66 公

顷，作为杭州目前唯一保存较完好的旧城区，是杭州悠久历史的一个缩影。

清河坊自古是杭州的繁华地段。河坊街新宫桥以东，是南宋时期宋高宗寝宫——德寿宫遗址。南宋时被封为清河郡王的张俊住宅就在当时被称为御街的太平巷，所以这一带被命名为清河坊。南宋时期，清河坊商铺林立、酒楼茶肆鳞次栉比，是杭州的政治文化中心和商贾云集之地。历经元、明、清及民国时期，直至解放初期，这一带仍是杭州商业繁华地带。杭州的百年老店，如王星记、张小泉、万隆火腿庄、胡庆余堂、方回春堂、保和堂、状元馆、王润兴、义源金店、景阳观、羊汤饭店等均集中在这一带。

清河坊的茶文化、药文化、食文化及众多的百年老字号商铺的文化，加上各种民间艺人及市井民俗的小摊，充分体现了市井民俗风情特色，全长460米的河坊街是杭州目前保留和开发较完整的具有深厚历史文化底蕴、市井民俗风情的历史老街。

“八百里湖山知是何年图画，十万家烟火尽归此处楼台。”明代江南才子徐渭的这幅对联，是对古代杭州吴山和清河坊地区繁华景象的真实描绘，而今清河坊历史街区为完整地保留历史文化，恢复了方回春堂、保和堂和万隆火腿庄等。新引进了世界钱币博物馆、观复古典艺术博物馆、雅风堂馆、浙江古陶器收藏馆、龙泉官窑展馆及各种工艺品、艺术品店，以及吴越人家手工布艺、太极茶道、太和茶道、绍兴老酒店、香溢馆、华宝斋、虞金顺艺术馆、喜得宝、丽江工艺等特色店馆，集“游、观、住、吃、购、娱”为一体的古风扑面的步行街区再现昔日繁华。历史街区已成为具有杭州特色、环境典朴、功能完备、管理规范的步行街区和杭州新的商贸旅游热点，目前日均客流量达近10万人次。

资源来源：搜狐旅游网，http://travel.sohu.com/20080310/n255626942.shtml，2008.3.10。

（四）规范市场，加强管理，维护旅游者合法权益

面对旅游景区中出现的小商贩对旅游者围追堵截、强买强卖，甚至出售假冒伪劣商品等损害旅游景区形象的现象，规范市场，加强管理，维护旅游者合法权益成为旅游景区的当务之急。景区应加强对旅游商品销售点、商店的管理；对购物商品明码标价，让客人明明白白消费；对不讲诚信的行为及时公开曝光，给予严厉的处罚；在景区内开通旅游者投诉热线，设立畅通的投诉渠道，及时接收和解决旅游者的投诉；加强对景区旅游质量的监管，保证旅游者的合法权益。

（五）开发多样化的购物形式

当今国际旅游业的一个新口号是“完整的经历”，游客对购物旅游的兴趣不仅仅在购物本身，更在于追求消遣性活动，寻求新的经历。因此购物的模式除了柜台式、开放式外，还可以结合娱乐等形式，来丰富购物服务的内容，常见的主要有以下几种：

1．现场制作式

现场制作式对于可以就地取材生产并富有当地特色的一些手工艺品，可以适当地组织人员相对集中地生产手工艺品，让游客观看生产过程，在现场购买，甚至亲手制作，例如陶瓷制品、扎染织品等。

2．知识讲座式

可在购物前为客人举办一个小型的知识讲座，对商品的成分、性能、特点、使用、辨别等一一作介绍，并现场示范，帮助客人对所购商品加深了解，从而促进购买。

3．表演式

通常对具有极浓郁的地方或民族特色的商品，可以通过歌舞表演等形式，加深客人对商品的认识，从而产生购买的欲望。有代表性的如大理的白族“三道茶”歌舞表演，潮汕的“功夫茶”茶艺表演。

【业界动态】

泉州德化陶瓷工业走旅游路线

拓展第三产业“危”中寻“机”

揉泥、手拉坯、上釉……元旦假期中，在德化陶瓷工业旅游示范点的陶吧内，各地游客自己动手体验陶瓷制作过程，尽情感受浓郁的陶瓷文化。面对严峻的国内外经济形势，德化陶瓷工业“危”中寻“机”，不断挖掘工业旅游资源，培育陶瓷工业的新增长点。

旅游示范点内游客动手制作陶瓷

游客不仅可以动手制作陶瓷，还可以参观陶瓷工艺精品，比起城市的陶吧等工艺作坊，德化陶瓷工业旅游示范点功能更为齐全。

图 5-2　游客动手制作陶瓷

陶瓷工业旅游示范点开发了瓷雕、釉彩、窑炉、展厅等 10 多个参观点，还利用庞大的生产车间，开设了陶吧、干坯彩绘等参与性项目，让对陶瓷工艺有兴趣的游客施展才华。游客可以动手制作自己喜爱的陶瓷形状，绘制自己擅长的画，写上自己喜好的书法，然后通过加工烧成瓷器，成为珍贵的永久性纪念品。示范点还建设了停车场、休息室、购物商店等相关配套设施，设置了游客接待中心，向游客提供旅游接待咨询、投诉、救援、导游讲解等多项服务，形成了一条集参观、参与、购物为一体的旅游线路。

发展第三产业培育陶瓷业新增长点

近年来，德化县陶瓷工业旅游热潮迅速兴起。2008 年以来，面对严峻的国内外经济形势，德化陶瓷工业在促进产业提升、拓展市场的同时，不断挖掘工业旅游资源，培育陶瓷工业的新增长点。

德化县开发了具有旅游功能的陶瓷民窑文化事物，把各种陶瓷民窑文化因素呈现出来，整合陶瓷民窑文化特色的景点资源。德化陶瓷博物馆、屈斗宫古窑址、祖龙宫、龙窑、陶瓷街等陶瓷文化浓厚的景点，连接成一条陶瓷文化旅游精品线，并建起儒苑礼瓷和鼎晟艺瓷两家陶瓷工业旅游示范点，使整个陶瓷文化景区的基础设施不断完善，文化品位得到全面提升。其中，鼎晟艺瓷示范点已通过省陶瓷工业旅游示范点验收，并申报国家级陶瓷工业旅游示范点。据了解，该县还将继续加强陶瓷文化展示平台建设，规划建设陶瓷文化旅游村、陶瓷文化园、陶瓷 4A 级旅游区，优化陶瓷文化主题窗口。

资源来源：中国旅游网，http://www.zhuna.cn/article/62199.html，2009.1.11。

本章小结

本章从旅游购物在旅游景区的地位和作用出发，介绍了旅游景区购物商品的概念、特性和类型，分析了旅游景区购物区（点）的布局及良好购物环境的营造，指出了我国旅游景区现存的购物服务方面的问题，并提出了发展购物服务的对策。

主要概念

旅游购物；旅游购物商品；旅游纪念品；旅游工艺品

基础训练

1．填空题

（1）旅游景区购物商品的特性是_____、______、_______、_______。

（2）旅游景区购物商品的类型有_____、______。

（3）旅游景区多样化的购物形式有______、_______、_______。

2．简答题

（1）旅游购物在旅游景区中的地位和作用有哪些?

（2）旅游景区购物区（点）的布局与哪些因素有关?

（3）我国旅游景区现存的购物服务存在哪些方面的问题?

案例分析

免税购物成为海南旅游消费最大亮点

自2011年离岛免税政策在海南试点实施以来，旅游购物成为海南旅游消费的最大亮点。2011年实现旅游购物收入80亿元，约占旅游总收入的25%。

随着2011年4月20日离岛免税购物政策在三亚试点实施，免税购物游异军突起，让海南旅游市场淡季不淡，旅游市场开始加速增长，一直到年底，海南旅游保持快速发展态势。

据统计，自三亚免税店开业以来，销售持续火爆。截至2011年底，三亚免税店累计接待游客250万人次，累计完成交易笔数80多万笔，日均交易约3656笔，实现营业收入8亿多元。海口免税店自2011年12月21日开业后5天之内，销售额突破1000万元。

据海南省旅游委工作人员透露，由于免税购物发展势头良好，除了三亚免税店外，还将在三亚凤凰国际机场增开一家免税店，而位于海口美兰国际机场的海口免税店也将进行扩建，扩大营业面积。

据统计，2011年1~11月海南接待过夜国内外游客2667.84万人次，同比增长15%，其中接待入境游客70.92万人次，同比增长19.1%；实现旅游收入267.34亿元，同比增长16.6%。2011年接待国内外游客突破3000万人次，旅游收入突破300亿元。

据介绍，俄罗斯游客成为海南入境游的主力军。2011年1~11月，海南接待俄罗斯游客已突破20万人次，同比增长51.9%；欧洲、美洲游客快速增长，2011年接待欧洲、美洲游客分别突破39万人次、4万人次，同比均达20%以上。

此外，2011年中国台湾游客大幅增长，随着琼台之间直飞航线不断增加，目前每周往返航班已达13班次，2011年接待台湾游客突破10万人次。

资料来源：http://news.xinhuanet.com/fortune/2011-12/29/c_111329623.htm，2011.11.29。

问题：上述案例对旅游地或旅游景区开发旅游购物有何启发?

实践训练

【实训项目】设计旅游购物商品

【实训要求】

通过学生对自己家乡某一旅游景区的考察，了解景区的主要购物商品，并掌握旅游景区购物商品存在的问题。在此基础上设计富有当地特色的旅游购物商品。

【实训步骤】

1．学生在校内通过查阅书籍、网络搜索，了解景区的相关情况及旅游购物商品情况。

2．由学生设计、独立完成或由来自同一地区学生共同完成，形成某一构思或实物。

3．班级交流讨论，且由同学评出最佳旅游购物商品，可相应给予一定的奖励。

4．教师总结。

设计者： 旅游商品：

旅游商品评价标准	标准分	得分
纪念性	20	
地域性和民族性	20	
艺术性	15	
实用性	15	
可行性	30	

考核时间： 年 月 日 考评教师（签字）________

第六章　旅游景区辅助服务

学习目标

知识目标：了解旅游景区交通服务的相关概念、主要类型；掌握旅游景区交通服务布局的原则以及各项要求；掌握旅游景区餐饮服务的组织、菜单管理与设计；了解旅游景区住宿服务的特点、内容，掌握旅游景区住宿服务的程序，了解其他辅助服务的特点及要求。

技能目标：能够依据旅游景区交通服务布局的原则及各项要求，进行景区交通的规划与设计；依据本章有关菜单设计与管理的介绍，提高菜单设计与管理方面的技能；掌握一定的医疗救助技能。

【引例】

海南石山火山群景区品餐会

海南石山火山群景区不但拥有奇特的火山地貌，而且当地的土壤是由火山灰沉积而成，非常肥沃，含有多种矿物质，动植物的生长也富含了极高的营养价值，当地出产的石山羊、火山荔枝等特产非常有名。许多游客在游览完景区之后，对火山地区的特产很感兴趣。但是景区以前只重视景区的建设，没有在火山餐饮方面下功夫，只准备简单的团队餐，既没有效益的提高，也让游客觉得意犹未尽。随着海口绕城公路的修建，海口自驾游的市民日益增多，散客的比例接近8成，对景区特色餐饮的需求日益旺盛，该景区开始研发与景区呼应的特色火山餐饮。

2008年，景区在海南石山火山群国家地质公园的原生态露天餐饮举行了一场别开生面的品餐会，推出了景区研制开发的系列火车养生菜肴，丰富了景区研制开发的系列火车养生菜肴，丰富了景区的文化内涵，在景区体验性产品开发上走出了一条创新之路。据景区营销总监介绍，现在海口及周边的很多市民都是冲着火车大餐来的，很多人请客吃饭就到这里，有特色有品位，吃完饭再去景区游览一下，有吃有玩，游客的满意度得到了提升。特色餐饮让景区的产品更丰富，而且带动了景区游客的入园量。

资料来源：王赵洵：《海南石山火山群景区推出特色火山餐饮引游人》，同城网，http://www.17u.com/news/shownews_54193_0_n.html,2008.06.19（有修改）。

上述案例告诉我们，“景区不光要有看头，还要有味道”，景区与餐饮如何结合，景区餐饮特色要如何打造，这是旅游景区经营者必须正视的问题。餐饮是景区六大要素之首，创新是景区餐饮的生命力所在，菜品要有创新，景区要推出一系列风味菜和特色菜；餐饮文化要有创新，如景区深挖火山文化，围绕火山作出的一些餐饮方面的创新；此外，旅游景区餐饮店的服务方式、服务内容也都要有所创新。

第一节　旅游景区交通服务

一、旅游景区交通服务概述

（一）旅游景区交通服务概念

旅游景区交通服务是指景区向游客提供各种交通服务，以实现游客从空间上某一地点到另一地点的转移。景区的交通服务直接关系着旅游者的出游愿望，是景区活动顺利进行不可缺少的物质因素。旅游景区的交通服务按照旅游者的空间移动过程，可以分为外部交通服务和内部交通服务。

旅游景区的外部交通服务是指旅游景区为游客提供的从客源地到景区的空间移动过程的服务，包括从客源地到景区所在地以及从景区所在地的交通口岸到景区两个服务过程。景区外部交通关系着旅游目的地的可进入性（时间、距离、便利性），主要的交通工具包括飞机、火车、旅游大巴、自驾车、轮船等。

旅游景区的内部交通服务是指景区向游客提供的在景区内部空间移动的服务。旅游景区的内部交通是联系各个景区、景点的纽带和风景线，强调可通达性、视觉效果和美学特征，是组成景观的造景要素。内部交通服务是游客观光和了解地域风情的途径，一般采用公路、水上游览、特种交通及步行的形式，主要交通工具有环保车、电瓶车、出租车、缆车、游轮、滑竿、畜力驮运、羊皮筏子和雪橇、溜索等。

【业界动态】

旅游环保观光车开进武夷山景区

2004年，德国制造的旅游环保观光车开进武夷山景区，这是实现武夷山景区旅游精品化的核心内容。这种旅游环保观光车是欧洲古典旅游观光车，牵引能力强，可在S形公路上行驶，安全性、可靠性、避震舒适性指标高，达到欧Ⅲ排放标准，外型上美观新颖，并与景区的自然风光相协调，是武夷山又一道新兴亮丽的风景线。

资料来源：武夷山市新闻中心：《旅游环保观光车开进武夷山景区》，武夷山中国国际旅行社，http://www.wuyitravel.com/shownews.asp?NewID=432,2004.03.29。

问题：旅游景区交通服务有何特殊要求？

分析提示：旅游景区的内部交通是联系各个景区、景点的纽带和风景线，内部交通服务是游客观光和了解地域风情的途径。

（二）旅游景区交通服务的分类

旅游景区交通因为旅游景区的不同有着很大的差异，可以从不同的角度进行分类：

1. 按运输方式划分

（1）现代交通运输方式。

我国旅游景区的现代交通运输方式种类较多，但均以公路运输方式为主。景区现代交通方式主要有五种：

①环保车。目前，环保车是大多数景区为游客提供服务的主要交通工具，其核心技术就

是用氢作为能源。

②电瓶车。具有无污染、无噪音等优点。目前，大多数地形比较平坦的大型旅游景区均采用这种交通方式，例如，白云山景区和少林寺景区就采用了这种交通方式。

③出租车。某些景区允许出租车出入，例如，庐山风景区的牯岭镇就有这种交通方式。

④缆车。包括观光缆车和运输缆车两种。目前，大多数山岳型景区都建有缆车，例如，泰山的观光缆车，既有交通工具的作用，也有观光的功能。

⑤游轮。一般水域风光类型的景区采用，例如，游客游览长江三峡就是乘坐游轮。

（2）民间运输方式。

民间运输方式是一种古老的运输方式，一方面可以在景区之内完成景点之间的连接，另一方面由于古老的运输方式本身就是一种旅游资源，是一种很具吸引力的旅游项目。主要有以下几种：

①滑竿。四川峨眉山的游客在登山的过程中，可以体验这种交通方式。

②畜力驮运。包括新疆、内蒙古沙漠中的骆驼，某些旅游景区中的马匹等。

③羊皮筏子。即以羊皮充气漂浮于水面，由民间把式载游客游览。例如，宁夏沙坟头旅游景区中，游客乘坐羊皮筏子渡黄河来领略塞上黄河的美景。

④雪橇。在寒冷的高纬度地带，地面积雪很厚，于是产生了由动物拉牵爬犁而行走的运输方式，例如，我国东北大兴安岭林海雪原景区的狗拉雪橇。

⑤溜索。云南怒江的两岸设有这种交通方式，吸引了大批中外游客来“一溜为快”。

2．按经营方式划分

（1）组织（主要指企业）经营方式。这种方式在我国的旅游景区中比较常见，尤其是大型的交通方式，例如环保车、电瓶车、缆车等。

（2）个体经营方式，主要是指民间运输方式。这种特有的交通方式，一方面具有民族性、地方性；另一方面，个体经营比较方便灵活。不过这种经营方式给管理者带来服务质量的监督和管理方面的困难。

二、旅游景区交通服务的地位

旅游景区交通服务是景区向游客提供的一项重要服务，直接影响游客游览和体验的质量，同时，对于景区的正常运营也起着非常重要的作用。旅游景区交通服务的地位主要体现在以下几个方面：

（一）旅游活动中的重要组成部分

旅游者旅游活动包括食、宿、行、游、娱、购等方面，其中，行（指旅游交通）是整个旅游活动中重要的组成部分。旅游景区所提供的交通服务的质量直接影响到旅游者能否“进得去、散得开、出得来”。此外，旅游景区交通对于景点布局的设计也具有重要作用。

（二）增强游客的旅游体验

旅游景区的交通是旅游活动的重要内容，游客乘坐不同的交通工具、接受不同的交通服务，可以领略到不同的风光，获得不同的感受。随着现代旅游业的发展，有很多交通服务本身就构成了景区的旅游吸引物。例如，黄山和峨眉山景区提供的独具特色的轿子和滑竿等旅游交通服务，其本身就是吸引大批游客前来的吸引物。有些旅游景区还向游客提供骑马、骑骆驼、溜索、观光缆车、划船、热气球等独具特色的交通服务，这些服务不但达到了运输的目的，同时也增加了游客的旅游体验。

（三）景区重要的收入来源

旅游景区向游客提供的交通服务（尤其是特色交通服务）基本都是有偿的，游客可以通过这些交通服务满足自身的位移和体验需求，同时景区可以通过这些交通服务获得利润。对于景区而言，这部分收入是景区收入的重要组成部分。以武夷山九曲溪景区为例，单竹筏门票就达到 100 元，从中可以看出交通服务的收入对于景区收入的贡献。

（四）景区经营成功的重要因素

良好的旅游景区交通服务可以使游客游览的过程畅通无阻，使游客在体验美景的同时节省游览时间，提升游览质量。这一方面可以提升游客的满意度，培养景区的回头客；另一方面，满意的游客也会为景区作积极的宣传，吸引其他游客前来，无形之中增强了景区的竞争力。

三、旅游景区交通服务管理

（一）旅游景区交通服务的要求

旅游景区交通基础设施是景区正常运行、游客实现空间位移的基本保障，也是旅游活动顺利完成的必要条件。因此，旅游景区对交通服务有特殊要求。

1．安全性

旅游者出门旅游是为了获得身体上和心理上的享受，旅游中任何意外都是无法接受的，因此，安全性是旅游者最为关心的要素。旅游者往往会充分考虑旅游交通的安全性，如线路中道路的安全程度、交通工具的安全程度以及途径区域的安全程度。

2．准确性

旅游景区交通服务带有严密的连贯性，任意环节的误点和滞留都会产生连锁反应，最终可能产生一系列的经济责任，如房费、餐费和交通费的结算问题。对于国际旅客还可能诱发一定的涉外事件，如入境旅游者不能按时出境，从而影响上学、工作等。

3．节奏性

旅游景区的客流量在时间上具有较大的变化性。一般来说，进入和离开景区的客流量在每天不同的时段、周末和非周末以及旅游淡旺季都各有特点。这要求景区的管理者和交通服务人员要协调客流高峰带来的压力，为游客提供高效、优质、快捷的交通服务。

4．快速性

游客往往希望在旅游过程中，旅行的时间较短而游玩时间较长。因此，景区外部交通应注重时效性，尽量缩短旅游者从客源地到景区的时间；同时，景区内部应注重景区（点）的空间分布，合理安排旅游节奏，丰富游客的旅游体验。

5．多样性

不同的旅游景区的交通方式不同，同一旅游景区内的交通方式也多种多样，甚至同一种交通方式也存在高中低档的差异。因此，旅游景区管理者和从业者应优化旅游景区内的交通服务，增加游客的可选性。

6．层次性

旅游景区的结构具有多层次性，不同性别、不同年龄、不同出游动机、不同支付能力的游客，他们对于景区交通方式及其价格的要求也不尽相同。因此，景区管理者和服务人员对不同层次需求的交通服务方式要进行运量和运力的合理考虑，以满足游客的不同需求。

（二）旅游景区交通服务的设计原则

旅游景区要向游客提供优质、高效的交通服务，在景区交通服务的设计上应遵循以下原则：

1．交通设施与景观协调性

旅游景区在规划和布局交通方式时，要考虑景观观赏的效果，将交通看作景区景观的组成部分。停车场、码头等交通设施要与旅游景区的景观相协调，布局合理，容量能充分满足游客接待量的需求。场地平整、坚实，或水域畅通。标识及中外文规范、准确、醒目、符合相应的国家标准。

【业界动态】

荣县大佛寺景区“生态便道”四通八达

荣县大佛寺位于四川省自贡市荣县城区大佛街大佛寺一号。进去大佛寺景区，树影中，一条条小径若隐若现。走近一看才发现，这些小径竟然是用石板铺筑的，两旁或是草坪，或是花园，不远处还有银杏等高大乔木相间，一路绿意豁然。“美观而且环保是这条路的最大特色！”工程部负责人介绍。这里的“生态便道”四通八达，都是用 4 厘米厚的青砂石、沙石铺设的平坦路面，总面积达 12000 平方米。

资料来源：徐施萍、兰泉：《彰显生态人文 大佛寺景区建设快马加鞭》，《自贡日报》，2008.8.13。

分析提示：旅游景区内部交通设施也是一道景观。

2．景区的环境保护优先

旅游景区的交通布局应将环境保护放在第一位，景区主要道路、公共场所由环卫专业队伍跟踪清扫保洁，景区内尽量不使用对环境造成污染的交通工具，交通车辆要保持整洁美观，运输车辆也不得沿途撒、漏影响环境卫生的散装货物，以利于景区的可持续发展。

3．多种交通方式结合

旅游景区的景观多种多样，往往可以集合水、陆、空立体景观，加之不同游客的需求各异、支付能力各有差别，为了使游客体会到不同的景观和风情、体验风格各异的交通服务，旅游景区的交通服务要在布局交通网络上遵循多种交通方式相结合的原则。

【业界动态】

西霞口景区利用淡季整合提升景区交通服务质量

山东省威海西霞口几大景区集中分布在十多公里曲折的海岸线上，内容丰富、特色各异，但由于景区较多，也存在彼此间的交通问题，特别是对于越来越多的自助旅游者来说较为不便。

对此，西霞口集团斥巨资对现有景区进行整合，在沿岸开工建设景区内交通专用路，还开工建设历史文化区和福文化区之间的跨海索道，以及成山头景区和摩天岭生态旅游区之间的索道。游客可以乘坐电瓶车或跨海索道往来于历史文化区和福文化区之间，也可以在成山头景区和摩天岭景区之间轻松往来，这些景区将连为一体，极大提高游客的旅游体验。

资料来源：齐鲁晚报：《各景区趁冬季苦练内功》，济南市政府网，

http//www.jinan.gov.cn/art/2008/12/10/art_242_162891.html,2008.12.10（有修改）。

分析提示：安全、方便和舒适是景区交通服务追求的目标。

4．安全、方便和舒适

安全性是旅游者最关心的要素，因此旅游景区的交通布局首先要保证安全，将安全放在第一位。同时，景区交通布局在很大程度上起到将游客从一个景点转移到另一个景点的作用。因此，景区交通布局应遵循方便的原则。另外，交通服务尤其是特色的交通方式是旅游者旅游活动的重要组成部分，必须具备舒适的特点，这是大部分旅游者追求的一个重要因素。

5．注重交通的连通性

旅游景区要注重交通的通达性，要让游客“进得去、散得开、出得来”。没有通达的交通，就不能保证游客空间移动的顺利进行，会出现交通环节上的堵客现象，导致游客途中颠簸、游速缓慢，影响旅游者的兴致与心情。因此，景区内的各种交通方式和交通工具之间要协调配合，确保景区交通畅通无阻。

（三）旅游景区交通服务的管理

景区内部交通管理就是要确保进出车辆行驶规范，安全有序，工作重点是景区路段、交通标志、运营车辆和运营人员是否符合要求等。

1．交通管制

景区内单位和个人所拥有车辆的停放和通行，必须遵守景区交通管理部门和景区管理委员会的规定。对于违反规定强行通行、不听劝阻的车辆，旅游景区交通管理部门责令纠正交通违规行为，并给予罚款等行政处罚；妨碍执行公务的，由公安机关依法追究法律责任。必要时可以对特定车辆实行交通管制，例如规定进入景区的时间和路段，可以有计划地分流，以免造成交通堵塞、引起交通事故。

2．停车场管理

景区一般都设有停车场，这是景区必须拥有的基础设施。停车场可以根据景区的交通状况来设立，一般可分成级别不同的停车场，用来停靠不同的游览车辆。通常，景区可以开设大型机动旅游车停车场和小型游览车停车场。停车场要与景观相协调，停车场的服务应符合景区的统一要求，安排交通协管员或服务人员，要礼貌待客，文明服务，具备一定的交通指挥技能和知识，有安全意识，维护好客人的车辆。

3．交通事故防范

游览过程中是最易发生交通事故的环节，景区人员要注意危险地段、公共场所、交通要道的交通秩序，通过制定严格的工作制度、设立警示牌、对游客和员工进行交通安全宣传、旅游旺季加强监视和疏导工作等措施，避免交通事故的发生。

【业界动态】

青海湖风景区旅游服务标准（旅游景区交通服务部分）

1．游览车

（1）景区游览车为游客提供观光服务，游览车起点站标志醒目，游览车、站点清洁卫生。驾驶人员持有有关部门颁发的上岗证，使用运行车辆车况完好。

（2）开车前提醒游客注意安全，在规定地点上、下车。使用礼貌用语“您好，欢迎来青海湖景区”，到站时向游客告别：“欢迎您再次光临青海湖景区”。

（3）服务人员主动照顾老、幼、病、残、孕和抱婴儿的游客，服务时态度热情、面带微笑，使用标准普通话。

（4）按规定时间、路线行驶，行车中做到起步、行驶、停车稳，严禁超载、超速及酒后、疲劳驾车，若遇突发事件冷静控制和处理，向游客解释并及时向有关部门汇报。

2. 游船

（1）航管、船检、海事部门的证件齐全有效。动力、机械设备符合船检部门的要求。消防、救生设备完好，救生措施有效。

（2）工作人员以安全第一、游客第一为宗旨，热情、主动、周到地为游客提供优质满意的服务，游船配备导游人员，向游客介绍游览景点的安全常识。

（3）客舱及通道保持干净、整洁，座位无污迹、无灰尘。操作人员应按照规章操作，不得超载超速，不得超航区或超船舶抗等级运行。

（4）有工作人员引导游客上下船，不允许酗酒者、精神病患者登船；不得装载易燃、易爆、有毒、有害物品；如遇突发事件冷静控制和处理、向游客解释并及时向有关部门汇报。

3. 沙滩摩托

（1）驾驶沙滩摩托车必须佩戴安全头盔、护肘、护膝。

（2）按规定时间、路线行驶，行车中做到起步、行驶、停车稳，严禁超载、超速及酒后、疲劳驾车，若遇突发事件冷静控制和处理、向游客解释并及时向有关部门汇报。

（3） 工作人员以安全第一、游客第一为宗旨，热情、主动、周到地为游客提供优质满意的服务。

资料来源：青海省旅游局：《青海湖风景区旅游服务标准》，http://www.qhly.gov.cn/_info/zcfg_content_5631.htm，2005.10.13。

分析提示：交通服务是旅游景区服务的重要组成部分。景区内部交通的合理设计及布局将有利于游客在景区内的游览娱乐活动。

第二节 旅游景区餐饮服务

一、旅游景区餐饮服务概述

旅游景区餐饮服务是满足旅游者需求的基础性项目，是景区旅游业的重要组成部分。它不仅要满足游客对餐饮产品和服务的需求，还反映了旅游景区的餐饮文化特色，影响着旅游景区的形象，是景区收入的重要组成部分。

（一）旅游景区餐饮服务的特点

1. 目标市场构成复杂

景区餐饮的经营场所在旅游景区内部，但其消费者绝大多数是来自异地的旅游者。这些旅游者在年龄、性情、爱好、口味、支付能力、个人经历以及心理需求等方面都各有区别，从而导致了他们对景区餐饮要求的差异。这种差异性给景区餐饮服务与管理带来了一定的困难和挑战。

2．客源市场不稳定

旅游景区餐饮由于受当地旅游淡旺季的影响，客源不稳定，有较强的波动性。在旅游旺季、节假日、周末、大型娱乐活动期间客人较多，而其他时间客人较少。因此，旅游景区要重点抓住游人高峰期的用餐服务和管理，既要保证干净卫生，又要体现当地餐饮的特色。

3．餐饮类型丰富

旅游景区的餐饮类型较为丰富，有餐饮一条街、农家乐、户外烧烤、特色餐馆、宴会餐厅、主题餐厅等多种形式。旅游者可以根据自身需要，采用快餐、自助餐、宴会、烧烤等不同就餐方式，丰俭随意，快慢有别。

4．经营方式灵活

经营方式较为灵活，可以采用独资、合资、联营、承包经营或者景区自主经营等多种经营方式。

5．管理难度较大

由于餐饮市场经营日益激烈，餐饮产品同质化现象严重，加之缺乏有效的监督管理机制，景区餐饮管理的难度较大。在制度缺位的情况下，一些餐饮企业制作的产品粗糙，缺乏地方特色，环境卫生得不到保证，质量控制随意性较强，使得顾客望而却步。

（二）旅游景区餐饮服务的任务

旅游景区餐饮单位主要承担着向旅游者提供优质菜肴、饮料、点心和优良服务的重任，并通过满足用餐者的各种需求，为景区创造更多的营业收入。

1．向游客提供以菜肴等为代表的有形产品

这是旅游景区餐饮单位最基本的任务，也是首要任务。餐饮单位根据自己的市场定位和经营策略，组织提供各种档次、各种风格的餐饮服务，不仅满足游客吃饱的需求，还要致力于满足他们品尝不同风味美食的需求，宣传旅游景区的饮食文化和饮食特色。

2．向游客提供优质高效的餐饮服务

餐饮单位提供的实物产品，其价值的实现最终取决于服务人员向游客提供的满意服务。游客在景区用餐过程中，除了关注菜品的价格和质量外，更多的是关注烹饪技艺、服务态度和效率、用餐的环境和卫生等，并期望获得方便、周到、舒适、友好、安全等精神方面的享受。

3．做好内部经营管理工作

增加餐饮收入和餐饮利润是旅游景区餐饮单位的主要目标。景区餐饮单位应依据旅游景区的市场变化情况以及餐厅本身的状况，设定经营范围、服务项目和产品品种；要遵循经济规律，作好经济核算，控制成本，提高利润。

4．创造旅游景区良好的社会形象

旅游景区的餐饮单位与客人的接触面广、量大，而且又是直接接触，从而给游客留下的印象较深，并直接影响游客对整个旅游景区的评价。从餐饮角度为景区树立良好的社会形象就必须加强餐饮单位的自身形象建设，主要通过硬件和软件建设两个方面体现出来。硬件建设要从餐饮单位的选址、建筑体量、设施设备等着手，而软件质量主要体现在管理水平、服务质量和员工素质等方面。

二、旅游景区餐饮服务和管理

旅游景区餐饮和社会餐饮，无论是在目标市场、餐饮类型方面，还是在对美学、环保、安全等方面的要求方面，都存在着诸多不同。所以在景区餐饮服务和管理中，不能用社会餐饮服务和管理的标准来衡量，而应该从景区餐饮自身的特点出发，从餐饮单位的选址、设计、菜单管理以及餐饮服务质量管理等方面来综合考虑。

（一）旅游景区餐饮单位的选址

由于旅游景区特殊的环境和功能，景区餐饮单位的选址不同于一般的餐饮单位。具体来说，旅游景区餐饮单位在选址时应重点考虑以下几个方面：

1．交通

旅游景区餐饮单位要有良好的外部联通性，一般要允许车辆直达，同时旅游者还应该能较为便捷地前往景点。因此，为满足交通的要求，餐饮单位一般要位于交通枢纽周围。

2．景观

餐饮单位作为景区内的配套服务设施，是景区的一部分。餐饮单位的建设不能影响旅游景区中的景观视线，不能破坏景区的美感，其建筑体量和风格要与周围环境相协调。

3．生态

餐饮单位在选址时要注意减少对周边生态环境的负面影响。因此，餐饮单位不应该设置在生态环境较为脆弱的位置。同时餐饮单位产生的大量废弃物也应该合理排放，尽量减少对周边自然和人文生态的破坏。

（二）旅游景区餐饮单位的设计

旅游景区餐饮单位的设计是根据建筑空间的使用性质和所处环境，运用物质技术手段和艺术处理手法，设计餐饮单位的形状、大小和内部空间，使其与周边环境相一致，与景区的主题相吻合。

1．外观设计

旅游景区餐饮单位的外观设计应与景区和本地特色相一致，应尽可能采用当地特有的建筑样式，注重建筑外观和周围环境的协调，尽可能利用本地的材料和建筑工艺，增强建筑的观赏性，使得建筑本身成为景观的一部分。另外，还要尽可能减少对电力、机械设备的依赖，减少广告宣传牌和霓虹灯箱的使用。

2．内部设计

旅游本身就是旅游者追求闲适的过程，因此，游客对景区餐饮环境的舒适度要求较高。餐厅内部的设计与布局应根据餐厅空间的大小来确定。由于餐厅内部各部门对空间的要求不同，所以在设计内部空间布局的时候，既要考虑到顾客的舒适、安全、便利以及服务员的操作效果等，又要注意全局与部分之间的和谐、匀称，通过装修和配饰、灯光和音乐、色彩等体现出餐饮单位独特的风情格调，突出景区特色。在门窗设计方面，应该尽量做到使旅游者在就餐的同时还能欣赏到外面的优美景色。

3．气氛营造

景区餐饮单位的气氛应该闲适恬淡，在体现整个景区特色的同时注重整体色调、装饰、光线和音乐等氛围的营造。

【情景再现】

餐厅的设计

顾客一踏进热带雨林餐厅，就会发现自己仿佛置身于原始自然的热带雨林之中，在茂密的树林中，不仅可以看到大象、猿猴、鳄鱼、树蛙等动物，并听到它们发出的声音，一切都栩栩如生，使顾客忘记它们是仿真的。更有趣的是，当你正陶醉在这样的世界里时，忽然间雷电交加，闪电照亮了森林深处蛰伏的动物，而“雷电暴雨”过后，“夜空”又会显得晴朗无限，还有星星在闪烁。在这里，顾客就像在热带原始森林就餐一样，完全与大自然融为一体。

这种超现实感觉正是热带雨林餐厅风靡全球的一个主因。这家 1994 年于美国明尼苏达州创立的餐厅经过 7 年发展，已成为在全美拥有 27 家连锁店，在海外拥有 9 家店的颇具规模的餐饮集团，每年全世界有超过千万人次光顾“热带雨林”，营业额高达 3 亿美元。

资料来源：《海底世界餐厅》，创业致富网，http//www.pp17.cn/ShowNews.aspx?iID=2603&tabname=article104（有修改）。

问题：旅游景区餐饮单位的设计如何体现出自己的特色？

分析提示：要根据餐饮单位建筑空间的使用性质和所处环境，运用物质、技术和艺术处理等多种手法设计餐饮单位的外形和内部环境，使其与景区的主题相吻合。

（三）旅游景区餐饮服务经营方式的选择

1．景区自主经营

景区开展餐饮服务的方式之一是自主经营，即景区拥有餐饮单位的所有权和经营权。这种方式有利于景区的统一管理和控制，有利于实现风格的统一，形成品牌，但是增加了景区运营的经济成本和管理成本。

2．承包经营

景区餐饮承包经营是指将景区内经营餐饮的权利授予个人、公司或者其他实体，双方签订相关契约，将经营权转让出去，经营者自负盈亏，向所有者（景区管理单位）缴纳一定比例的费用。这种方式灵活，有利于服务质量的提高和技术的改进，但是景区对其管理薄弱，对经营者的社会、环境责任感要求高，容易出现短期利益行为，破坏景区形象，甚至危害景区环境。

3．特许经营

特许经营是指按照政府有关法律、法规的规定，通过市场竞争机制选择某项公共产品或服务的投资者或经营者，明确双方的权责关系，允许特许经营者在一定期限和范围内经营某项公共产品或者提供某项服务的制度。景区的餐饮服务可以采用特许经营，这样既可以减轻景区管理部门的经营负担，又可以有效地对经营者进行监督管理，避免不良后果的产生。

（四）旅游景区餐饮产品的开发

旅游景区餐饮单位要针对游客求新奇、求生存、求安全和求尊重的需求，开发满足游客需要的产品，重点开发以下三种餐饮产品：

1．大众餐饮产品

大多数游客在景区用餐主要是为了解决基本饮食和生存需要。中式快餐具有价格便宜、适合中国人的饮食结构、方便、快捷等优点，是大多数游客在景区解决饮食需要的优先选择。因此，迎合大多数游客的餐饮需求、开发大众化的中式快餐，是景区餐饮业的发展趋势。

2．特色餐饮产品

特色餐饮产品是满足游客求新、求奇的餐饮消费心理的需要，也是弘扬地方特色餐饮、特色小吃、底蕴深厚的饮食文化的需要。景区餐饮业的特色化经营主要体现在特色服务和特色商品上。景区餐饮也应根据自身的特点，在保证景区环境不受到破坏的前提下，将当地的特色小吃引进景区，满足游客求新、求异的需要。

3．高档餐饮产品

高档餐饮产品主要满足高端游客的需要，满足他们追求身份地位的特殊需求。

（五）旅游景区餐饮服务质量管理

旅游景区餐饮服务质量是指利用餐饮设施、设备和餐饮产品所提供的服务在使用价值方面适合和满足客人需要的物质满足程度和心理满意程度。餐饮服务是旅游景区服务活动中的一个环节，其服务质量的高低影响着游客对景区餐饮单位的印象，更关系着游客对旅游景区的整体评价。因此，餐饮服务质量管理至关重要。

1．餐饮实物质量

餐饮实物质量一方面包括餐饮单位提供的实物和饮料等有形产品的质量，如菜肴的花色品种、清洁健康、香味口感、色泽外观、内在质量与价格之间的吻合程度以及餐饮用具的清洁卫生、方便等；同时也包括餐饮单位的硬件的档次和规格、餐厅的容量等。例如本章引例中海南石山火山群国家地质公园深挖火山文化，推出了药膳羊胎汤，选用火山地区石羊羊胎，配置当地生长的名贵药材烹制而成，可起到养颜美容、补中益气之功效。还有用火山黑豆制成的黑豆腐不但味道独特，还可以软化血管、补肾养血，让游客充分感受到火山餐饮文化的独特魅力。

2．餐饮环境质量

餐饮环境质量包括自然环境质量和人际环境质量。餐饮单位优质的自然环境一方面要求其建筑体量要符合景区的主题，与旅游景区融为一体；同时要求餐饮单位的内部装修设计、空间布局和灯光音乐等轻松舒适、美观雅致。餐饮单位良好的人际环境体现为餐厅的管理人员、服务人员和顾客三者之间友好、和谐、相互理解的互动关系。

3．餐饮服务质量

服务质量是餐饮质量管理中的重要内容，其水平的高低既要有客观的方法加以衡量，还要按更多的顾客的主观认识加以评判。因此，对餐饮服务质量的管理要从两方面下手：

（1）制定服务质量标准和服务规程。

餐饮业是劳动密集型行业，服务人员多，服务项目复杂。而旅游景区的游客餐饮需求多样，就餐时间有限，这些都造成了景区餐饮服务质量的不稳定性。因此，必须制定服务质量标准和服务规程，通过对服务标准和每个环节的动作、语言、时间、用具，以及对意外事件、临时要求的化解方式、方法等进行具体规定，来规范对客服务的行为，稳定餐饮服务质量。

（2）加强员工培训。

服务质量的高低虽然有许多客观衡量标准，但更多地取决于员工在服务现场的心理状态和顾客接受服务时的主观感受，常常因人、因时、因地而异。因此，景区餐饮单位一方面要加强员工的培训，改善员工的服务态度和服务礼仪，规范员工的服务程序，提高服务技能，增强自觉性，提高个人素质。另一方面，还要开展有效的市场沟通，挖掘顾客需求，充分授权，改善员工服务技巧，满足顾客的例行性需求和潜在需求。

【业界动态】

微笑服务

客人投诉服务员在服务过程中缺乏微笑服务，且不能及时地解决客人的多种需求，令客人在用餐中感到不快。为此，管理人员深挖“微笑服务”的内涵，用心体会客人的感受，具体做法如下：

（1）主管在员工例会前要求服务员站立微笑五分钟。

（2）对服务员加强培训，提高服务质量，考核优胜劣汰。

（3）要求管理人员及服务人员做到“五步微笑法”，在五步之内面对客人时，必须对客人报以真诚的微笑，致以亲切的问候。

资料来源：《案例分析——餐饮部》，中国酒店人才网，http//www.triphr.com/guanli/Class245/245_8376.html（有修改）。

分析提示：微笑是世界的通用语言，服务中面带微笑能带给经营者意想不到的成功。

第三节　旅游景区住宿服务

有一定规模的旅游景区都为游客提供住宿服务，住宿服务与管理是旅游景区服务与管理的一项重要内容。

一、旅游景区住宿服务概述

（一）旅游景区住宿服务的概念

旅游景区的住宿服务就是借助旅游景区的住宿设施和服务人员向游客提供的以满足游客在景区住宿、休息等需求为基本功能，同时也满足游客其他一些需求的服务。

（二）旅游景区住宿服务的分类

按照景区住宿接待设施的档次和运作模式，可以分为标准酒店类（包括宾馆、饭店、疗养院、度假村）、经济酒店类、民居和家庭旅馆类、特色小屋类和露营式等主要类型。

1. 标准酒店类

这类住宿类型是按照国家星级饭店标准建设，并执行标准化服务，可以使旅游者获得较为舒适的旅行生活，是所有旅游景区住宿接待类型中档次较高的一种。但是这类接待设施适用范围有限，一般只适合规模较大的旅游景区和高级度假旅游区。

【情景再现】

芝加哥度假海滩的高星级饭店

芝加哥海滩是阿拉伯联合酋长国的一个度假型旅游景区，距离阿拉伯海海岸线上 Dubai 城 15 公里，占地面积约为 125000 平方米。景区内的项目包括 1 个游船码头、2 个饭店、21 幢海滩别墅、1 个会议中心及宴会厅、水上公园、运动俱乐部、高尔夫和网球协会、餐厅、游泳池、1 个儿童活动区、员工宿舍和综合服务中心。

景区内的饭店均为高星级豪华型，分别叫做胜地酒店和宝塔酒店。胜地酒店坐落于海滩上，其外观剖面呈曲线形。酒店内共有 551 个标准间和 49 间套房，并且所有的房间均为海景房。宝塔酒店建立在一个人工岛上，通过线桥与海景相连。从外观上来看，该酒店如同一个环绕着前厅的巨大凹形风帆，成为该地区最具特色的景物。

资料来源：(英)博拉著，唐子颖译：《旅游与游憩规划设计手册》，北京：建筑工业出版社，2004 年，第 120~121 页。

问题：旅游景区的酒店和其他酒店相比，有何特点？

分析提示：旅游景区的酒店和其他酒店相比，无论是从内部环境还是从外部设计上都更加强调与景区主题的一致性和协调性。

2．经济酒店类

这类住宿接待设施是指在旅游景区中，设施和环境质量以及服务标准较星级饭店稍弱的住宿提供单位。旅游者在此获得住宿的空间、设施以及部分基本服务，而其他服务则需要旅游者自己动手。例如，当前较为盛行的汽车旅馆、青年旅馆等属于此类。

3．民居和家庭旅馆类

这类住宿接待设施是旅游景区中，设施和环境质量以及服务标准都较弱的住宿提供单位。此类接待设施在为旅游者提供住宿空间、设施和简单服务的同时，可以帮助旅游者节省开支，体验当地生活，还可以弥补旺季酒店床位不足的缺陷。

【业界动态】

旅游景区民居与家庭旅馆的基本要求

至少有 2 个以上房间、4 个以上床位供客人住宿，人均居住面积不小于 4 平方米；

根据当地的气候，有采暖、降温设备，通风良好；

客房要经过一定的装修；

供游客住宿的房间配有床、桌、椅等配套设施，有必要的电源插座，照明充足；

能供应饮用水；

有供游客用餐的餐位，可以根据需要提供餐饮服务；

有卫生间，并配有较为齐全的卫生设施，必要时有热水供应；

应有 24 小时能提供服务的人员，游客所在房间要提供单独的钥匙；

能用普通话作为服务语言。

资料来源：马勇、李玺：《旅游景区规划与项目设计》北京：中国旅游出版社，2008 年，第 168 页。

分析提示：旅游景区民居与家庭旅馆要注重提高设施和环境质量以及服务标准。

4．特色小屋类

这类住宿接待设施是根据旅游景区的自然和人文环境设计出的具有当地特色的住宿类型，如吊脚楼、小竹屋、小木屋、小石屋等。该类住宿接待类型在为旅游者提供住宿服务的同时，也构成了景区中极具特色的风景，让旅游者感受景区内特有的自然和文化氛围。但是，该类接待设施往往较为简陋，服务内容也较为有限。例如，云南大理白族村寨中，利用当地居民的住宅样式建造的特色旅馆。在这个旅馆里，旅游者感受最为深刻的就是原汁原味的白族风情。从旅馆的建筑材料、外观，到内部家具、洗漱用品、装饰物和环境等无不透出少数民族的独特文化特征。虽然设施较为简陋，但是卫生、整洁、舒适，成为旅游者乐意入住的特色旅游服务设施。

特色小屋的选址标准：

（1）选址的周边环境要求：景色优美，具有视野良好的观景点；地质稳定、坚固，避免在有断层或土质疏松、容易塌陷的地区建造；充足的采光、良好的通风和排水；气候温和，温差大、过热（过冷）或者常有大风、暴雨的地区不适宜作为建筑选址；必须有较为宽阔的腹地，以便为日后的扩充发展提供潜力空间；具有良好的可进入性，交通方便；环境的自然性强，受人为破坏少；具有充足的水源供应；在中近程距离内，为旅游者提供休闲活动。

（2）小屋选址的细部环境要求：小屋建设处地形要平坦，坡度最好不大于30%（应该指出的是，虽然小屋的选址应保持坡度小于30%，但是并不意味着在较为平缓的地区规划建设小屋。实际上，出于对排水和用地平衡等方面的考虑，一般将小屋布局在坡度为15%～25%之间的坡地上。此时，为避免大规模的挖填方工程，需要减少小屋的占地面积）；小屋的朝向以向南朝阳的坡地为佳；以逆向坡的地质为最佳，可以避免施工时土石松塌滑落；位于景观线上，四周可以眺望优美的景观；具有大型乔木可遮阴、避风，有灌木丛可隔绝噪音并保证私密性。

5．露营式

露营式住宿接待设施就是开辟一块专用营地作为旅游者夜间露营休息的场所，旅游者自带露营设施，如露营车、帐篷或租用景区的露营设施，以实现住宿的方式。这类住宿接待设施是旅游景区中相对较为简陋的住宿接待类型，受外界环境干扰较为严重，一般只在特定季节开放，在我国还较为少见。

（三）旅游景区住宿服务的意义

旅游景区住宿服务同景区内其他服务相互配合，为旅游者在景区内的旅游活动提供了最基本的条件，使他们的基本需求得到满足和保障，并获得心理上的安全感。设施齐全、高质量或者特色化住宿服务同样可以为游客带来美好的体验，延长游客在景区的停留时间，提高游客的满意度和重游率。

二、旅游景区住宿服务管理的方式

在旅游景区实际工作中，住宿服务管理主要通过表单管理、制度管理、现场管理来实现。

（一）表单管理

表单管理是通过表单的设计和处理，来控制客房部业务的管理活动。表单一般分为三类：一是上级部门向下级部门发布的各种业务指令；二是各部门之间传递信息的业务表单；三是下级向上级呈报的各种报表。表单管理要遵循实用性、准确性、经济性和实效性原则，数量和种类应简单明了，易于填报分析。表单要能全面反映客房部业务活动情况，表单的传递程序、时间要求、资料处理方法等都要有明确的规定。

景区住宿单位的服务和管理人员，应学会应用表单来了解和控制客房部的业务活动，通过阅读、分析营业报表，了解、控制客房部或景区的经营活动，掌握本部门工作情况，督促下属完成工作任务。

（二）制度管理

制度管理是通过组织实施旅游景区的规章制度，来控制本部门的经营活动。科学合理的制度，是景区日常工作的行动指南，也是考核评价的依据。

实施制度管理首先要根据旅游景区的特色和住宿部门管理的需要，制定出符合行业通行规则和旅游景区实际的具有较高科学性的制度；其次要严肃制度，维护制度的权威性，在执行制度时，对所有员工一视同仁，奖罚以制度为依据，并在具体处理时讲究艺术性，把执行、遵守制度同细致的思想工作结合起来，把执行制度与解决员工实际问题结合起来。

（三）现场管理

现场管理就是住宿管理者深入到各个工作岗位现场，进行巡视检查，及时处理工作中碰到的问题，协调本部门与其他部门、调节本部门经营活动中各方面的关系。现场管理能及时发现和处理工作中的各种问题，协调各方面的关系，便于管理者及时与下属沟通思想、联络感情，进行现场激励。

三、旅游景区住宿服务管理

旅游景区住宿服务管理的内容众多，其中最主要的两个方面是服务质量管理和安全管理。

（一）服务质量管理

旅游景区住宿服务质量管理是由景区内住宿部门对为游客提供的住宿服务及相关方面服务的质量管理，主要包括以下方面：

1. 通过利用和开发旅游景区良好的环境资源和现有的设施设备，向游客提供高质量的住宿服务。

2. 市场调研与预测，结合景区特色，开发符合市场需求的产品，以满足游客与当地消费者的需要，扩大景区的经济效益。

3. 通过景区住宿业务部门与公关部门的广告、宣传以及住宿单位设施设备的改进和服务质量的提高，创造住宿服务的声誉和口碑，吸引更多的客源。

4. 通过与旅游供应商和零售商的业务联系，从产、供、销各个方面，不断改进服务质量，提高市场竞争力。

5. 通过专业教育和岗位培训，提高住宿服务部门各级管理人员和服务人员的专业知识水平及服务水平。

6. 通过人力、物力、财力的决策、计划、组织、协调、监督等管理工作，提高住宿管理效率。

（二）安全管理

景区安全管理是景区住宿服务单位为了保障游客、服务人员的人身和财产安全以及景区住宿服务单位自身的财产安全而进行的计划、组织、协调、控制与管理活动的总称。景区住宿服务单位要综合考虑国家法律法规和景区自身的特点，制定一套科学、有效的安全管理计划、制度与措施。

1. 犯罪与盗窃的防范计划、控制与管理

犯罪与盗窃的防范计划、控制与管理重点包含以下内容：

(1) 游客生命、财产的安全控制与管理。旅游景区要加强景区住宿大门入口、电梯入口、楼层走道的安全控制与管理；加强客房门锁与钥匙以及客房内设施设备的安全控制与管理；

加强游客财务和保管箱的安全控制与管理。按照我国相关法律规定，住宿服务必须设置游客财产保管箱，并且建立一套登记、领取和交班制度。

（2）员工的安全控制与管理。旅游景区要制定岗位工作的劳动保护与安全标准，采取劳动保护措施，并在员工的岗位技术培训中增加安全工作、安全操作的培训与训练；要加强员工个人财务安全保护，包括员工宿舍内以及更衣室个人衣物储藏箱的安全保护；要保护员工免遭外来的侵袭。此外，及时护送生病及受伤员工就医，防范员工上下班发生交通事故，加强员工食堂管理、控制员工饮食安全也是员工安全计划的内容。

（3）财产的安全控制与管理。财产安全控制与管理是旅游景区安全控制与管理的重要内容。保证财产安全，应注意对员工偷盗行为、游客偷盗行为和外来人员偷盗行为的防范和控制。

2. 火灾紧急计划与控制、管理

火灾紧急计划与控制、管理是指一旦发生火灾的情况下，全体工作人员采取行动的计划与控制、管理方案。火灾紧急计划要根据住宿的布局及人员状况用文字形式制定出来，并经常进行演练。

火灾发生或火灾警报发出时，要求所有员工坚守岗位，保持冷静，要按照平时规定的程序作出反应。所有人员无紧急情况下不可使用电话，以便于管理层通过电话下达命令。

3. 其他常见安全事故的防范计划与管理措施

旅游景区住宿可能出现一些意外的安全事故，因此必须考虑周到，事先做好相应的防范与管理措施，以确保游客及景区住宿部门的安全。例如，对游客心理及信息安全的控制与管理，对逃账与住宿单位经济安全的控制与管理。

【情景再现】

泰国东方饭店的服务故事

企业家A先生到泰国出差，下榻于东方饭店，这是他第二次入住该饭店。

次日早上，A先生走出房门准备去餐厅，楼层服务生恭敬地问道："A先生，您是要用早餐吗？"A先生很奇怪，反问："你怎么知道我姓A？"服务生回答："我们饭店规定，晚上要背熟所有客人的姓名。"这令A先生大吃一惊，尽管他频繁往返于世界各地，也入住过无数高级酒店，但这种情况还是第一次碰到。

A先生愉快地乘电梯下至餐厅所在楼层，刚出电梯，餐厅服务生忙迎上前："A先生，里面请。"

A先生十分疑惑，又问道："你怎么知道我姓A？"服务生微笑答道："我刚接到楼层服务电话，说您已经下楼了。"

A先生走进餐厅，服务小姐殷勤地问："A先生还要老位子吗？"A先生的惊诧再度升级，心中暗忖"上一次在这里吃饭已经是一年前的事了，难道这里的服务小姐依然记得？"服务小姐主动解释："我刚刚查过记录，您去年6月9日在第二个窗口的位置用过早餐。"A先生听后有些激动了，忙说："老位子！对，老位子！"于是服务小姐接着问："老菜单？一个三明治，一杯咖啡，一个鸡蛋？"此时，A先生已经极为感动了："老菜单，就要老菜单！"给A先生上菜时，服务生每次回话都退后两步，以免自己说话时唾沫不小心飞溅到客人的食物上，A先生在美国最好的饭店里都没有见过。

一顿早餐，就这样给A先生留下了终生难忘的印象。

此后三年多，A先生因业务调整没再去泰国，可是在A先生生日的时候突然收到了一封东方饭店发来的生日贺卡：亲爱的A先生，您已经三年没有来过我们这里了，我们全体人员都非常想念您，希望能再次见到您。今天是您的生日，祝您生日愉快！

A先生当时热泪盈眶，激动难已……

资料来源：客户世界，http://www.ccmw.net， 2006.7.23。

第四节 旅游景区辅助服务

旅游景区的辅助服务除包括交通、住宿、餐饮服务外，还有医疗、邮电等服务内容。

一、旅游景区医疗服务

【情景再现】

2005年4月14日，一名美国游客在游览某景区时突发疾病抢救无效死亡，死者家属因999急救中心出诊速度迟缓、服务态度冷漠而向国家旅游局提出投诉。该市副市长为此作出“旅游景区突发病人医疗救治问题，应作为改善旅游环境的一个专题进行研究并采取措施改进。”的批示，该市旅游局局长也批示：“告诫相关景区，一是要有人员、设备；二是救治要及时；三是从中吸取足够的经验教训。”市旅游局自开展旅游景区质量等级评定工作以来，依据评定标准，对旅游景区医疗救援工作，在设施建设、完善制度、落实措施等方面提出了相应的要求，但仍然发生了游客在景区突发疾病未能及时救治的问题，暴露出旅游景区在医疗救护工作上存在不足：一是旅游景区对景区内医疗救护服务功能宣传不够，一些游客仍没有注意景区设有医疗室及其具体位置；二是游客在发生意外时习惯于向120或999急救中心求救，而急救中心却没有及时通知景区；三是旅游景区现有的医疗救护设施设备不够健全，医疗救治水平和应急能力有待提高；四是120与999两个急救中心缺少协调，更没有与景区联网，尽管及时拨打急救电话，也难以保证就近出诊。

资料来源：北京市旅游局：《关于加强旅游景区医疗救援工作的通知》，2005.7.25。

分析提示：旅游景区的医疗服务对于游客的安全起着不可替代的作用。而正是由于该景区的医疗服务做得不好，致使医疗服务不够及时，才导致了一名美国游客死亡的不幸事件的发生，这也从侧面反映出景区医疗服务的重要性。

（一）旅游景区医疗救援服务的重要性

1. 保证游客生命安全的重要举措

游客外出旅游，由于长途跋涉再加上水土不服，很容易出现身体不舒服的情况，有时可能还会出现意外的病情，这就需要旅游景区为这部分游客提供医疗服务，为游客排忧解难。游客在景区内还可能会出现意外的伤亡事故，因此，景区还必须提供紧急的救援服务。

2. 保证景区工作人员安全的有力措施

景区工作人员突然生病，也需要景区为其提供医疗服务。

（二）旅游景区医疗救援服务的要求

1．要向游客宣传医疗救援服务

在游客进入景区之前，要向其进行医疗救援服务的宣传，使游客知道景区医疗服务的地点、内容、联系方式，以便游客在需要医疗服务时联系景区。

2．医疗救援服务要迅速

救人如救火，景区提供的医疗救援服务一定要迅速，要充分借鉴医院120救护服务的做法，尽最大努力救治游客的伤痛和挽救病危游客的生命。

3．医疗救援服务网点要分布合理

除了在主要景点的出入口等明显位置设置医疗救援服务的网点外，还要在主要景点的危险地段建立服务网点，以便随时为游客提供服务，同时可以采用医疗救援服务车的服务方式，以流动的方式为游客提供服务，将固定与移动的方式结合起来，为游客提供更好的服务。

4．建立专业旅游救援体系

在大型的旅游景区内部，要建立旅游救援体系，以帮助远离医疗服务网点而又出现危险的游客。

二、旅游景区邮电服务

（一）旅游景区邮电服务的意义

景区为游客提供的邮电服务主要包括邮政和电话通信服务，这对于保障游客的顺利出游起着非常重要的作用，主要体现在以下几个方面：

1．有利于游客顺利地进行游览

很多游客外出旅游，为了使家人放心需要经常和家人取得联系，这就需要景区提供良好的通信服务；同时有的游客在旅游过程中会购买有特色的旅游商品，而随身携带又不方便，这就需要景区为他们提供邮电服务。只有景区为游客提供了这些服务，游客才能顺利地继续进行游览。

2．保障游客的安全游览

游客在游览的过程中由于人地生疏，也容易遇到疾病等意外事件，需要景区的帮助，而只有景区首先提供良好的邮电服务，游客才能继续获得景区的服务。

（二）旅游景区邮电服务网点布局的原则

为了更好地为游客提供邮电服务，景区管理者在进行服务网点布局的时候应该遵循以下原则：

1．方便游客原则

景区的邮政分局适宜建立在景区的入口处，一方面便于游客寻找，另一方面便于为游客提供服务。电话亭应当分散地分布在景区的主要交通路口，便于游客随时与景区、家人、朋友联系。

2．环境保护原则

景区设置的邮电通信设备要符合环境保护的原则。例如，电话亭应根据景区的特点，选用与景区环境匹配的环保材料建造，外观设计要美观醒目；景区邮政分局的修建选址、建筑材料、建筑风格等，都要考虑到环境保护和与周围的景观相协调的问题。

【业界动态】

云南石林风景名胜区邮电通信服务系统

石林风景名胜区邮电通信服务设施完善。在景区停车场入口处设立了景区邮政分局，除提供正常的邮政服务，还为游客提供了 6 种石林风景纪念戳图案、多种本地纪念信封、石林风景明信片、邮资明信片、石林风景纪念邮票。

石林风景名胜区内共有 20 部公用电话，分别设置在景区入口、石林胜景、急救点、小石林阿诗玛景点等游客集中的地方，能直拨国际国内长途电话，能满足游客的通信需求。电话亭根据景区特点，选用木制材料制作，外观设计美观醒目。同时景区外围设有联通、移动的信号塔，景区内移动电话信号良好。

此外，石林风景名胜区在景区内设有 SOS 紧急求救电话。游客在景区如遇迷路、医疗救护等突发事件，可拨打标有 SOS 的紧急求救电话，景区管理人员将及时为游客提供服务。此外，景区内设有 IC 卡话机，游客可购买 IC 卡进行通话；在局部设有付费公话服务，提供国内长途、国际长途等公话电话，能够方便地为游客提供邮电服务。

资料来源：石林风景名胜区管理局：《国家 AAAAA 级旅游景区评定评分标准第五部分邮电服务（简报二十五）》，http://web.chinastoneforest.com/show.aspx?aid=1066。

分析提示：旅游景区邮电服务在景区的辅助服务中有着不可忽视的重要作用。

本章小结

本章主要介绍了旅游景区的交通、餐饮、住宿和其他辅助服务和管理。通过介绍旅游景区交通服务的概念和地位，系统分析了景区交通服务和管理要求；介绍旅游景区餐饮服务与管理的组织、菜单的设计与管理，景区住宿服务的特点、内容，景区住宿服务的程序，其他辅助服务的特点及要求。通过本章的学习，我们能够依据旅游景区交通服务布局的原则和各项要求，掌握景区交通的规划与设计；依据本章有关菜单设计与管理的介绍，提高菜单设计与管理方面的技能；掌握一定的医疗救助技能；能够依据本章所学的餐饮服务组织的知识与技能、制定出适合景区的餐饮服务流程；依据景区住宿服务的特点、内容，提升自身的服务接待能力。

主要概念

景区交通服务；景区餐饮服务；景区住宿服务

基础训练

1．填空题

（1）我国旅游景区的现代交通运输方式种类较多，但均以________方式为主。

（2）旅游景区餐饮单位在选址时应重点考虑______、______、______三个方面。

（3）在旅游景区实际工作中，住宿服务管理主要通过______、______、______来实现。

（4）在大型的旅游景区内部，要建立______，以帮助远离医疗服务网点而又出现危险的游客。

2．简答题

（1）旅游景区交通服务的要求和设计原则是什么？

（2）简述旅游景区餐饮服务的特点和任务。

（3）简述旅游景区的服务质量管理和安全管理。

（4）旅游景区邮电服务的意义是什么？

案例分析

福建规范“农家乐”旅游点列出九条标准

新华网福州 2008 年 9 月 1 日专电 福建省 2008 年在全省范围内筛选一批“农家乐”旅游示范点进行扶持，为此，该省旅游、财政和农业部门联合下发通知，对“农家乐”旅游点列出九条标准。这九条标准分别是：

（1）生态环境优美，具有浓厚的乡土气息及独特的建筑风格。

（2）距离设区市城区 1.5 个小时以内车程，有简易停车场，道路平整，交通便利，通信畅通。

（3）能提供卫生、可口的 8 种以上地方农家特色风味菜肴，可提供三餐及夜宵。

（4）饮用水达到国家卫生规定标准。

（5）具备带有瓷砖贴砌的灶台，厨房卫生条件较好；具备配套餐具并符合卫生要求，使用第三方提供的消毒碗筷餐具或自备碗筷餐具消毒设备。

（6）具备经适当装修，采光、通风、照明条件良好的整洁卫生间。冲洗龙头、洗手池、手纸框等设备完好，备有洗漱用品，有明显的指示和防滑标识。

（7）原则上有 10 间比较规范的客房，房间内具有彩电和冷暖空调设施，床上用品干净、舒适。

（8）周边有已开发的旅游景区（点）和可供游客参与的农事活动（如采摘、加工农产品等）。

（9）取得工商、卫生等部门的经营许可。

近年来，福建省大力发展以“农家乐”、“森林人家”、“水乡渔村”为特色的乡村休闲旅游。根据规划，到 2010 年，福建省培育和建成 50 个旅游城镇（乡）、100 个旅游村、50 个工农业旅游示范点、50 个 A 级旅游区。

资料来源：徐洪昌：《福建规范农家乐”旅游点列出九条标准》，农博网，2008.10.01。

问题：乡村休闲游标准的制定，对于推动福建乡村旅游的发展具有哪些作用？

实践训练

【实训项目】旅游景区餐饮点菜服务

【实训准备】

人员准备：全体学员分组，每组 6 人，5 人做客人，1 人做服务员，轮流练习。

材料准备：菜单若干本（每组 3 本）、点菜单若干（点菜单一式四联，第一联交收银员，第二、三联交传菜部，第四联服务员自留或者放在客人餐桌上）、笔。

场地准备：中餐服务技能实训室。

【实训要求】

训练旅游景区餐饮服务人员按照规范接收点菜：站姿正确、态度热情、有效推销、准确记录。

【实训步骤】

1.准备好实训物品和实训材料，进行人员分组。

2.点菜前准备

（1）个人准备：搞好个人卫生，佩戴好工作牌，仪表整洁。

（2）知识准备：了解旅游景区的口味特点、特色菜肴和特产，了解菜单上菜肴的口味特点、烹饪方法和原料、价格和分量等；熟悉当天餐厅的招牌菜、时令菜、风味菜、厨师长特别推荐菜和断档菜，以便做好解释和推销工作。懂得上菜的时机、顺序、位置和方法，可以用外语介绍菜肴。

3.接收点菜

（1）客人入座后，迎宾人员打开菜单的第一页，站在客人的右侧，按先宾后主、女士优先的原则，将菜单递送给客人。

（2）在客人看完菜单准备点菜时，值班人员应立即走上前询问："请问我可以为您点菜了吗？"然后站在客人右侧约30cm处，左手持点菜单于身前，右手握笔随时准备记录。

（3）值班人员应细心观察，运用看、听、问等方法了解客人需要，根据客人的风俗习惯、饮食习惯、具体人数、消费水平和口味要求，作出合理恰当的推销。主动、适时、适度地向客人介绍菜品，挑选餐厅特色菜，特别是厨师当日推荐的特色菜、时令菜、特价菜，注意荤素搭配和分量适中。当推销时，应保持掌心向上的指示方式，给客人留有思考和比较选择的时间。

4.记录内容

身体微前倾，认真地记下客人所点的菜品，不可将菜单放置于客人面前的餐台上记录。填写点菜通知单要快捷、准确，注意冷菜、热菜、酒水、点心等分开填写，同时填写台号、日期、用餐人数、开单时间、值台姓名，正确填写菜式的数量和品名。在认真倾听并准确记录客人选定的菜点名称之后，当面复述以求确认。

5.复述内容

客人点菜完毕时，为了确保点菜正确无误，值台员必须认真地用清晰的语言重复客人所点的菜肴名称和数量，请客人确认。这是值台员为客人点菜规范要求中不可忽视的重要环节。

6.特殊处理

对客人提出的特殊要求，值台员应在点菜单中加以明确说明或用其他颜色的笔注明。

7.礼貌致谢

复述完毕后，值台员应收回菜单并向客人表示感谢"非常感谢，请稍等"。

8. 教师点评、总结

【实训考核办法和评分标准】

（1）测试评分：根据学生现场考核的表现和事先材料的准备情况进行综合评分。实行百分制，在考察过程中评分。其中现场考核75分，准备材料25分。

（2）测试表

组别： 姓名： 时间：

项目		标准分	得分
现场考核	接收点菜	15	
	提供建议	10	
	记录内容	15	
	复述内容	10	
	特殊处理	15	
	礼貌致谢	10	
准备材料		25	
合计得分		100	

考核时间： 年 月 日 考评教师（签名）__________

第七章　旅游景区环境卫生管理

学习目标：

知识目标：理解旅游景区环境卫生管理的相关内容；掌握旅游景区环境要素管理、景区环境卫生管理标准等知识。

技能目标：能够掌握旅游景区环境卫生管理的基本内容和方法，运用旅游景区环境卫生管理的基本知识，创造性地分析和解决景区环境卫生管理中的实际问题。

【引例】

骊山景区加强环境卫生管理 为游客创造优美旅游环境

如今，当人们走进景色旖旎、翠碧如黛的骊山，干净、整洁的环境卫生一定会让人赞叹不已：石台如洗，光亮畅洁，树木葱翠，空气清新。让蒙尘的心涤荡于洁净、舒适、安谧的丛林小径，你会觉得，你的心也得到净化和升华。这就是优美的环境营造的美的感受。

为确保环境卫生整治工作取得成效，骊山国家森林公园管理处制定了环境卫生整治工作方案，层层分解任务，细化责任。加大资金和人员投入力度，按照创卫标准，对骊山前山上至烽火台、下至华清路、东至东绣岭、西至牡丹沟范围内的所有游步道、坡面、林间小道、个体户周围及牡丹路沿线进行集中整治。并加大检查力度，对检查中发现的问题，以红头文件的形式下发至各部门，限期整改到位。同时完善了环境卫生长效管理机制，研究制定了《景区环境卫生管理职责》，用制度保障环境卫生长效管理机制的实施。骊山景区先后投入资金400多万元，累计投入人员1320人次，安装中国结彩灯100盏、仿唐路灯14盏、凸镜31面、果皮箱80个，新设仿唐垃圾箱20个、带轮垃圾桶6个、大型垃圾收集箱4个，翻新大型垃圾收集箱8个，设立创卫宣传牌2处，制作宣传横幅8条。开展专项整治活动3次，清理景区内的林间小道12条、排水渠4000米，维修景区道路1100平方，刷新墙体2000平方，修剪绿化植被5600平方，清运垃圾45车，捡拾垃圾4700袋，清洗刷新导游导示牌43块，清理出店经营12起。

上述案例说明，旅游景区加强环境卫生的管理是提升景区竞争力的重要手段之一，也是景区赖以生存的重要保障，随着旅游者对景区环境卫生需求的不断提高，越来越多的景区会加强环境卫生的管理和整治，以满足游客在旅游过程中美的感受，更是顺应了国家保护环境的大趋势。

第一节　旅游景区环境卫生管理概述

旅游景区环境是旅游者开展旅游活动的场所。环境卫生的好坏会直接影响旅游者的消费需求和消费质量，也是影响景区档次、级别和吸引力的决定性因素。景区的环境卫生管理涉及旅游者在景区的食、住、行、游、购、娱等各个环节，直接关系到旅游者的身心健康。只有把握环境卫生管理的内容及任务，充分了解景区卫生管理的特点，严格卫生管理要求，做好相应的卫生管理工作，才能使旅游者在景区吃得放心，住得安心，玩得随心。

一、景区环境卫生管理的内容

（一）自然环境卫生管理

1．大气卫生

随着大城市空气质量的逐步下降，人们希望到旅游景区呼吸清新的空气，所以对旅游景区来说，洁净的空气也是一种旅游资源。但是现在游客数量的增加及景区的改扩建，使景区的大气质量也受到了污染。景区大气污染的来源主要可分为天然来源和人为两大类，这里主要讨论人为引起的大气污染。

（1）旅游交通工具排放尾气造成的空气污染。

（2）由于使用煤做燃料造成的空气污染,如景区的生活锅炉、茶炉的使用，饭店、餐厅、个体饮食业摊点炉灶的使用，冬天一些景区内取暖设备的使用等都对大气产生污染。

（3）大量垃圾堆放，经风一刮，都可能将化学性污染物（如铅、汞等）和生物性污染物（如结肠杆菌、粪链球菌等）转入大气中。

（4）景区饮食业油烟的排放等。

除了景区内活动造成的污染外，景区周围工业企业燃料的燃烧、生产过程中排出的污染物，居民生活燃料的燃烧以及其他一些意外事故，如工厂爆炸、火灾、油田失火等都会严重污染景区的大气环境。

【微型资料】

为了测定景区的空气质量，有学者提出了空气离子评价指数 CI 的概念公式：

CI=（被测空气中负离子数浓度/1000）×（1/q）

其中，q 为单极系数，即空气中正离子数与负离子数的比值（R+/-）。

根据这一公式，计算得到的 CL 值可以作为制定空气质量等级的标准。

2．水体卫生

黄果树瀑布、以水为主角的九寨沟、有“水乡”之称的周庄等以千奇百态的水景吸引着成千上万的旅游者，洁净的水是湖泊、水库、池塘等以水体为基础的旅游景区经营得以维系的根本，旅游景区不仅要保证高质的观赏水体，还要有足量的优质饮用水体。

为保持旅游景区优质的水体，首先要控制旅游活动给水体造成的污染和破坏。影响旅游景区水体水质的因素主要有：

（1）景区不合理开发对水体的破坏，如在景区水源区大量砍伐木材以用于景区的建设，在溪流旁边不合理布局游览及交通路线，忽视池塘、沼泽等湿地景观，以及开发期间无法保持水体的清洁等。

（2）景区经营过程本身造成的污染。部分景区在经营过程中，将未经处理的污水直接排入水源或水体，任意排放废弃物；在水边或水上不合理地设立影响水体卫生的娱乐设备设施；

在未对海滩作出详细的生态调查前，过度利用海滩，以致超过海滩的环境容量；忽视水源周围的绿化等。

（3）旅游者造成的破坏。旅游者缺乏环境保护意识，在景区的水体内任意丢弃垃圾、有毒物品，不仅破坏了水体的美观，而且一旦污染物的数量超过水体的净化能力，将造成水质的恶化。

（4）景区外的污染。景区周围的工业废水、生活污水、农业污水、居民的生活垃圾、商业垃圾等有害物质排入水体，随着水体的流动都将影响到景区的水体卫生。

3．土壤卫生

景区中的土壤卫生管理主要是对固体废弃物污染的管理。景区的固体废弃物是旅游设施运营中和旅游者在旅游活动中产生的，不再需要而丢弃的固体、半固体和泥状物质，包括生活废弃物、废纸、织物、家用杂具、废旧塑料制品、脏土及粪便等。随着景区旅游者接待量的递增，固体废弃物的排放量猛增，给景区的环境带来极大的危害。

在景区内，固体废弃物堆积量较大、占地广。存在于固体废弃物中的有害物质虽然不易破坏衰减，但这些有害物质经过风化、淋溶及地表径流的侵蚀，很容易渗透进土壤，不仅会使土壤中的微生物死亡，影响景区的生态环境；在适度的温度下，废弃物中的有害物质蒸发、升华及发生化学反应而释放出有害气体；废弃物中的颗粒、粉末随风飘扬，加重了大气的粉尘污染；固体废弃物的大量堆放影响景区的美观形象。

对废弃物的管理不仅要加强最终的处置，还应强调对旅游者行为的管理，减少固体废弃物的排放量。

4．噪声

噪声是指声波的频率和强弱变化毫无规律、杂乱无章，使人不同程度地产生烦躁、不安情绪的声音，给景区周围环境造成不良影响。景区的噪声主要来自交通工具、娱乐设施操作、景区周围居民生活等。

噪声会不同程度地影响旅游者的身心健康，使人产生不适的感觉；对景区周围的动植物产生影响，如强噪声会使鸟类羽毛脱落、植物枯萎等；一些古老建筑如古塔、鼓楼、教堂等也会因长期的噪声污染而受到破坏，出现裂缝。

噪声的控制应采取综合措施，首先要减少和消灭声源，减弱其强度；其次采取个人防护措施。

除了上述几个方面外，自然环境卫生管理还包括动植物的卫生状况、光污染、热污染、放射性污染、电磁污染、振动污染等。

（二）游览环境卫生管理

1．游览场所卫生

按功能分，游览场所主要包括观赏区（如景区、图书馆、博物馆、美术馆、展览馆）、娱乐区（如酒吧、茶厅、卡拉 OK 厅）、购物商业区、休息区、康乐健身区（如健身房、游泳池）等。游览场所的环境卫生管理应按照国家卫生部颁发的相应的公共场所的卫生标准执行，包括场所的空间大小、空气质量、噪声、墙壁的清洁、装饰材料的卫生标准、通风设备、地面的清洁、限制的客容量、使用消毒过的配备品、规范旅游者的行为等。景区在制定场所卫生制度时，可按照场所功能的不同参照卫生部已颁发的《文化娱乐场所卫生标准（GB9664 — 1996 ）》、《体育馆卫生标准（GB9668 — 1996）》、《商场（店）、书店卫生标准（GB9670—

1996)》、《游乐场所卫生标准》等公共场所卫生标准。

2．设备设施卫生

景区的设备设施按其在景区中的作用可分为基础设施、接待服务设施、娱乐游憩设施。表 7-1 概括了景区主要的设备设施卫生管理的内容。

表 7-1　旅游景区设备设施卫生管理内容

基础设施	交通设施：交通工具、交通等候场所
	排水及排污设施：排水道、污染物处理设施
	电力通信设备：供电、电信、邮政等设施
	绿化设施：草坪、花坛、亭台
	建筑设施：停车场、纪念性建筑物、牌楼
接待服务设施	商业服务设施：自动售货机、ATM 机
	食宿设施：厨房设备、旅馆房间设备
娱乐游憩设施	水上娱乐游憩设施：游船、湖心亭
	陆上娱乐游憩设施：索道、展望台
	空中娱乐游憩设施：过山车、空中走道

（三）旅游景区公共卫生管理

景区的公共卫生管理包括景区门口、游客中心、卫生间、厅堂、通道、走廊及景区周围环境等的卫生管理。

（四）旅游景区住宿卫生管理

主要指提供住宿服务的旅游景区，它以为客人提供清洁、舒适的住宿条件为重点，具体内容包括客房卫生、卫生间卫生、客用的各种消耗用品卫生等的管理。

（五）旅游景区食品卫生管理

以食品卫生法为中心，以预防食物中毒和疾病传染为重点。具体内容包括食品原材料采购、储藏、加工制作、产品销售、食物化验、消毒等各个环节的卫生管理。

（六）旅游景区员工个人卫生管理

主要是指旅游景区的一线从业人员，包括导游、售票员、保安以及各级管理人员，景区工作人员的身体健康状况、仪容仪表、着装以及个人卫生等各个方面应达到服务业从业人员的卫生标准。景区的全体工作人员应有较强的环境保护意识、卫生意识、服务意识，要以身作则，为旅游者起到良好的示范效应。

二、景区环境卫生管理特点

景区的环境卫生管理活动贯穿于旅游者在景区活动的始终。结合旅游景区产品及服务的特殊性，景区的环境卫生管理活动具有以下特点：

（一）全面性（comprehensive）

景区的环境卫生贯穿于旅游活动的各个环节，各个部门，各个岗位。在纵向上，卫生工作任务应从决策层逐级落实到各个岗位；在横向上，卫生工作应扩散到各部门。因此，景区应做到上下结合，统一布置，统一规划，统一行动。

（二）连续性（continuous）

旅游者在景区的活动是一次连续的、完整的旅游体验，因而景区的卫生管理工作应实现空间和时间上的流畅性。任一环节出现卫生问题，都将影响到其他部门的卫生质量甚至是整个流程的卫生质量，如采购的蔬菜瓜果不新鲜，任凭服务人员如何进行细致规范的操作，旅游者享受到的将是不卫生的食物。

（三）多样性（diversified）

由于旅游者需求呈多样化，其对卫生的要求程度也不同。旅游者需求的多样化决定了景区场所的多样化，各种不同功能的场所要求符合不同的卫生标准。各国根据本国的实际情况，针对同一项目又有不同的标准，各景区也必须根据地区的经济技术状况制定切实可行的卫生标准。

（四）季节性（seasonal）

旅游业的经营活动具有很强的季节性。在不同的季节，景区对卫生的要求也不同。在旅游旺季，卫生工作要做到“勤”；在旅游淡季，要做到“精”。

（五）非常规性（unconventional）

景区对于一些特别的团体或VIP客人，需针对他们的特殊要求，打破常规开展卫生工作，全面彻底地进行清理，最大限度地满足客人的需求。针对重大的卫生问题，必须采取非常规的管理模式，优先给予重点处理。

（六）超前性（prepared）

在旅游者进入景区之前，景区服务人员应做好卫生工作，迎接客人的到来，为旅游者营造安静舒适、清洁卫生的游玩环境。

（七）及时性（timely）

景区一旦发现卫生问题，需及时给予处理；一旦有旅游者投诉，需及时找出问题，尽快改进；一旦发生卫生事故，需及时给予解决，并吸取教训，防止类似事件再次发生。

三、旅游景区卫生管理的基本要求

《风景旅游区服务质量标准与操作规范》对旅游景区卫生有以下要求：

（一）旅游景区卫生基本要求

（1）每日在游览开放时间前必须做到旅游景区内的地面、设施已清扫完毕，必要时要洒水防尘。

（2）在游览时段内，卫生清洁员随时监控各自负责的卫生区域，及时清除地面的污渍、果皮、纸屑等脏物。

（3）旅游景区内的垃圾箱表面应每日擦洗，保持外表清洁；垃圾箱要用垃圾车清除，不可出现外溢现象。

（4）栏杆每日应擦净，并定期重新上漆。

（5）草地、绿篱应修剪规整，无灰尘、纸屑等脏物。

（6）餐饮点环境整洁，采取消除苍蝇、老鼠、蟑螂等有害物滋生条件的措施；禁止出售腐败变质、不洁、受有毒有害物污染及超出保存期限的食品。

（二）旅游景区厕所卫生要求

厕所是旅游景区卫生管理的重点区域，《风景旅游区服务质量标准与操作规范》和《旅游厕所质量等级划分与评定》国家标准中对厕所卫生有以下规定：

（1）所有厕所在开门接待之前必须打扫干净，做到地面无污物、尘土、积水，便池无污物、不堵塞，墙壁门窗无蜘蛛网、无乱涂乱画现象，无积土，无明显异味，纸篓倒净。

（2）游览时间内，厕所清扫人员要定时清扫。

（3）在每一位清扫工下班之前，其负责的厕所必须达到卫生标准。

（4）收费厕所有专人全日服务，视厕所等级提供卫生纸、洗手间、烘手器、肥皂、擦手纸等。

（5）按以下顺序进行厕所保洁工作：墙壁、天花板和门窗、厕位和厕池、纸篓、地面。

（三）旅游景区卫生管理的主要措施

（1）建立卫生管理责任制。责任到人，奖罚分明，使卫生管理权、责任均落到实处。

（2）坚持统一管理与分散管理相结合的原则。管理制度、卫生标准、奖惩标准、监督检查由旅游景区统一制定和进行。同时将具体任务和指标落实到旅游景区内的各个企业、摊点和部门，人人明确责任，齐抓共管。

（3）加强制度建设。使卫生管理成为制度化、经常性的工作，成为日常工作的重要组成部分，而不是“卫生运动”或“突击活动”。

（4）严格按照规范要求进行操作。

第二节　旅游景区环境卫生管理

旅游景区卫生管理的两大难题是垃圾处理和厕所卫生管理，所以本书主要从旅游景区垃圾处理、厕所管理和绿色景区创建三个方面来讨论。

一、旅游景区垃圾问题及处理

随着旅游业的迅猛发展，旅游景区的垃圾也不断增加。据环境专家对各类废弃物的解体时间所作的推算，玻璃瓶在任何时候都不能分解，塑料制品需450年，易拉罐需200~250年，棉织物需1~5个月，废纸屑需15天。而有机垃圾较易腐烂，含有病原体，尤其在夏季，气候湿热，不及时处理就会马上腐烂。

景区垃圾是一把“双刃剑”。处理不当会影响游客体验质量、损害旅游地形象、危害人身健康、威胁旅游安全、影响旅游可持续发展，但若处理得当就会变成宝贵的财富。如郑州绿博园景区内的景德镇园区以陶瓷碎片为材料铺成园路，园路上设置陶瓷坐凳，既有瓷都特点，又是垃圾的再利用，一举两得。

（一）旅游垃圾分类

景区垃圾可分为以下几种：可腐有机物（以厨余为主），可燃有机物（塑料、废纸、橡胶、皮革、竹木、布类等），无机物（煤渣、砖瓦、地灰、玻璃、金属等），粪便。

（二）垃圾处理方式比较

目前，各国处理生活垃圾的基本方法有填埋、堆肥和焚烧。

1. 填埋法

填埋是垃圾的最终处置手段，是应用最广泛的技术之一。垃圾埋入地下可以防止散发恶臭、蚊蝇滋生，并使垃圾得到降解。由于传统的填埋方式会产生渗滤液和填埋气体，造成对水体、土壤、大气的污染，因此现代的填埋技术大多包括防渗系统、给排水系统、导气系统和覆盖系统，称之为卫生填埋。垃圾填埋所产生的气体中含有约 40%～60%的甲烷，40%～50%的二氧化碳和少量氧气。甲烷是一种利用价值较高的清洁能源，但同时也有潜在的爆炸危险，在填埋过程中必须对其加以控制和利用。

2．焚烧法

焚烧是对垃圾进行高温热化学处理的技术。将垃圾作为固体燃料送入炉膛内燃烧，在 800℃～1000℃的高温条件下，垃圾中的可燃成分与空气中的氧发生剧烈的化学反应，释放出热量并转化为高温的燃气和少量性质稳定的固体残渣。其优点是处理效率高，可减少垃圾体积的 80%～90%，残余物比较稳定、易于处理，高温气体可以回收利用，提供大量能源，若产生的热量大可用于发电，热量小则用来加热水或产生蒸汽。缺点是防止垃圾焚烧产生二次污染的焚烧设施一次性投资巨大。

3．堆肥法

堆肥是指人们利用自然界广泛存在的微生物，有控制地促进可降解有机物向稳定的腐殖物质转化的生物化学过程。20 世纪 70 年代至 80 年代，堆肥技术发展缓慢，主要原因是垃圾成分变得复杂，大量新出现的化学物质的加入降低了堆肥产品的质量，肥效不高，玻璃、金属、塑料等废物残留严重影响堆肥产品的销路。20 世纪 90 年代后，随着垃圾分类活动的开展、分选技术的提高，限定了堆肥垃圾的有机物来源，极大地改善了产品质量，使得堆肥技术又重新开始发挥其应有的作用。

在景区运营中产生了大量生活垃圾，其中对厨余垃圾可以采用堆肥的方式处理；通过建设生态厕所可以对粪便进行妥善处理；而对于可燃有机物（塑料、废纸、橡胶、皮革、竹木、布类等）和一些无机物（煤渣、砖瓦、地灰、玻璃、金属等），基于景区垃圾的特点，大部分可回收再利用，例如饮料瓶、啤酒瓶等，便于集中收集、出售。对于一些距离城市垃圾处理站较近的景区，垃圾可以转运到垃圾处理站集中处理。而对于远离垃圾处理站的景区，则应该通过科学的方式妥善就地解决。

（三）旅游垃圾处理方案

1．餐厨垃圾处理

餐厨垃圾主要是指居民日常生活及除此以外的食品加工、饮食服务、单位供餐等活动中产生的垃圾。由于厨余垃圾容易发酵、变质、腐烂，不仅产生大量的毒素，散发恶臭气体，还污染水体和大气，所以厨余垃圾如果得不到及时处理，不仅影响环境卫生，而且会传播疾病，危害身体健康。所以，对厨余垃圾进行肥料化处理，是比较科学和具有可持续性的操作方法。

厨余垃圾的肥料化处理方法主要包括好氧堆肥和厌氧消化两种。好氧堆肥过程是在有氧条件下，利用好氧微生物分泌的胞外酶将有机物固体分解为可溶性有机物质，再渗入到细胞中，通过微生物的新陈代谢实现整个堆肥过程。同时，由好氧堆肥引申出一些类似的方法，如蚯蚓堆肥是近年来发展起来的一项新技术，利用蚯蚓吞食大量厨余垃圾，并将其与土壤混合，通过砂囊的机械研磨作用和肠道内的生物化学作用将有机物转化为自身或其他生物可以利用的营养物质。厨余垃圾的厌氧消化处理是指在特定的厌氧条件下，微生物将有机垃圾进行分解，其中的碳、氢、氧转化为甲烷和二氧化碳，而氮、磷、钾等元素则存留于残留物中，并转化为易被动植物吸收利用的形式。

2．粪便处理

现在生态厕所的主要类型有粪尿分离型生态厕所、沼气池生态厕所、生化生态厕所等几种类型。从经济性、可操作性、生态性方面考虑，粪尿分离型生态厕所比较适合景区使用。

粪尿分离型厕所就是把粪尿分别进行收集和处理，是对传统旱厕的一种改良。设计这种厕所的理论基础认为，在生理上粪和尿就分属两个不同的系统，有不同的排泄口，这使粪尿分 别收集成为可能；健康人群的尿中没有致病微生物，致病微生物主要存在于粪便中。排泄物 中所含的养分以氮、磷、钾为主。正常成年人每年排尿400 L~500 L、排便50 L，其中含氮5.5 kg、磷0.8 kg、钾2kg，这些养分80%存在于尿中。这说明对尿液的单独收集和利用是有价值的；由于去除了尿，有效地控制了排泄物的水分含量，使粪可以在好氧条件下有利于转化为堆肥。

基于以上依据，粪尿分离型厕所把粪和尿分开收集，把数量较多、富含养分且基本无害的尿直接利用；把数量较少、危害较大的粪便制成堆肥，作为优良的土壤改良剂用于农业生产，实现生态上的循环。粪尿分离型厕所不仅具有一般生态厕所具有的特点，还有一些优点使它成为最受认可、推广最为广泛的生态厕所类型。 生态卫生的粪尿分离式厕所，基本结构包括粪尿分集式便器、排尿管、贮尿容器、过粪管、厕坑、排气管等。粪坑建于地面上，不需进行防渗处理。每座单户型厕所造价500元以内，且容易建于户内，能利用原有房屋结构，能改善居住环境的卫生状况。粪尿分离型厕所技术含量不高，却代表了先进的卫生理念。把集中处理变为就地处理；把先混合扩大污染后再去治理变为预防污染在前，把处理减至最低限度。这是目前主要推广的技术，也是目前景区改善卫生条件最合适的技术手段。

（四）建立完备的旅游垃圾处理机制

景区垃圾处理的目标是实现垃圾减量化、稳定化、无害化、资源化和产业化。受地理位置和经济收入的限制，每个景区在实现这些目标的过程中都会遇到困难，解决景区垃圾问题需要景区管理者树立正确的观念并建立健全管理制度。 景区管理者应在几个方面多下功夫，以便全面、有效、持续地做好垃圾处理工作。

1．源头垃圾减量

（1）　源头垃圾减量的意义。

源头垃圾减量是指源头垃圾产生者通过减少资源消耗和采取分类回收甚至采取发酵处理部分易腐物质的方法，尽量减少垃圾产生量。垃圾减量后，垃圾收集、转运、中处理和终处理费用都将降低，设施处理能力也随之降低，相应的建设费用也就减少；垃圾成分和质量将发生变化，这对后续的预处理工艺产生有利影响，如去除易变质物质后的垃圾的稳定化处理所需要添加的生石灰用量将减少，去除厨余后的垃圾因水分降低和热值增加而更容易焚烧，去除塑料后的垃圾焚烧产生烟气的二净化费用将减小。由此可见，源头垃圾减量，无论是对节约资源、降低垃圾处理费用，还是对环境保护都是有益的。

（2）源头垃圾减量的措施。

第一，提高游客环保意识。宣传教育景区管理者可以利用各种手段，通过导游、宣传手册等实现源头垃圾减量。通过各种具体的管理措施，例如景区各商户一律不准使用塑料袋，对于由游客带入景区的塑料袋等垃圾，可将其替换为可降解纸袋；禁止景区的餐厅内使用一次性筷子，减少使用餐巾纸，鼓励游客使用可多次使用的毛巾。

第二，强化经济手段。对于景区内商户产生的垃圾，可以采用按量计费的方式，对垃圾处理费采取浮动收费，通过经济手段来鼓励景区内的商户减少垃圾产生。

2. 全程控制垃圾产生

对于游人步道、广场等游客经过和聚集的地段，都应该按照游客数量设置垃圾箱等设施。好的垃圾初期分类能极大地提高后续垃圾的处理效率，因此，景区在游客参观、游览的道路全程均应设置垃圾分类收纳设施，做好标识，在对游客进行宣传教育的基础上，鼓励游客配合做好景区的垃圾收纳工作。景区垃圾处理必须贯彻垃圾预处理和垃圾全过程管理思想。控制并减少垃圾总量较之处置垃圾更为重要。主动减少游憩者带入的垃圾总量，严格要求并督促服务经营者尽可能重复利用各类资源，实现景区清洁化生产。

3. 组合优化垃圾处理方式

景区应该根据自身的实际情况来制定景区的垃圾处理技术组合。根据自身的经济实力、垃圾组分等情况，景区可以选择建设自己的垃圾处理厂，如采用焚烧发电法、堆肥法等垃圾处理方式。不论采取怎样的垃圾处理方式，景区垃圾处理应该遵循“减量化、无害化、资源化”三个原则。

二、景区厕所管理

公共厕所是景区基础设施的必要组成部分。在现代社会里，厕所，尤其是公共厕所早已不仅仅是人类生理代谢的简陋而随意的场所，而是兼有卫生整理、休息乃至于审美、商业、文化等多种功能。公厕已成为现代景区文明形象的窗口之一，是景区经济发展水平和城市居民生活质量的重要标志，体现着景区物质文明和精神文明的发展水平，显示着一个民族的文明素质。

景区厕所应尽量达到“六有”和“六无”标准。“六有”是指达到有水、有纸、有篓、有挂钩、有专人值守、有残疾人厕位的星级标准；“六无”是指厕所标识醒目，干净卫生，无污垢、无堵塞、无异味、无破损、无滴漏、无垃圾。同时公厕的设置应与景区环境相协调。

垃圾筒标识明显，数量能满足需要，布局合理，造型美观，实用，与环境协调。按垃圾可否回收，将垃圾筒分为可回收垃圾筒、不可回收垃圾筒及有害垃圾筒。旅游者应按照垃圾的类别将其投入相应的垃圾筒。

【微型资料】

五星级厕所质量等级划分标准

一、厕所设计及建设

（一）男女厕所设置方式

男女厕所需分开设置。

（二）外观及外部环境

1. 外观：新颖美观，有特点，与周边环境和建筑相协调。

2. 造型：根据建设地点及周边环境选择厕所主体造型，形成独特景观。

3. 色调：根据周边环境、厕所建筑主体及建筑形式设定色彩。

4. 厕所大门：厕所大门采用感应式自动门，男女厕所分门采用内外开式大门，材质高档，与厕所建筑风格一致，设有防蝇风帘。

5. 材料：防风化、防腐蚀、无污染高档建筑材料。

6．环境绿化美化：户外旅游厕所周边需要有绿地、花坛，建筑物内所设厕所应在厕所周边摆放盆景、盆花或其他装饰品。

（三）内部建设

1．建筑面积：150m^{2}以上，男女厕所建筑面积比例4:6。

2．室内高度：3.7m以上。

3．室内顶棚：防潮，防腐，高级材料吊顶。

4．室内墙壁：高级大理石、花岗岩或其他豪华瓷面砖到顶。

5．室内地面：地面用防滑的防腐的高档大理石、花岗岩或色彩淡雅、高级防滑地面砖，所有厕位均不设蹲台，厕位内地面需与厕所内地面高度一致，地面砖材质、色彩和大小相同或色彩相近，铺设地砖前需做好防水。

6．室内管线：室内所有管线不暴露。

（四）四给水排水

1．供水（有水型厕所适用）：管径60 mm~90 mm，不暴露。

2．地面排水（有水型厕所适用）：设防腐水封地漏男女厕所各2个，高级铜制、不锈钢或高级工程塑料，底下排水管200 mm以上。

二、特殊人群适应性

（一）无障碍

厕所出入口有轮椅进出坡道，并符合坡道设计的国家标准，厕内地面及厕间内均需无障碍。

（二）老年人厕位

设单间，具有独立化装间功能，内设有带标准扶手架豪华型节水座便器，男女厕所各设1个，厕位安排应在所有厕位靠近男女厕所进门处。

（三）残疾人

1．厕位：设单间，具有独立化装间功能，内设有带标准扶手架豪华型节水座便器，男女厕所各设1个，厕门采用内外开式，厕位安排在靠近男女厕所进门处。

2．男用小便器：符合残疾人使用标准，带扶手，男用小便器不少于2个。

（四）盲文标识及盲道

厕所入门处、每个厕位门上及洗手处均需有盲文标识，厕所大门及厕所内部需铺设盲道。

（五）儿童

1．婴儿卫生台：女厕所内设婴儿床或婴儿椅。

2．母婴独立卫生间：需设独立母婴卫生间，面积不小于20m^2，设有婴儿台两个以上。

3．儿童用小便器：小便器底沿距地面不得超过30cm。

【业界动态】

黄山治污措施

污水处理：早在1986年，黄山就开始建设生活污水处理设施，截至目前，黄山已累计投入资金近2500万元，全山建成13个污水处理站，日处理污水能力5000吨。黄山景区现有的污水处理设施统一由污染治理管理站管理，对景区的生活污水治理负总责。同时，黄山投资近80万元推进“公厕革命”，对景区旅游公厕进行全面改造。目前，黄山风景区在旅游干线上设有旅游公厕 29 座，其中水冲式厕所 22 座，水冲式厕所的粪水不再直排或简单依靠化粪池处理，而是全部接入污水管网，实现无害化处理。

垃圾处理：黄山每年在环卫工作上的投入就达 300 多万元，拥有一支近 200 人的被称为“黄山美容师”的专业环卫队伍，对景区实行全天候的分区、分片、分段、分员、定编、定责、定质、定检查的工作管理方法。尤其值得尊敬的是那些攀登悬崖去拣拾游人遗弃的垃圾废物的环卫工人，人们称其为“放绳工”。近几年，黄山实施环境保护从源头抓起的科学预防方法，先后投资 5000 万元，在景区外建成洗涤中心、采购配送中心、垃圾处理站和生活基地，在全山实现了净菜上山、垃圾下山、大宗物品运出山外洗涤，这些措施的实行减少了精华景区内水的使用量，减少了污水的排放，减少了洗涤剂对黄山自然生态环境的影响，减少了精华景区内的垃圾生产量。

三、绿色旅游景区创建

旅游景区是自然环境优良、人文资源丰富的区域，是优质的景观资源、珍稀的自然生态系统、珍贵的历史文化资源，具有不可替代的景观、生态和文化价值。建设绿色旅游景区，实现旅游景区的绿色管理，对旅游景区资源的永续利用、提供高质量的旅游环境具有重要意义。

（一）创建绿色旅游景区的原则

1．节能减排，低碳发展

以循环经济为理念，将绿色设计、清洁生产、节能管理、环境管理、绿色消费等概念引入景区经营和管理中，在为游客提供高质量的旅游产品和服务的同时，最大限度地降低对资源和环境的消耗，减少各类废弃物的产生，实现景区资源的高效和循环利用。

2．保护资源与环境，和谐发展

合理利用和分配景区内的各类资源，强调对自然资源、历史人文资源的保护，建立有效的环境管理和监督机制；协调好景区开发与自然生态环境保护、当地社会经济发展的关系，实现和谐发展。

3．实施绿色设计，提供绿色旅游产品

将绿色旅游产品作为旅游产品设计的基本目标和出发点，把环境保护和预防污染的措施纳入旅游产品设计之中，在旅游活动设计和设施配置等方面充分考虑节约能源和生态环境保护的需要，力求使旅游产品和旅游活动对环境的影响降到最小。

（二）创建绿色旅游景区在环境卫生方面应注意的问题

1．注意水资源的保护，节约用水

（1）循环用水。

人工瀑布、渠道、游泳池等景观用水和旅游活动用水应设有水循环利用系统，循环使用水资源，并采取防渗措施。景区应设有雨水收集利用系统，进行回收利用。采用多种渗透措施增加雨水渗透量，如增加非硬化地面、增加植被覆盖度等。景区应有中水再生处理设施和中水回用管网，处理和回收利用污水。

（2）节约用水。

景区厕所应使用生态厕所或节水型坐便器，沿海缺水地区可直接利用海水冲厕。在宾馆、饭店推广使用节水设施及技术，使用节水卫生设备、洗手间，淋浴代替浴缸。景观绿化用水使用处理回用的中水，或采用微灌、渗灌、低压管灌等高效节水灌溉方式。道路冲洗等清洁用水采用处理回用的中水。

（3）污水处理。

通过采用节水、循环用水等方式，减少污水的排放量。因地制宜设置污水处理设施，应就近处理污水。

2．加强垃圾处理，合理布局垃圾箱

景区内合理设置垃圾收集设施，并对景区垃圾进行分类收集与处理。重视可回收固体废弃物的回收利用、简化各类旅游商品的包装，减少垃圾生产量，将景区废弃物减少到最低程度。固体废弃物处理符合国家有关法律法规的规定。垃圾箱布局合理，分类设置，标识明显，数量满足需要，造型美观，与环境协调。垃圾清扫及时，日产日清。

3．提高空气质量，降低环境噪声

保持旅游景区内空气清新、无异味、无噪音。空气质量达到 GB3095—2012 的要求；噪声环境质量达到《城市区域环境噪声标准》（GB3096—93）的要求；厨房有油烟净化处理措施，确保不对周边大气环境造成污染；景区内的旅游交通工具为全部环保型交通工具；景区内没有造成空气污染的企业。

4．规范厕所管理

景区厕所布局要合理，数量满足需要，标识醒目，建筑造型与景观协调，具备水冲、通风设备。厕所内外整洁，洁具洁净，无污垢，无堵塞。

第三节　旅游景区环境卫生管理标准

世界卫生组织在总结世界各地取得卫生状况的基础上提出了一系列环境卫生标准，为世界各国制定环境卫生标准提供了依据和准则。自 1973 年以来，我国系统地组织制定了环境标准，随着环境执法和管理工作的深入开展，环境标准日趋完善，构成具有中国特色的环境标准体系。景区应在参考国际和中国环境标准的基础上，达到或优于这些参考标准，制定切实可行的环境卫生标准，使景区的环境卫生管理工作规范化、标准化。

一、制定景区环境卫生标准的原则

（一）科学性

对于可测量的指标，景区应在符合国家环境质量标准的基础上，采用多种方法和多种指标，测出景区中各污染物最敏感指标的限量，再给予一定的安全系数，即为某污染物的基准值，然后再根据经济技术条件和可行性的验证，确定景区污染物浓度的最低值。例如大气、水环境、土壤、废弃物排放等标准的制定。对尚无标准可依的项目，景区应根据实际情况，采用科学的评估方法确定该项目的卫生标准，如设备设施的相关规定。

（二）经济性

卫生标准是景区卫生监督、监测和评价的依据。如果某项标准定得过严，要达到标准可能需要耗费更多的资源，在经济成本不允许的情况下，这个标准不能执行。

（三）技术性

假若标准过严，现有的污染控制工艺技术达不到标准要求，经过努力改进仍然达不到，这个标准也不能执行。

（四）现实性

景区卫生标准的制定还应建立在景区及其周边环境的现实状况上，如果景区周边工业发达且实际污染比较严重，制定过严的标准将使景区在执行卫生标准时失去信心，最终导致无法实施标准。如果已经是好的旅游环境，则应该保持标准或做得更好。

（五）旅游者满意度

景区的环境应优于其他非游憩区的环境，它通常也是旅游吸引力的重要因素之一。在制定环境卫生标准时，景区不仅要满足国家已颁布的环境卫生标准，还应充分考虑游客满意度，制定更优的标准，尽量为游客创造更美好的环境氛围。

二、制定景区环境卫生标准的依据

（一）环境保护法律、法规

如《中华人民共和国环境保护法》、《中华人民共和国大气污染防治法》。

（二）环境保护行政法规

如《国务院关于环境保护若干问题的决定》。

（三）环境标准

如《环境空气质量标准》、《大气污染物综合排放标准》、《污水综合排放标准》。

（四）环境管理制度

如《环境影响评价制度》、《征收排污费制度》。

（五）产品的国家标准

如国家规定的景区的相关标准，《旅游区（点）质量等级的划分与评定》（GB/T17775—2003）、《游客意见评分细则》、《景观质量评分细则》。

（六）产品的行业标准

如《星级饭店客房用品质量与配备要求》、《旅游汽车服务质量》等。

三、景区环境卫生分类标准

旅游景区环境质量标准法，就是将旅游景区的环境保护工作严格按照国家环保总局、旅游局出台的有关标准执行控制，切实保护景区的环境质量。对于达不到标准要求的，采取强有力的措施予以整改。

（一）大气标准

1.《环境空气质量标准》（GB3095—2012）

第一，环境空气质量功能区分类。环境空气质量功能区分为三类：一类区为自然保护区、风景名胜区、名胜古迹和疗养地等其他需要特殊保护的地区；二类区为城镇规划中确定的居住区、商业交通居民混合区、文化区、名胜古迹、一般工业区和农村地区；三类区为大气污染比较严重的城镇和特定工业区以及城市交通枢纽、干线等地区。

第二，环境空气质量标准分级。一类区执行一级标准：为保护自然生态和人体健康，在长期接触的情况下不发生任何危害影响的环境空气质量要求。二类区执行二级标准：为保护人体健康和城市、乡村的动植物，在长期和短期接触的情况下不发生伤害的环境空气质量要求。三类区执行三级标准：为保护人群不发生急性、慢性中毒和城市一般动植物正常生长的环境空气质量要求。

2．大气污染物综合排放标准（GB16297—1996）（见表 7-2）

表 7-2　我国空气中各项污染物的浓度限值

污染物名称	取值时间	浓度单位		
		一级标准	二级标准	三级标准
二氧化硫	年平均	0.02	0.06	0.10
	日平均	0.05	0.15	0.25
	1 小时平均	0.15	0.50	0.70
总悬浮物颗粒	年平均	0.02	0.06	0.10
	日平均	0.05	0.15	0.25
可吸入颗粒物	年平均	0.04	0.10	0.15
	日平均	0.05	0.15	0.25
氮氧化物	年平均	0.05	0.05	0.10
	日平均	0.10	0.10	0.15
	1 小时平均	0.15	0.15	0.30
二氧化氮	年平均	0.04	0.04	0.08
	日平均	0.08	0.08	0.12
	1 小时平均	0.12	0.12	0.24
一氧化碳	日平均	4.00	4.00	6.00
	1 小时平均	10.00	10.00	20.00
臭氧	1 小时平均	0.12	0.16	0.20
铅	季平均	1.50		
	1 小时平均	1.00		
氟化物	日平均	7		
	1 小时平均	20		
F	月平均	1.8	3.0	
	植物生长季平均	1.2	2.0	

（二）水体环境标准

1．《地表水环境质量标准》（GB3838—2002）

第一，适用范围。本标准适用于中华人民共和国领域内江河、湖泊、运河、渠道、水库等具有使用功能的地表水域。

第二，水域功能分类。依据地表水水域使用目的和保护目标将其划分为五类。Ⅰ类，主要适用于源头水、国家自然保护区；Ⅱ类，主要适用于集中式生活饮用水水源地一级保护区、珍贵鱼类保护区、鱼虾产卵场等；Ⅲ类，主要适用于集中式生活饮用水水源地二级保护区、一般鱼类保护区及旅游区；Ⅳ类，主要适用于一般工业用水区及人体非直接接触的娱乐用水区；Ⅴ类，主要适用于农业用水区及一般景观要求水域。同一水域兼有多类别的，依最高类别功能划分。

2．生活饮用水卫生标准（GB5749—2006）

第一，总则。

（1）为贯彻“预防为主”的方针，向居民供应符合卫生要求的生活饮用水，保障人民的身体健康，特制定本标准。

（2）本标准由供水单位和规划设计等有关单位负责执行。各级卫生防疫站、环境卫生监测站负责监督和检查执行情况。

（3）在新建、扩建、改建集中式给水时，供水单位的主管部门必须会同卫生、环境保护、规划、城建和水利等单位共同研究用水规划，确定水源选择、水源防护和工程设计方案，认真审查、设计，做好竣工验收，经卫生防疫站同意后，方可投入使用。分散式给水的水源选择、水质鉴定、卫生防护和经常管理，由供水所在地的乡、镇政府委派当地有关单位研究决定。

各级公安、规划、卫生、环境保护等单位必须协同供水单位，按标准规定的防护地带要求，做好水源保护工作，防止污染。

（4）本标准适用于城乡供生活饮用的集中式给水（包括各单位自备的生活饮用水）和分散式给水。

第二，景区的饮用水源有时也是观赏水体，应结合饮用水源标准和景观娱乐用水标准来制定标准。

3．景观娱乐用水水质标准（GB12941—91）

1991年3月18日国家环境保护局批准，并于1992年2月1日实施，其目的是为贯彻《中华人民共和国水污染防治法》及《中华人民共和国海洋环境保护法》，保护和改善景观、娱乐用水水体的水质，恢复并保持其水体的自然生态系统，促进旅游事业的发展。

第一，适用范围。本标准适用于以景观、疗养、度假和娱乐为目的的江、河、湖（水库）、海水水体或其中一部分。

第二，标准分类。本标准按照水体的不同功能，分为三大类：A类，主要适用于天然浴场或其他与人体直接接触的景观、娱乐水体；B类，主要适用于国家重点风景游览区那些与人体非直接接触的景观娱乐水体；C类，主要适用于一般景观用水水体。

第三，景观娱乐用水水质标准。（见表7-3）

表7-3 景观娱乐用水水质标准

序号	分类标准值		A类	B类	C类
1	色		颜色无异常变化		不超过25色度单位
2	嗅		不得含有任何异嗅		无明显异嗅
3	漂浮物		不得含有任何漂浮的浮膜、油斑和聚集的其他物质		
4	透明度，m	≥	1.2		0.5
5	水温，℃		不高于近10年来当月平均水温2℃		不高于近10年来当月平均水温4℃
6	PH值		6.5~8.5		
7	溶解氧（DO），mg/L	≥	5	4	3
8	高锰酸盐指数，mg/L	≤	6	6	10

续表

9	生化需氧量，mg/L	≤	4	4	8
10	氨氮，mg/L	≤	0.5		
11	非离子氨，mg/L	≤	0.02	0.02	0.2
12	亚硝酸盐氨，mg/L	≤	0.15	0.15	1.0
13	总铁，mg/L	≤	0.3	0.5	1.0
14	总铜，mg/L	≤	0.01	0.01	0.1
15	总锌，mg/L	≤	0.1	0.1	1.0
16	总镍，mg/L	≤	0.05	0.05	0.1
17	总磷，mg/L	≤	0.02	0.02	0.05
18	挥发酚，mg/L	≤	0.05	0.01	0.1
19	阴离子表面活性剂，mg/L	≤	0.2	0.2	0.3
20	总大肠菌，个/L	≤	10000		
21	类大肠菌群，个/L	≤	2000		

第四，标准的实施与管理。

（1）各地环境保护部门会同同级有关部门划定景观、娱乐水域的保护范围及其使用类型。

（2）若是景观、娱乐水体中有些标准项目的自然本底值（即没有受到人为的污染）高于本标准所规定的标准值，应维持原自然状态。

（3）在不发生事故和特殊自然条件干扰的情况下，景观、娱乐水体的水质1年内应有95%以上的分析样本数符合标准值的规定。

（4）A类水体内的天然浴场在游泳季节内，水质应保证全部分析样本符合本水质标准。

（5）含有毒污染物的废水，禁止排入景观、娱乐用水水域，一般工业废水、生活污水禁止直接排入A类、B类水域，该废水必须经过处理并保证其受纳水体在符合水标准的情况下方可排入C类水域。

（6）同一水域兼有多种功能的，执行最高功能用水的水质标准。

（三）噪声标准

根据国家颁布的《城市区域环境噪声标准》（GB3096—93）的规定，景区作为人们休憩娱乐的高级场所应尽量满足其0类、1类、2类标准。崔凤军（2001），认为景区环境噪声控制标准如表7-4所示。

表7-4　旅游景区噪声控制标准（建议值）leq：dB（A）

类别	昼间	夜间
Ⅰ	40	30
Ⅱ	45	35
Ⅲ	50	40
Ⅳ	55	45
Ⅴ	60	50

五类旅游区分别为：Ⅰ类指旅游度假区，包括疗养区、度假别墅区、高级宾馆区（度假区类型有海滨型、沿湖型、山地型等，均适用于该标准）；Ⅱ类指自然风景旅游区（度假区）；Ⅲ类指城市型旅游区；Ⅳ类指历史文化型旅游区；Ⅴ类指娱乐、运动型旅游区。

以旅游为目的的现代人工旅游产品，如人造景观，视其性质分别纳入Ⅱ、Ⅳ、Ⅴ类中。

适用确定：本标准为上限值；夜间突发噪声，其最大值不应超出标准值10dB；该标准中，昼、夜的时间划定由旅游区所在地具体行政部门决定。

（四）固体废弃物排放标准

固体废弃物排放主要是指地表的污染物排放。与此相关的国家已颁布的卫生标准有《危险废物鉴别标准》、《进口环境保护控制标准（GB16487—1996）》（试行）。同时，景区还需规定固体废弃物排放的限量标准、废物处理标准等。

（五）公共场所卫生标准

国家已颁布的公共场所的卫生标准有《旅店业卫生标准（BC9663—1996）》、《公共浴池卫生标准（GB9665—1996）》、《理发店、美容店卫生标准（GB9666—1996）》、《文化娱乐场所卫生标准（GB9664—1996）》、《体育馆卫生标准（GB9668—1996）》、《商场（店）、书店卫生标准（GB9670—1996）》、《医院候诊室卫生标准（GB9671—1996）》、《公共交通等候室卫生标准（GB9672—1996）》、《公共交通工具卫生标准（GB9673—1996）》等。景区根据设立场所的性质，参照相应的标准，制定可行的、科学的、技术的标准。

（六）设备设施卫生标准

景区的设备实施的卫生管理包括设备设施原材料采购量的控制、设备设施对环境的影响等，由于各种设备设施的管理不尽相同，景区应以保证景区良好的环境质量为宗旨，来决定添置、拆除、迁移设备设施等活动。

（七）饮食卫生标准

1．食品卫生

饮食服务是景区服务的一个重要组成部分，美味卫生的饮食也是吸引人们前来游玩的因素之一。景区的饮食卫生应严格遵循《食品卫生标准（GB/T13494—2005）》的规定。饮食业具有极强的波动性，例如2003年的SARS病毒，2004年的禽流感使饮食业受到了严重影响，主要原因还是旅游者不放心景区的饮食卫生。饮食业应在危机期间提高卫生标准的要求，采取有效的应对措施，保证食品的卫生安全。

2．《饮食业油排放标准（GWPB5—2000）》

为贯彻《中华人民共和国大气污染防治法》，防治饮食业油烟对大气环境和居住环境的污染，特制定该标准。景区的饮食业必须在保证本身质量的同时，将其对景区的环境影响控制在最小限度。

（八）卫生服务标准

景区在参考国家已有的服务业卫生服务标准的基础上，根据景区各种服务的特性和流程的特性，制定相应的卫生规范。服务人员是服务提供的主体，因而制定服务人员的个人卫生保健标准也是景区卫生管理的内容之一。

（九）其他标准

此外，景区对绿化覆盖率有很高的要求，除特殊地貌景观地域（如沙漠、盐湖、冰川）外，均应达到一定标准。其他的如垃圾处理率、旅游利用容量强度等指标的规定适宜于那些游人密度大、游客满意度低的景区类型。景区的环境卫生管理具有多样性的特点，在制定标准时可根据需要，参考相应的国际或国家标准，在景区实际状况的基础上制定卫生标准。

本章小结

本章介绍了旅游景区环境卫生的基本概述、旅游景区环境要素管理、景区环境卫生管理的标准等内容。通过学习，认识旅游景区环境概念、构成要素；明确旅游景区环境卫生管理的内容、特点和任务；明确旅游景区环境管理的四大要素管理，即自然生态环境管理、人文环境管理、旅游氛围质量管理、卫生环境管理；明确旅游景区卫生管理的各类标准。

主要概念

旅游景区环境；旅游景区环境卫生

基础训练

1.填空题

（1）旅游景区环境卫生管理的内容：____、____、______。

（2）旅游景区环境卫生管理的特点：_____、_____、______、____、_____、____、____。

（3）旅游景区环境的构成要素：_____、____、_____、_____。

2.简答题

（1）旅游景区环境卫生管理的任务是什么？

（2）旅游景区卫生管理的基本要求是什么？

（3）制定旅游景区环境卫生管理标准的原则是什么？

实践训练

用面积容量、线路容量法试计算某个旅游景区的最大游客容量，与该景区现实游客容量进行对比后，试提出旅游景区持续发展对策。

第八章　旅游景区游客管理

学习目标

知识目标：了解景区游客管理含义、目标及游客流的时空特征；了解游客不文明行为产生的原因及危害；掌握景区游客不文明行为的引导及管理方法；了解饱和与超载及其消极影响；掌握游客容量管理的方法。

技能目标：能针对特定景区完成对游客行为的引导、管理及控制游客容量工作。

【引例】

北京景区接待量创"黄金周"新高 故宫游客量居高不下

游客量刷新历年最高值

2012年中秋遇国庆，在这个加长的"黄金周"里，北京市内的各大景区迎来了客流高峰。北京各大公园景点在长假前三天已接待游客逾百万人次，北京故宫博物院游客更于2日迎来井喷，一举突破18.2万人次，比去年同期增加6万多人次，刷新了最大日接待量记录。故宫2日开放了34个售票窗口，比预计的30个再增加4个，达到了售票窗口的极限值。据悉，在近年来"黄金周"等旅游高峰，故宫每天接待的游客量几乎都突破了10万人次。人头攒动、摩肩接踵已成为形容"黄金周"期间故宫的最贴切的词语。

图8-1　人满为患的故宫

网上购票设专用通道

与2011年相比，2012年参与网上订票的游客大为增加。从长假第一天到昨天，故宫网上预订票数从2000张增加到8000张。相对于故宫门前现场购票的拥挤，提前在网上预约参观门票的观众可以随到随入，大大提高了参观效率。

资料来源：《北京景区接待量创"黄金周"新高 故宫游客量居高不下》，中国新闻网，http://finance.chinanews.com/life/2012/10-03/4226227.shtml，2012.10.03（有修改）。

从上述案例中可以看出，节日期间游客量剧增，“黄金周”变成“黄金粥”，虽然景区已有应急预案，但面对如此众多的游客，仍难免出现问题。游客量剧增致使大部分景区处于超饱和状态，降低了游客的旅游体验质量，也会给游客的人身安全带来威胁，同时游客超载会对景区环境造成极大的破坏。我们还可以看出，景区为解决游客剧增的现象，通过各种渠道缩短游客的等待时间，解决游客排队购票拥挤的问题。所以，分析旅游景区游客旅游行为，正确引导游客旅游行为，解决景区超载问题，是这一章要涉及的内容。

第一节　旅游景区游客管理概述

一、旅游景区游客管理的含义

游客在旅游景区管理中具有双重角色，一方面，游客是旅游景区的服务对象，是景区的消费者。旅游景区是为游客提供体验的场所，游客是旅游景区产品的消费者，是为旅游景区带来经济收益的“顾客”。为游客提供高质量的产品，吸引更多的游客前来游览参观，是旅游景区管理的核心目标之一。另一方面，游客在旅游活动过程中会带来诸多负面影响，旅游景区也需要对游客进行必要的管理。游客会对旅游景区产生影响，也会影响其他游客的体验质量。为保障旅游景区利益和游客自身利益，对游客行为需要加以引导和管理，使其符合社会公众道德的各项规范和旅游景区的规章制度，约束自己，以便更好地消费旅游景区产品，提高旅游体验的质量。

旅游景区游客管理的核心是游客行为的引导与调控，这就需要在充分认识旅游景区内游客行为特点及规律的基础上，运用恰当的管理方法与技术，对游客行为进行必要的引导、约束与管理，以保障游客生命财产安全，获得高质量的旅游体验，并促进旅游景区资源与环境的保护以及设施的合理利用。

综上，旅游景区游客管理就是旅游景区经营管理者以游客为管理对象，对游客行为进行引导和调控，以实现游客高质量旅游体验和目的地可持续发展的管理活动的总和。

二、旅游景区游客管理的目标

（一）提升游客体验质量

为游客提供高质量的旅游体验是旅游景区游客管理的一个核心目标，也是旅游景区树立品牌、提高美誉度、增加游客重游率，并最终获得较好经济效益的一个基础。旅游体验质量与旅游景区资源、旅游景区环境、旅游氛围等密切相关，而这些因素又受到自身和其他游客行为的直接影响。例如，游客的不文明行为本身往往会影响其他游客的游览活动，影响其游兴；游客拥挤会破坏环境质量，进而影响其自身体验质量。旅游景区游客管理的目标之一就是通过对游客行为的调控，抑制游客不文明行为和不合理行为，提升体验质量。

（二）保护旅游景区旅游资源和旅游环境

旅游资源和旅游环境是旅游景区赖以生存和发展的物质基础。旅游景区的大部分旅游资源具有珍稀性、不可再生性，旅游景区旅游环境具有脆弱性，一旦破坏难以恢复。任何旅游景区都是一个有限的生态系统，它对于外来人流的容纳存在一定的限度。游客是影响旅游景区生态系统最主要的因素，旅游者的大量来访对旅游景区资源环境造成了极大的压力，特别是游客不文明行为对旅游景区资源与环境的破坏更大。游客不文明行为的结果必然是造成旅游景区整体吸引力下降、旅游价值降低，严重影响和直接威胁着旅游景区的可持续发展，甚至给旅游景区带来灾难性影响。例如，游客违章抽烟、燃放爆竹、违章野炊等行为很容易引起火灾。火灾一旦发生，后果不堪设想。因此，旅游景区游客管理的首要目标是把游客数量、旅游活动强度控制在旅游景区生态系统的承载力范围内，引导、管理和约束游客行为，最大限度地抑制游客的不文明行为，减少或杜绝对资源环境的破坏。

（三）保障游客人身安全

保护游客人身安全是旅游景区的基本职责，游客的不文明行为往往会给自己的人身安全带来隐患，如违章露营、随意喂食动物、袭击动物、不按规定操作游艺器械等都可能给游客自身带来意外伤害。旅游景区游客管理必须要做好提醒、示范、检查等工作，保证游客人身安全。

三、旅游景区旅游流的时空特征

狭义的旅游流是指旅游客流，主要包括流向和流量两个方面。旅游客流是指旅游者借助交通工具从常驻地和各个旅游集散地向旅游目的地景区汇集，在景区内外形成的具有一定强度和流向的客流。旅游流的强度大小、波动特征、分布状况及其合理程度直接关系到旅游目的地及景区的经济、社会、环境效益的协调发展，关系到旅游景区资源、旅游基础设施和旅游接待服务设施的合理利用。这里主要探讨旅游景区内部游客活动的时空规律。

（一）旅游景区旅游流的时间变化

1. 日变化特征

在一天之中，景区旅游流的强度是不均衡的，表现出明显的时段性。一般来说，在景区早上开放时间和下午关闭时间易在景区入口和出口形成客流高峰。但由于景区与游客集散中心、游客服务基地的距离远近、开放时间、活动内容等不同，在一天之中的不同时段会形成客流的高峰和低谷，如在重大表演活动的景区，在表演活动开始前后，会在表演场地形成较大的客流积聚。河南开封清明上河园景区开放时间是上午 9 点，且在每天 9 点会在景区大门口有迎宾开园仪式，所以每天这个时间段景区门口会汇集大批游客，迎宾仪式结束后景区入口处会出现排队拥挤现象。由于每年 3 月至 11 月，清明上河园晚上有大型实景演出《东京梦华》，演出时间为每晚 8:10~9:20，所以在演出结束后景区出口处会再次出现高峰。

2. 周变化特征

旅游景区周变化主要表现在两个方面：一是周内变化，一个是周际变化。周内变化主要表现为工作日－周末变化；周际变化主要受节假日的影响，特别是旅游“黄金周”的影响。对于我国出游人口的大多数而言，由于工作等原因，平时一般没有外出旅游度假的时间，所以周末是近程旅游的高峰期，中远程旅游往往集中在节假日，特别是“黄金周”期间。我国实行黄金周休假制度以来，每年的“十一”、春节“黄金周”期间及法定假日期间，许多旅游景区都会出现人满为患的现象，给景区经营和管理带来较大的压力。例如：北京故宫每天接待游人以 3 万人次左右为宜，最多可接待 6 万人次，如果游人达到 8 万人次，就到了故宫接待能力的极限。据了解，在近年来“黄金周”等旅游高峰，故宫每天接待的游客量几乎突破了 10 万人次。人头攒动、摩肩接踵已成为形容“黄金周”期间故宫的最贴切的词语。2012 年 10 月 2 日，故宫客流量迎来井喷，一举突破 18 万人次，比 2011 年同期增加 6 万多人次，刷新了最大日接待量记录。

【微型资料】

“黄金周”制度的由来及改革

1999 年 9 月 18 日，国务院发布《全国年节及纪念日放假办法》，决定增加公众法定节假日。每年国庆节、春节和“五一”法定节日放假 3 天，加上调整的前后两个双休日，连续 7 天长假。从此，3 个“黄金周”掀起的旅游消费热成为我国经济生活的新亮点，假日经济成为人们津津乐道的新话题。在 1999 年国庆第一个“黄金周”到来时，席卷全国的假日旅游热潮令各界人士始料不及。据有关统计，全国出游人数 7 天内达到 2800 万人次，旅游综合收入实现 141 亿元。

2007 年 12 月 7 日，国务院第 198 次常务会议通过《国务院关于修改〈全国年节及纪念日放假办法〉的决定》，国务院决定对《全国年节及纪念日放假办法》作如下修改：将第二条修改为：全体公民放假的节日，具体安排如下：

（一）新年，放假 1 天（1 月 1 日）；

（二）春节，放假 3 天（农历除夕、正月初一、初二）；

（三）清明节，放假 1 天（农历清明当日）；

（四）劳动节，放假 1 天（5 月 1 日）；

（五）端午节，放假 1 天（农历端午当日）；

（六）中秋节，放假 1 天（农历中秋当日）；

（七）国庆节，放假 3 天（10 月 1 日、2 日、3 日）。

本决定自 2008 年 1 月 1 日起施行。

3. 月变化特征

由于气候等自然条件的变化，旅游景区的植被、地表景观等一年四季呈现出节律性的变化，因此我国许多以自然资源为依托的室外景区都表现出明显的季节性，从接待游客数量来看，有明显的淡季和旺季。淡季游客较少，大量设施设备闲置；旺季人满为患，景区资源环境承受较大压力。例如，每当冬季来临，由于九寨沟大雪封山，进入景区的公路、山路路面结冰、结霜，汽车难以进入，部分游客对寒冷天气无法适应，使冬季九寨沟的游客明显减少，形成淡季。每年 4~11 月游客量增多，尤其是最佳观景的 9 月、10 月，人流量剧增。

在自然条件的季节变化、节假日、居民出游习惯等的综合作用下，每年 5~10 月是我国大多数室外景区的旺季，11 月、3 月、4 月是平季，12 月、1 月、2 月是淡季。但由于我国地域广阔，全国各地旅游景区自然条件的变化规律不同，加上各个景区客流结构复杂多样，同时由于一些景区结合自身情况开展了卓有成效的淡季促销活动，不同的景区在一年当中的季节变化会有较大的差异。

4. 年变化特征

一般而言，旅游景区的游客流呈逐年增长趋势，但时间分布波动性较大。因此，分析旅游景区的游客流应与旅游景区的生命周期理论结合起来，除衰退期外，处于导入期、成长期、成熟期的旅游景区游客流一般都会逐年上升。

游客流随时间波动的影响因素有：

（1）政策和经济方面的因素：休假制度、节假日制度、市场发育程度等社会方面的政策性安排；客源地经济发展水平、社会消费平均水平、交通运输业发达程度等经济方面的因素；旅游景区所在地的综合实力以及对周边地区的集聚效应和扩散效应。这些因素决定了游客出行的可能性以及对旅游景区的选择概率。

（2）产品方面的因素：产品的娱乐功能体系、产品的供给能力系统、产品的市场品牌形象、产品特性对游客需求的响应程度等。这些因素决定了旅游景区的市场认同度、商业感召力和游客的消费行为规律。

（3）气候方面的因素：一是季节性的气候条件，决定了游客流的月际、季度之间的变化；二是短时期内的天气条件，决定了何天、何周以及何月游客流的变化。

（4）突发事件的因素：旅游业是敏感性行业，自然灾害、金融危机、疾病、战争等都是对客源地、目的地以及旅途等环节造成影响的因素，都能引起旅游景区游客流在时间维度的波动性变化。

（二）景区旅游流的空间变化

旅游景区内游客的空间位移呈现出线性多向流动与节点汇聚的空间特征。

1. 线性多向流动

一般而言，景区都有一个或多个出入口，进入景区后，游客在导游的带领下、在导游图或路标系统的导引下，会沿着一定的线路或景区游道进行游览。以最简单的一日游景区为例，游客要经过到达—泊车—买票—验票进入—参观、游乐、看节目等—午餐—参观、游乐、看节目等—出口—取车—离去这样一个完整的移动过程。在这个过程中，游客的空间位移过程是线性的、连续的，如果游客在某一处停留时间过长，或者说是某个景点停留游客过多，也会出现旅游流。由于景区内部游道布局、游道宽窄不同，游客对出入口、游览线路选择不同，游览速度不同，游客的流向有时是单向的，有时是双向的，有时是混杂的。如河南云台山红石峡景区，山路沿着山壁开建，狭窄不平，最窄处仅能容一人通过，所以景区实行单行道，入口与出口不同。但云台山另一处景区——潭瀑峡，则根据具体情况设计为环形游道，上山下山不走重复路。

图 8-2 云台山红石峡

2. 节点汇聚

在旅游景区内部游客空间移动过程中，在旅游景区出入口、高级别的吸引物、主要游乐场、表演场所、购物场所、就餐地点、游道的交汇处等节点会形成人流汇聚，特别是在旅游旺季的高峰期，这些节点会承受游客超负荷的压力，对资源环境、接待设施产生较大的影响，会出现游客排队、等待，容易发生各种事故。客流汇聚超过游客的心理容量，会降低游客的体验质量。例如，少林寺景区内有精湛的武术表演，一般上一场一结束观众席很快就坐满了，过道上都是游客，十分拥挤。

第二节　旅游景区游客行为管理

一、游客的个体行为特征

游客行为受内外部多种因素影响，如民族、文化、社会阶层、性别、年龄、职业、气质、动机、兴趣、价值观等等。在诸多因素中，本书选择有代表性的三项加以分析。

（一）团队、散客的行为特征

团队旅游属传统的、规范化的旅游模式，是指由旅行社组织并安排的，按照固定的旅游线路、活动日程和内容，进行一日或数日游的旅游者集体。团队游客的人数至少为 10 人。团队旅游往往按既定路线统一行动，行程安排大都比较紧凑，可变性差。游客行为在群体中相互约束、相互影响，在从众心理、标新立异等心理的驱动下，游客行为会表现出一些独特之处。这就需要导游人员利用游客心理特点调控游客行为。

散客旅游是相对团队旅游而言，突破传统团的约束，追求个性化行为的表现，具有决策自主性、内容随机性和活动分散性的特点。自 20 世纪 80 年代以来，世界旅游市场呈现出“散客化”的趋势，目前，欧美各主要旅游接待国的散客市场份额达到了 70%~80%，经营和接待散客旅游的能力已经成为衡量一个国家或地区旅游业成熟度的主要标准。我国散客旅游的比例虽然低于旅游发达国家，但近年来发展十分迅速，已超过市场的半壁江山，特别是一些大中城市和沿海地区，散客比例更大。散客比例的增加缘于人们自主意识和自主能力的不断增强以及对旅游质量要求的提高，加之人们收入水平的提高、现代通信、交通等科技手段及服务设施的完善。散客的数量一般是 10 人以下，通常是个体出游、小团体结伴出游或家庭出游，他们根据自己的兴趣或爱好，按照自己的意志自行决定旅游线路和内容。散客主要以年轻人为主，他们具有自主性、灵活性和多样性的特征，旅游活动中不确定的因素很大，所以其行为的调控与管理难度相对较大。

（二）不同年龄段游客的行为特征

少年游客（6～16 岁）一般精力充沛、好奇心强，对各种旅游活动兴趣浓厚，注重参与性，富于冒险精神和挑战精神，对活动的内容和服务无特殊要求。少年往往行事不太顾及他人感受，不顾行为结果，我行我素。在旅游景区中受奇异景观和特殊活动的影响，少年游客容易激动，自制力较差，容易违反旅游景区内游客行为守则和安全规则，做出一些危及自己及他人安全的举动。因此，对此类游客行为的调控与管理是旅游景区管理人员的工作重点。通过设置安全设施和与其监护人合作管理，能有效控制少年的不良行为。

中青年游客（16～60岁）由于担当着较多的社会角色，旅游行为需要和动机呈现出复杂性的特点。一般来讲，青年游客具有较强的求知、求新心理，注重旅游活动中的时尚性、参与性、文化性，对食、住、行、游、购、娱各个环节中最注重的是游和娱。中年游客较为复杂，与职业以及受教育程度有关，在旅游景区活动中强调自己思想和行为的正确性，所以对这一群体游客的管理要多通过沟通、说服、行为示范等方式进行，使他们对自己在旅游景区中的行为形成正确认识，促使其遵守相关规定。

老年游客（60岁以上）以城市的离退休人员居多，他们是休闲旅游的积极参与者。老年游客对旅游中的食、住、行、游、购、娱都非常在意，尤其注重旅游活动的安全性，对旅游服务要求较高。老年游客一般对怀旧性、信仰性的旅游项目感兴趣，异域的具有新异性的观光项目也对他们富有吸引力。对这一群体的游客，旅游景区应尽量以服务性管理为主，对老年游客予以特别的关照、耐心地做好说服工作。

【业界动态】

河南多家景区推出"九九"重阳节优惠活动

重阳节又称"登高节"、"老人节"，为向每位操劳的老人表达敬意，传承我国尊老、敬老的传统美德，在重阳节当天，河南多家景区推出公益活动，减免门票费用，让利老人，营造敬爱老人的社会氛围。巩义市康百万庄园、杜甫故里、杜甫陵园，新乡市万仙山，济源市小浪底等多家景区推出重阳节当天老人免票活动。

重阳节，正值济源小浪底景区的"红色旅游月"，为此，景区适时推出了"红色老区游"、"红色爱国基地游"、"红石大坝游"、"'九九'重阳孝行天下，亲情陪伴老人游"等系列线路，每条线路都能让老年朋友耳目一新，游有所乐，游有所得，充分展现老年人的精神风貌。

资源来源：《河南多家景区推出"九九"重阳节优惠活动》，河南商报,http://www.henan100.com/lvyou/2012/204325.shtml，2012.10.22。

（三）不同气质类型游客的行为特征

气质是游客个性心理特征之一，不同气质类型的游客其行为方式差距较大。有的游客容易激动、暴躁，有的游客则沉着冷静，处乱不惊；有的游客循规蹈矩，有的游客爱好冒险；有的游客我行我素等。按心理学对人气质类型的划分，游客个人气质可分为多血质、黏液质、胆汁质和抑郁质四种类型，每种类型的游客其行为特征有所不同。

多血质游客的基本特征是：情绪不稳定，情感的发生迅速而易变，思维、语言迅速而敏捷。在情绪反应上表现为快而多变，但不强烈，情感体验不深，但很敏感。在行动方面表现为活泼好动、机敏，爱参加各种活动，但常常有始无终。多血质型的游客不愿循规蹈矩，易在好奇心驱使下进行一些冒险型的活动，旅游景区管理人员尤其要注意发现和调控这类游客的行为。

黏液质游客的基本特征是：情感发生缓慢、内敛、平静，动作迟缓，稳重且易于抑制。在情绪反应上，这种类型的游客大都安静、稳重、反应迟缓，情感不易外露，沉默寡言，善于忍耐，注意力不易转移，具有内倾性。在行为方面反应较为迟缓，能够保持平和的心态。在任何情况下做事都力求稳妥，深思熟虑，不做没把握的事。从总体而言，这种类型游客自我克制能力较强，由于行为倾向于保守，他们大多遵守规章制度，不会出现违反旅游景区规则的行为。对这类游客的管理，管理人员要注重激发游客的自我约束行为。

胆汁质游客的基本特征是：情感的发生较为迅速、强烈、持久。在情绪反应方面，胆汁型旅游者大多十分热情、直爽且精力旺盛，脾气急躁，心境变化剧烈，易动感情，具有外倾性。在行为方面，这类游客自制力较差，容易感情用事，在旅游过程中一旦丧失兴趣则情绪急转直下。在管理中应通过游线设计、活动安排等保持该类游客高涨的情绪，通过柔性服务避免其出现暴躁行为。

抑郁型游客的基本特征是：情感体验深入而持久、动作迟缓无力。在情绪反应方面，这种类型的旅游者大都反应迟缓，善于察觉他人不易觉察的秋毫细末，具有内倾性，难以忍受或大或小的神经紧张，刻意回避强烈刺激。在行为方面，这类游客遇事喜欢三思而后行，求稳不求快，表现为循规蹈矩且略微刻板。在团队中这类游客易与人相处，性格较为随和。

二、游客个体行为管理办法

（一）游客不文明旅游行为及其产生原因

1. 游客不文明旅游行为表现

游客不文明旅游行为是指游客在旅游景区游览过程中有意或无意地违反旅游景区管理条例或公共道德，有损旅游景区环境和景观质量以及他人游览的各种行为。国家旅游局 2006 年 9 月 22 日公布了中国游客常见的不文明行为，其中，随处抛丢垃圾、随地吐痰、擤鼻涕、吐口香糖、上厕所不冲水在国内旅游常见不文明行为和国外旅游常见不文明行为中都排在第一位。除此之外，在非吸烟区吸烟、打喷嚏不掩口鼻、公共场所不按秩序排队、高声喧哗等同时被评为国内游和国外游常见不文明行为中的第二、第三和第四位。根据相关资料整理得出的旅游者外出旅游不文明行为居前十位的依次是：随地大小便、随地吐痰、随团时缺乏时间观念、污言秽语打架斗殴、在文物上乱写乱画、随地扔垃圾、大声喧哗或打电话、践踏草坪乱采花草、用酒店毛巾擦鞋、不守秩序胡乱插队。

归纳游客不文明行为主要表现为三方面：一是游客在旅游景区游览过程中违反公共道德的行为；二是游客在游览过程中不遵守旅游景区有关游览规定的行为；三是“入乡不随俗”，游览中不尊重旅游地习俗、触犯宗教禁忌。

【业态深思】

游客不文明现象考验中国“软实力”

北京：一些游客乱扔乱刻

尽管中央文明办与国家旅游局已经联合颁布了《中国公民国内旅游文明行为公约》，但“十一”黄金周期间，在天安门、故宫、圆明园等北京的著名旅游景点，游客不文明现象仍随处可见。天安门广场观升旗仪式后，游客逐渐散去，但大量的报纸、塑料袋、空饮料瓶、小国旗却并没有被带走。 据报道，10 月 1 日这一天，天安门广场清理的各类垃圾达到了 39.8 吨。天安门广场工作的环卫工人共有 600 名，广场的保洁工作是 24 小时不间断的。圆明园被列为全国重点文物保护单位，管理处在文物旁边竖立了标语，但许多游客喜欢随意触摸文物或在上面刻画，其中西洋楼文物遭到刻画的现象最为常见。对于已经遭到刻画的文物，工作人员无法抹去，因为抹去又会对文物造成新的损坏，所以保护文物关键还是要靠游客自觉。

最烦中国游客不尊重当地风俗

中国人爱热闹、大声说话的特点让欧洲人难以接受。无论在博物馆、教堂、餐馆，中国人的呼喊都不绝于耳。对于西方人来说，教堂是神圣而安宁的处所，婴儿的洗礼、亡灵的超度、婚礼的誓约、赎罪的忏悔都在这里举行，且不说在这里制造喧嚣对西方人而言是亵渎了神灵，在如此庄严肃穆的地方如此行事，显示出的不仅是自身修养的缺乏，也是对西方教堂文化的一种破坏。也正因如此，虽然不是每个著名教堂都有中文解说资料，但几乎每个著名教堂的门口都用中文标注了“肃静”或“安静”二字。

资源来源:http://www.cnta.gov.cn/html/2008-11/2008-11-5-9-39-38-0.html(有删减)。

2. 游客不文明旅游行为的产生原因

游客不文明旅游行为很容易使别人对客源地及客源国的形象作出消极、歪曲评价。了解游客不文明行为产生的原因是正确引导游客行为的必要条件。其原因可概括为以下几个方面：

（1）道德感弱化。

旅游活动具有异地性和暂时性，旅游者身处异国他乡，摆脱了日常生活圈子中众多熟人的监督，所以对自己的行为举止便少了许多顾忌与约束，多了些随意、懒散、放任。空间置换，便会极易放松、暴露自己。一些旅游者在国内国外“判若两人”，国内还能注意形象，但走出国门便语言不美、行为不雅，甚至违法乱纪，旅游者—无姓名—无责任相结合，使他们抛去约束。

（2）占有意识增强。

旅游是一种体验，是无形的，其核心是愉悦。旅游者花费一定的金钱、时间和精力在旅游目的地，可除了回忆什么都没有，在潜意识中会有一种求补偿的心理。另外，占有欲也是每个人都有的普遍心理，看到美好的事物常常希望能占为己有。旅游者希望在旅游景区留下自己的印记，部分游客为此有意无意地对旅游景区资源环境造成破坏。如摘花、刀刻、掀瓦等，最常见的字句是“××到此一游”。因此，游客在旅游过程中的这种物质占有意识是乱刻乱画、乱折乱摘、追逐猎杀动物等不文明行为产生的重要原因。

（3）从众心理。

从众是一种比较普遍的社会心理和行为现象，通俗地解释就是人云亦云、盲目跟风；在旅游过程中，从众现象也很普遍。在优美的景色中，在忘情的活动中，游客往往自我意识弱化，产生从众行为。看到别的游客怎么干，他就“跟风”怎么干。例如，看见别人偷偷拔下孔雀毛，看见别人摘花，会产生“我不干就亏了”的心理；看到有污物的地方，即使有“不准倒垃圾”的警示语，也可能会将手中的废物置于此地。

（4）管理不善。

我国旅游业发展到现在还不太成熟，景区管理还需要完善。如部分游客并不熟悉景区规章制度，他们并不十分清楚在旅游景区游览时应该注意什么，什么能做，什么不能做，自己的责任和义务是什么，自己的权利又是什么。另外景区设施不足、服务不周导致旅游者“非自愿”违规，如垃圾桶间隔较远、厕所指向不明、卫生打扫不及时，容易使旅游者产生“不合作”心理，做出不文明行为。

（5）文化习俗差异。

由于地域、国度文化习俗的差异造成游客不懂礼仪、违章违规、破坏习俗、触犯禁忌等不文明行为。云南、西藏等少数民族地区，常见山坡、路边或城市中建有许多石头砌的“马王堆”，用于指示方向或象征吉庆，有的游客便感觉不伦不类，有失环境自然，类似这种行为当地是很忌讳的。外国人对中国人询问年龄、收入、婚否颇为反感，其实对中国人来说则是一种客气；请人吃饭不停劝吃，本是国人的热情，却让外国人受不了。文化习俗不同，旅行知识缺乏，入乡不能随俗也就在所难免

【业界动态】

北京奥运令“膀爷”消失：这是规矩再热也不能脱

北京奥运会开幕以来，细心人会发现，胡同里的中年叔伯们都套上了干净的体恤衫，比如钓鱼台北边的黄瓜园，里面的修鞋匠、小卖部的打工者，统统穿上了蓝白色的上衣，上面写着某啤酒广告或者“志愿者”的字样。修了 4 年自行车的老王说：“这是规矩，再热也不能脱。”他的衣服上满是黑油渍，“每天回家洗，我还有一套替换的”。

北京“膀爷”曾令媒体诟病，他们或三两成群在街边排档闲聊、喝酒和打牌，或独自一人在树荫下或公园长椅上小憩。这种“坦诚相见”的行为似乎很早之前就得到了祖辈们的默许，至于文明与否，市民们的态度有些含糊。

“这和随地吐痰和不排队又不一样，这不算妨碍别人，也不是传播疾病。”和街坊在路旁喝啤酒消暑的钟大爷认为这样的文明标准不是很具有说服力，这种习惯在皇城的蔓延也不是近几年才有的事。

“其实我也不太喜欢穿，捂得慌。”钟大爷揪了揪贴在身上的啤酒商赞助的衣服，“但现在是关键时刻，要讲究一些，不能给人留下太随意的印象。好在天气也不太热。”

北京人热情的态度和礼仪上的进步得到了不错的口碑。在这个曾经极其讲究礼节的城市，一些长年习惯和文明约束之间的抗衡才刚刚开始，带来这一改变的要素之一，便是仍在进行中的奥运会。

资料来源：《北京奥运令“膀爷”消失：这是规矩再热也不能脱》，人民网，http://2008.people.com.cn/GB/127770/127772/7708056.html，2008.8.22。

（二）游客行为的引导与管理

游客在旅游过程中的不良行为固然与旅游者的自身修养不足有关，是游客素质偏低在旅游中的表现，但同时也与旅游景区管理不完善有关。景区管理人员应在旅游全过程中为游客提供信息，对游客进行必要的宣传和引导，使旅游者自觉约束自己的行为，创造良好的旅游环境。

1．实物引导方法

图 8-3　景区提醒文字

通过旅游景区的标牌系统引导游客行为。许多旅游景区都有与环境和周围景物相协调的美观的标志牌，针对不同的情况配有亲和力的提醒文字，达到引导游客行为的目的。提醒文字尽量不用警告性文字，尽量不用或少用生硬的禁止性条文，如“严禁摘花”、“严禁攀登”、“违者罚款”等生硬、冷漠、训诫式的言辞。多用富于情感性、有文化底蕴的文字，这样能使游客从心理上易于接受，减少逆反心理，例如，草

坪上置“青青小草，踏之何忍”，林海深处有“气候干燥，万勿火烛”，悬崖护栏边“景色奇绝，勿忘安全”，重点文物前“镁光氧化，请勿拍照”等。在旅游景区的游艺设施前不少旅游景区都配有使用说明和安全注意事项。

完善各种设施。景区应提供各种设施、设备以防止游客不文明旅游行为的发生。如合理放置美观有趣的垃圾箱，使游客便于处理废弃物，保持环境的整洁。在一些旅游景区，在游客进入旅游景区前发放纸质垃圾袋，上书“感谢您对×××旅游景区环保事业的支持”，游客离开旅游景区时可用垃圾袋换旅游景区纪念品，这些都是旅游景区引导游客行为的有效手段。

2．组织引导方法

（1）旅游景区导游讲解员、旅行社的全陪和领队对游客的行为起到直接的引导、监督、制约作用。导游员不仅要完成组织、协调、解说等传统职责，还负有资源管理和环保宣传的职责。导游员应鼓励游客表现出对旅游景区环境、景观负责的行为，预防和制止其不文明行为。由于团队游客对导游比较信任，一般来说，导游的劝说很容易被游客接受。旅游管理部门在导游考评、导游词设计等方面可适当增加有关环境特性和景观保护常识等内容，引导和鼓励导游负责任地行使好管理资源和保护环境的职责。

（2）建立游客中心和游客投诉中心。游客中心不但可以展示景区景观，提供相关的旅游信息，出售导游手册和相关书籍，而且可以利用播放环保的声像资料让游客获得相关知识，从而在游览中主动地约束自己的行为，保护景区的环境。游客投诉中心接受游客意见、建议和投诉，合理处理游客投诉，建立方便的反映问题的渠道，及时消除不满情绪，预防破坏行为的发生。

3．示范引导方法

旅游景区的员工，特别是直接对游客服务的一线员工，包括讲解员，必须养成文明礼貌、爱护环境的习惯，杜绝乱扔乱丢等不文明行为。在工作中起到表率作用，用自己的行为为旅游者率先垂范，以自己的实际行动教育游客尊重环境、遵守规章。例如，黄山之所以卫生保洁好，除了到处都是石砌的垃圾箱外，黄山的环卫人员总是不辞辛劳、默默无闻地跟在游客身后，捡拾游客留下的垃圾。为了捡拾游客丢下悬崖、山谷中的包装袋等废弃物，黄山的环卫工人在悬崖上打了130多个吊环，用绳子吊着在山崖间捡拾游客丢下的垃圾，看到这样的情景，还有谁会忍心乱扔乱丢呢！张家界国家森林公园内的经营户大多是周边的村民，他们的经营摊点总是干干净净，剩下的杂物、废弃物、废水等总是自己用背兜背下山，而且他们还会提醒游客不要抽烟、用火，防止森林火灾等。

4．强制引导方法

（1）制定比较完备的规章制度对可能出现的不文明行为，尤其是对故意破坏行为加大制约力度，并配备一定数量的管理人员约束游客的不文明行为，包括加强检查、长期雇用看护员、对违规行为实施罚款等。

（2）分区管理。如关闭某些地域的活动场所、禁止在某些区域或某些时间段内从事某些活动。

（3）限制利用量。如限制停留时间、限制游客数量、禁止野营等。

（4）限制活动。如禁止超出道路和游径的旅行、禁止篝火晚会、禁止带狗、禁止乱扔废物等。

【微型资料】

游客游览生态旅游地的十条戒律

（1）要尊重地球的脆弱性。意识到如果不保护环境，后代可能不会再看到独特而美丽的目的地。

（2）只留下脚印，只带走照片。不折树枝，不乱扔杂物。

（3）充分了解你所参观的地方的地理、习俗、礼仪和文化。

（4）尊重别人的隐私和自尊，拍照时要征得别人的同意。

（5）不要购买使用濒危动植物制成的产品。

（6）要沿着划定的路线走。不打扰动物，不侵犯其自然栖息地，不破坏植物。

（7）了解并支持环境保护规划。

（8）只要可能，就步行或使用对环境无害的交通工具，机动车在停车时尽量关闭发动机。

（9）以实际行动支持景区内那些致力于节约能源和环境保护的企业。

（10）熟读有关旅行指南。

5．教育引导方法

（1）加强环保宣传。政府环境部门、社会环保组织、旅游管理部门应加强环境保护问题重要性的宣传，提高公众的环保意识；要大力宣传旅游与生态环境保护之间的互惠互利的关系，使公众认识到保护生态环境是旅游业可持续发展的前提；要大力宣传旅游活动可能会给环境造成的损害，尤其应让公众认识到游客的不文明旅游行为会对旅游环境、景观造成污染和破坏，让社会大众对旅游与环境的关系有明确的认识。

（2）增加环保旅游项目。旅游景区在旅游活动项目的安排中应有意识地增加与环境、景观保护有关的内容，使游客在生动有趣的活动中意识到环境保护的重要性，以及自己对旅游景区环境应负的责任，从而能够约束自己的不文明旅游行为。

（3）对游客进行行前教育。发挥旅行社的作用，在组团的过程中应当向游客介绍旅游活动类型、开放的时间、人身财产安全、环境保护、游览旅游产品等注意事项。对于游客来说，可以少犯错误，减少投诉和对立。

（4）编制旅游指南。旅游景区可在入口处发放《入园须知》或旅游指南，除了对景区有介绍和引领作用外，各个景区还会根据自身的资源特点编制游客规则，如保护生态环境、爱护资源、节约能源等方面的注意事项。手册要色彩鲜艳，生动有趣，有吸引力，这一方面可以达到宣传景区的效果，同时也让游客感觉到景区管理者对游客的一份关怀。

【案例分析】

景区管理有妙招

美国加利福尼亚州有个著名的旅游景点——维特施加植物园，里面种植了各种珍贵的花卉。开园 5 年来，每天都有成千上万的游客慕名前来观赏。由于游客素质参差不齐，常有花卉不翼而飞的事情发生。前几年，植物园的管理人员采取四面出击的办法，一旦捉拿到偷窃花卉者就课以重罚，但常常顾此失彼，见效甚微。去年初，植物园的一位主管灵机一动，换了一套思路，在植物园内的各个角落都竖立起一块告示牌，上面这样写着：“凡检举偷窃花卉者奖励 200 美元。”打从这时起，植物园花卉被窃事件一天天减少了，再后来，这一现象竟然绝迹了。

有人怀着好奇心询问该植物园的这位管理人员，告示牌上为什么不写上“凡偷窃花卉者罚款200美元”呢？管理人员这样回答道：如果那样写的话，光依靠公园有限的管理人员去看管，很难有效制止偷窃行为的发生，而采用此种办法可以使每位游客都成为监督员，积极参与公园的管理，等于为对付那些攀折花木者织下一张无形的监督网。

变罚为奖、变管住游客的被动局面为游客参与管理的主动局面，进而唤醒了人性的优点，抑制了人性的缺点，这一招实在妙。事实上，这只是源于管理人员转换了一种思维角度，巧妙地改动了一下管理的支点。

由此及彼，在我国的一些旅游景区也存在着一些游客随意攀折花卉、损坏设施等不文明现象，这些有煞风景的人和事使得景区的管理人员颇感头疼，常常派人四处“伏击、侦察”，甚至全员出动“捕捉现行”，却常常是事倍功半。这种传统的管理手段显然是被动的。景区的管理方式也需要不断改进创新，总是运用垂直思维的老办法，常常会感到为难，甚至可能发展到越管越僵。如果能尝试采取反常态思路，一些长期令人头痛的问题有可能迎刃而解，或者起码会变得不那么难办了。

资料来源：《景区管理有妙招》，《人民日报》，http://culture.people.com.cn /GB /27296/4394294.html， 2006.5.23 第16版。

第三节 旅游景区游客容量管理

游客在一定时空中容易形成汇集，如某些季节、部分时段及少数景点，游客汇集容易造成拥挤、排队等不愉快的旅游体验。因此，游客管理还必须合理地控制旅游景区的流量和容量，对数量众多的游客有序组织，以保障游客人身安全、提升游客体验质量和保护旅游景区环境。

一、旅游景区容量研究

毫无疑问，旅游业的发展对区域经济乃至整个世界的经济发展起到了举足轻重的促进和带动作用，因而也成为世界上最大的产业。然而，从20世纪60年代开始，旅游业发展给旅游目的地的社会经济、政治、文化、道德等方面也带来了消极影响，主要表现在环境污染、资源退化、道德伦丧、社区关系紧张等方面，“无污染朝阳产业”的提法受到置疑。最早进行研究的是环境容量，1971年环境学家利牧（Lime）和斯汤奇（Stamkey）对环境承载力进行讨论，之后旅游环境承载力的概念被提出并引起人们的关注。在世界旅游组织（WTO）的年度报告（1978~1979）中也正式提出了旅游承载容量的概念，开始有了讨论旅游容量与旅游饱和的内容或专门的研究报告。我国旅游研究虽滞后于西方，但也有学者开始对旅游容量进行研究。赵红红（1983）首次提出旅游容量问题；保继刚研究了颐和园的旅游环境容量；楚义芳（1989）对旅游容量进行了系统分析，并给出了测量公式；崔凤军（2001）给出旅游容量定义，认为旅游容量是指特定时间内某地域的旅游地（区、点）所能承受的旅游活动的最大值，一般用游客量来表示。

从20世纪60年代到现在，与旅游景区容量相关的概念层出不穷，如旅游资源容量、旅游环境承载力、旅游生态容量、旅游感知容量、旅游社会地域容量等，而容量的概念与环境和游客的数量直接相关，所以我们这里主要讨论景区游客超载的影响及解决方案。

二、旅游景区游客容量问题

虽然我国发展旅游业只有短短30的时间，但是旅游景区容量的超饱和现象已经出现。如北京故宫的日最佳接待量为3万人次，但2012年“十一”黄金周最高日接待量达18.2万人次，“假日出门游，景区看人头”成为假日旅游的形象写照。在看到游客众多带来经济利益的同时，也不能忽视其对景区的威胁、对景区文化生态平衡的破坏。我们要深思，当我们把景区当作金字招牌进行“开发”，获得暂时的繁荣背后还有什么。

（一）饱和、超载

在理论上，旅游景区承受的旅游流量或活动量达到其极限容量，称之为旅游饱和。而一旦超出其极限容量值，即是旅游超载。旅游超载必然导致旅游污染和拥挤，旅游景区长期连续或间歇地饱和与超载，将出现旅游资源被破坏、旅游资源或生态系统遭到损害、旅游者与当地居民的关系紧张等问题。换言之，长期的旅游饱和与超载，势必对一个国家和地区的旅游业造成致命的影响，即“旅游摧毁旅游”。

旅游景区的饱和与超载在时间上可分为长期性的和短期性的，短期的又分为周期性的和偶发性的；在空间上分为整体性的和局部性的。

1．长期性及短期性的饱和与超载

长期性的饱和与超载是连续性的，主要发生在旅游热点城市，尤其是热点人文旅游景区，如故宫、丽江，或者是新兴的主题公园。 短期性的饱和与超载又分为周期性的与偶发性的饱和与超载。周期性的饱和与超载是最常见的现象，它源于人类社会活动的周期性规律以及自然气候的周期性变化。如我国春节前后易出现“两头热”的旅游现象（南部的海滨城市和东北的滑雪旅游区），就属于典型的周期性饱和。偶发性的饱和与超载通常是由于旅游景区或其附近发生了偶然性的事件，这些事件在较短的时间内吸引了大量旅游者，如大型体育赛事的举行、某地特有的珍稀动植物的出现等。

2．整体性的与局部的饱和与超载

整体性的饱和与超载指的是旅游景区内所有景点及设施已超过各自的容量值，这就意味着整个旅游区域内人满为患，已无剩余的容纳能力。局部性的饱和与超载是指旅游景区内某些区域承受的旅游活动量已超出景区容量，而景区的其他区域并未饱和。大多数情况下，旅游流量不易达到旅游景区的容量值，但局部性的饱和与超载是极常见的，且局部的饱和与超载的消极影响更大，往往是对较强吸引力的旅游资源的破坏，所以更应引起景区管理者的重视。

（二）旅游饱和与超载的消极影响

旅游饱和与超载对于环境和设施的消极影响，主要体现在四个方面：

1．破坏景区生态环境

大量游客同时进入景区，尤其是旅游高峰期无节制地接纳旅游者，已严重破坏了景区生态环境。产生大量生活垃圾，白色污染严重；水体、水质被污染；植被被践踏，土壤板结，裸露地域扩大；干扰野生动植物的生息繁衍。漓江水已显浑浊，九寨沟、武陵源已出现一定程度的污染，丽江玉龙雪山因游人过多而导致雪线上移。

2．对设施的影响

旅游饱和与超载会给基础设施和旅游设施造成很大的影响。一般情况下，短期的饱和与超载不会对设施造成严重的损害，而持续时间较长的旅游超载则可能给设施带来破坏性很大的后果。如登山护栏、缆车、索道、游船等，因超载受到破坏后会危及游客的生命安全。

3．对文物古迹的损害

旅游饱和与超载会加速文物古迹的损蚀过程。青藏铁路的开通使布达拉宫的日游客量从1500人次增加到3000人次左右，土木结构的布达拉宫经常出现蛀虫、裂缝等情况，加之游客拥挤，压力可想而知。旅游旺季的敦煌莫高窟，日接待游客量为3000~5000人次，游客增多打破了洞窟原有的恒定小气候，二氧化碳、空气相对湿度和温度的升高对洞窟内的壁画、彩塑构成严重的潜在威胁。

4．降低游客旅游体验质量

旅游饱和与超载带来的一个后果就是噪音，使游客烦躁不安，不能获得应有的旅游气氛。旅游饱和与超载带来的拥挤导致游客无法欣赏到美景，无法听到有关文物的精彩讲解，从而旅游体验质量大打折扣。

此外，旅游景区严重超载还会给当地社会带来压力。物质消耗增加，垃圾增加，社区拥挤，外来文化的冲击，使本地居民的正常生活受到影响，从而会产生不合作的负面影响。

三、旅游景区游客容量管理方案

（一）供给方面

1．增加实际旅游容量

从长远来看，要解决游客过量问题，旅游景区应通过投资建设来增加实际旅游容量，如建设二期、三期，通过后续建设达到扩容的目的，但要尽量避免人工化。但是对于一些生态脆弱、珍稀物种的栖息地一般不采用此法。如河南清明上河园2005年进行了二期建设，整体园区面积达到600亩，2012年继2011年门票收入突破亿元大关之后，开始着手实施三期工程。景区扩建可扩大游客容量，缓急客满为患的压力。九寨沟管理局近年来充分利用灾后重建的有利时机，对九寨沟景区栈道进行了扩容、改造和升级，此外，九寨沟也正着力开发九寨沟第四条沟——扎如沟，并对九寨沟周边及其他可开发利用的景区进行策划，提升景区的游客分散能力和接待能力。

另外，可通过加大冷门旅游景点的开发、宣传和引导游客的流向，来增大旅游景区实际旅游容量。景区的游客汇集往往集中在具有较强吸引力的旅游资源附近，应实施景区内部游客分流，降低游客在景区局部景点的时空集中程度，引导游客向冷门旅游景点的疏散。所以，景区管理人员对浏览线路顺序及时间安排、客流的时空分布情况的掌握非常有助于分流，同时利用现代科学技术与手段及时传递各处的游客拥挤信息情况，可更快实现游客分流或游客自发分流。如黄山景区利用先进的数字技术创新保护管理，每当出现游客高峰期，景区管理人员通过在关键景点布置的监控设备，不仅能获得现场实时人流、车流影像，还可以及时获得关键景点路段的人流量和进山车流量实时数据及历史资料数据，达到提前预测哪些景点会出现多路游客交汇高峰，对景区各片、各关键节点情况进行指挥调度，削峰填谷，避免游客拥堵或长时间排队，确保游道畅通，对之提前组织分流，改变了过去造成拥堵后疲于被动应付的局面，变被动式管理为主动式管理。

2. 扩大景区日容量

扩大景区日容量的方法包括延长景区开放时间，或一年中增加开放天数；在旅游高峰期开放备用旅游通道，而在需求减少时关闭备用通道；调整景点工作人员，增派工作人员到瓶颈旅游点工作；设置免票人员专用通道等。如桂林乐满地主题公园就灵活运用开放时间调节园区游客容量：在7～8月旅游高峰期，开园时间不变，但闭园时间比平常推迟半小时：平时与周末节假日营业时间相同，但可视园内游客数量灵活延后清场时间；如遇重要节假日则另安排开、闭园时间，并以通告为准。昆明世博园、西安秦始皇兵马俑博物馆等景区都设有免票人员专用通道，避免与游客共用通道给工作人员检票带来不便。对多数的旅游景区，游客一般集中在一天中某个时段进入景区。通过加强对景区工作人员知识、技能和服务意识方面的培训，提高工作人员效率，可以使游客在较短的时间内分散到各景点。

3. 实行定量定点管理技术

景区游客容量达到饱和时禁止游客进入，可实施定量管理技术。定量管理主要是通过门票控制来实现的，采用限制进入时间、停留时间、旅游团人数、日旅游接待量或者综合运用几种措施来解决因过度拥挤、踩踏及温度、湿度变化引起的旅游资源的损耗。九寨沟是我国率先采用限制游客数量来保护旅游资源的景区，限定日游客接待量淡季不得超过1.2万人，旺季2万人。在2007年“黄金周”实行游客总量控制和分时段控制：从9月3日起开始网上预售“十一”门票，每天限售1万张，售完即止。在8:30~9:00和9:00~9:30的游客高峰时段，每个时段限售3000张门票。未购买该时段门票者，不得在该时段验票进沟。

所谓定点管理是指在需要特别保护的地带利用警示性标牌提醒游客什么不可以做，或在旅游高峰期聘用保安及专门服务人员或安排志愿者，在资源易受损耗的地方值勤，重点区域、重点地段实行重点管理，避免游客踩踏、抚摸、偷盗、乱写乱刻乱画引起旅游资源的损耗，在危险地带或禁止游客入内的场所采用拉网、拉绳、种植植物墙等措施，对于重点文物可采用覆盖、分隔等方式保护。

4. 运用队列管理技巧

在旅游旺季或接待高峰期，在停车场、旅游景区入口、热门参观点或乘骑设施前常常会出现游客排队等待的现象。如果不能有效处理此类问题，会严重降低游客体验质量和满意度。例如旅游景区入口是游客进入旅游景区的第一印象区，在旅游旺季，旅游景区入口经常出现堵塞的情况，造成游客长时间排队等候。如果分流措施不力，甚至可能会出现安全事故，损害旅游景区的声誉。排队区管理宜采取如下措施：

（1）设置合理的游客排队队列。不同旅游景区根据游客流量、游客集中度、排队项目特点、排队区地形特点等应采取不同的队形和接待方式，一般有单列单人型、单列多人型、多列多人型、多列单人型、主题或综合队列型5种形式。例如，丽江玉龙雪山索道、乐山大佛通过九曲栈道到大佛脚下的排队区，由于索道和九曲栈道瞬时容量的限制、排队游客较多等原因，采用的是迂回的单列多人型队列；昆明世博园入口采用多列多人型，队列多达12条，根据入园游客数量多少开启部分队列，确保游客不至于在入口处滞留。旅游景区在设计和改进排队区队列类型时，要考虑人员成本、排队游客的视觉效果，多用横列，少用纵列。

（2）利用技术手段加快游客进入过程。游客等待时间过长必然影响游览或游乐活动时间，产生焦虑、烦躁心理。排队区管理的最高目标是减少或杜绝游客排队等待。一些大型旅游景区率先利用高科技或独特的管理手段，如使用电子门票、设立自动快行通道等缩短游客进入时间，一些热点项目实行提前预约，以分流高峰期游客。

（3）设计排队区环境。设计良好的排队环境，最好选择在风景较好的区域，并设置相应的座位和护栏，或者通过墙壁上或两侧的景区宣传画、游览注意事项等把游客的等候过程和旅游体验经历融合起来。在等待时间较长的地方，可通过电视、轻音乐等转移游客的注意力。例如，泰山索道的排队区设计有座位，有电视介绍泰山美景，提供免费茶水。云南丽江的玉龙雪山旅游景区的候车厅内，旅游者可以看电视、听音乐；在乘索道的地方，旅游者可以听到广播里有关雪山的介绍，周围墙壁上布满了有关雪山、冰川等的图片和文字介绍。

（二）需求方面

1．价格调节

由于全年旅游需求的不平衡，旅游景区在旺季采取高价控制游客数量，淡季采取低价的策略吸引旅游者是比较普遍的。旅游景区的拥挤、交通堵塞、植被践踏、噪音污染等问题，都与游客的数量相关，游客数量减少可降低旅游景区的压力，调节游客量主要采取价格杠杆。通过提高门票价格等措施筹集资金，用于旅游景区资源破坏后的恢复及资源保护，还可以用于实现景区更广泛的战略目标，如旅游景区的扩容和公众教育。但我们反对“门票经济”，这是对旅游业的极大伤害，景区门票价格只作为调节杠杆，并且随着门票的提高，旅游景区的基础设施、服务质量同时也要进行优化。

【业态深思】

2012 年“五一”前，众多景点扎堆涨价，涨幅从 20%到 60%不等，我国景区票价普遍贵过外国。日本富士山免费，韩国汉拿山免费，俄罗斯克里姆林宫 150 卢布（约合人民币 45 元），法国卢浮宫 8.5 欧元（约合人民币 85 元）。

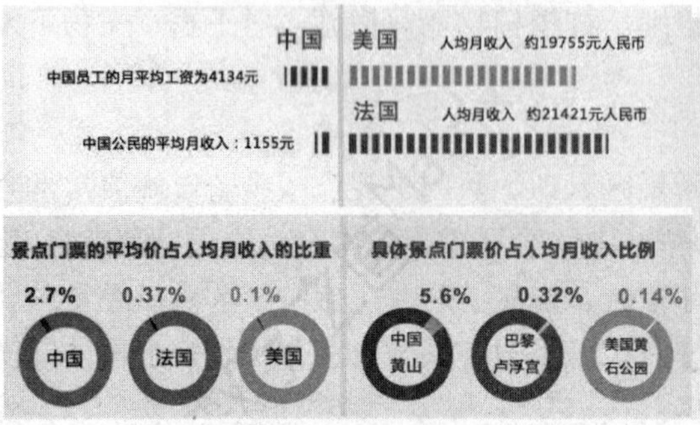

图 8-4 人均月收入对比

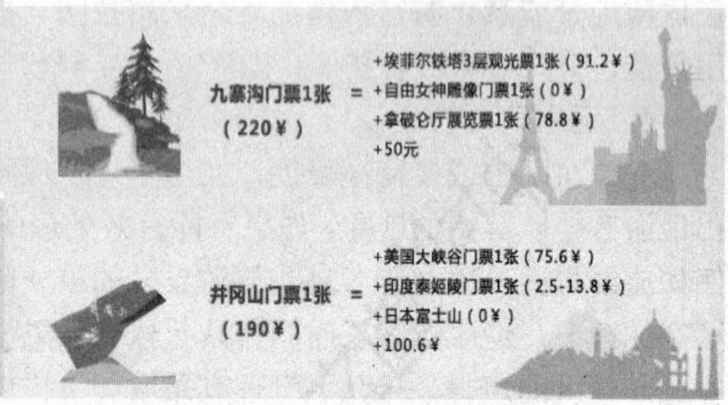

图 8-5 同等货币在国内外可买到的景点

资料来源：《张家界门票价系卢浮宫 3 倍，众多景点门票齐涨价》，http://news.sohu.com/20120426/n341740351.shtml，2012.4.26。

2．市场营销

除了价格刺激外，营销组合中的其他因素也可以起到调节游客需求的作用。旅游淡季可通过广告或与其他企业联合促销等来提高旅游景区知名度，鼓励潜在的游客旅游，错开高峰旅游。为减少游客对热点旅游景区产生的压力，要减少热点景区的宣传，着重宣传周边旅游景区用以分流热点景区的游客。通过电视、广告、网络等媒体发布景区交通、住宿、气候和接待容量等信息，为游客选择合适的旅游地提供指导，分流客源，理性出游。另外，也可开发新旅游景区来减少游客对脆弱旅游景区的压力。如英国的历史名城坎特伯雷（Canterbury），在城市外围开发了许多新的旅游景区，并采用了上述营销方法，致力改进市区内大教堂拥挤不堪的状况。

3．教育和讲解

教育和讲解也能减少游客对旅游景区产生的负面影响。教育游客，让他们明白某些行为可能带来负面影响，并告知他们正确的旅游行为，鼓励他们按正确的方式进行旅游，这在旅游过程中及旅游后都会产生一些积极作用。教育和讲解是解决游客负面影响的较为理想的方式。虽然有不少游客确实是想了解他们所见到的事物，具有接受教育的内在动力，但是游客的旅游动机更多的是享受而不是受教育，典型的旅游动机主要是娱乐，寻求与朋友、家人在一起时的乐趣，这就决定了通过教育和解说的方法只能在一定程度上影响游客的行为。

综上所述，预防和减少游客对景区的负面影响，游客和旅游管理部门都负有一定的责任。但游客是一个自由主体，对景区不管是有意或是无意的伤害行为，在很大程度上取决于游客自身的文化素养和道德水准。目前我国的景区管理多处于被动管理阶段，一般是出了问题才开始想解决的办法，还没有建立一套完备的监控管理体系，特别是对游客行为的监控与管理，除了象征性的景区规章制度以外，还没有实质有效的措施。为保证景区的可持续发展，景区管理者应真正肩负起维护景区资源、保障旅游质量的重任。

【业界动态】

威尼斯游客管理的成功经验

历史悠久的世界著名水城威尼斯位于意大利东北部亚得里亚海岸，它以如诗如画的水城风光、历史悠久的古城文化而赢得“亚得里亚海最美的明珠”的美誉。同世界其他著名旅游胜地一样，旅游业的发展在为威尼斯带来滚滚客源和财源的同时，也给当地旅游环境、历史遗迹带来了一定程度的负面影响。威尼斯是一座面积不足8平方公里的小城，在旅游旺季到来时，城市居民不得不离城退避。有统计数据显示，自从20世纪50年代中期以来，威尼斯的常住人口持续下降，到现在只剩6万人左右。而这个小城每年却要接待2000万游客。巨大的客流量严重威胁着当地旅游业的可持续发展。为了促进威尼斯旅游业的可持续发展，当地政府以及旅游主管部门制定了一系列游客管理政策，有效地缓解了巨大客流量所带来的负面效应。

1．借助预订系统调控旅游需求

这一预订系统的具体表现形式就是“威尼斯旅游智能卡”。旅游者在出游之前可以通过国际互联网订购智能卡，在订购的过程中互联网会将威尼斯目前旅游动态信息传递给旅游者，例如游客数量、游客密度、旅游接待设施情况、旅游建议等。旅游者通过这种适时互动的方式，在全面了解威尼斯旅游信息的基础上再作出选择什么时间出行的决定。这在很大程度上分流了一部分旅游旺季的客流，因为毕竟不是所有的旅游者都能够忍受旅游旺季恶劣的旅游环境：旅游交通设施严重超载，游人人满为患，游客食宿困难，服务质量下降，旅游花费提高等等。

“威尼斯旅游智能卡”的另一个重要功能是在便利游客消费的同时有效地掌控了客流的流

量。为了有效控制游客数量，智能卡的发行数量由威尼斯城市中心的旅游承载力决定。如果游客数量接近了当地旅游环境承载力的阈值，主管部门就会停止发行智能卡以抑制客流流入。

2. 改变旅游线路，合理分布客流

威尼斯为调整游客在空间上的合理分布采取了两项措施：一是开发新的旅游线路，改变旅游者游程，降低城市中心区域的接待压力，实现更合理的游客空间分布。二是对旅游基础设施的使用进行限制以引导客流流向，包括不让私人轿车和旅游车进入城市中心和历史文化遗迹；游客在中心城区使用公共设施时征收一定的附加费，例如每次上公厕都要缴付 1000 里拉的费用，外地游客乘船进入大运河的费用则是本地居民的 8 倍以上。高昂的旅游成本在调控游客、缩短城区逗留时间方面收到了一定的成效。

3. 培养旅游者环保意识

威尼斯在规范旅游者和当地居民的环境保护行为方面采取了"软硬兼施"两种方法：首先大力开展环境保护教育和宣传活动，以培养和提高旅游者以及当地居民的旅游资源环境保护意识，形成环保内在驱动力。当地旅游政府部门以及旅游企业共同倡导旅游可持续消费理念，即倡导旅游者的消费观念、消费结构、消费行为和消费模式向有利于环境、资源合理利用和人们整体素质提高的方向发展。其次，威尼斯在加强旅游者环保意识教育的同时，也切实加强环保执法力度，从而有效地规范了游客行为、保护了旅游资源环境。威尼斯的旅游环保法规比较健全和完善，除了严格执行欧盟、意大利的各种环保法规以外，威尼斯还专门制定了相关旅游法规，例如威尼斯市政府为规范旅游者行为而专门出台了一份名为"您不能"行为规范手册，其内容包括游客不能在街头吃午餐、不能乱丢垃圾、不能在河道里游泳、不能在城内骑车或是驾驶其他任何车辆、不能在公共场合脱衣服、不能身着游泳衣在街头行走等 6 项。对于游客的不文明行为，执法官员会不留情面地处以高额罚款。

问题：威尼斯管理游客有哪些可借鉴的经验？

本章小结

本章从景区游客量过多的实际情况入手，介绍景区游客管理含义、目标及游客流的时空特征，介绍了游客不文明行为产生的原因及危害，旅游景区饱和与超载及其消极影响。通过本章学习要掌握景区游客不文明行为的引导及管理方法，掌握游客容量管理的方法。

主要概念

景区游客管理；景区饱和；景区超载；游客容量

基础训练

简答题

1.旅游景区游客管理的目标是什么？

2.旅游景区旅游流呈现的时空特征都是什么？

3.游客不文明行为的主要危害是什么？如何对游客不文明行为进行引导？

4.如何预防旅游景区饱和与超载？

案例分析

保护与开放：敦煌莫高窟“参观预约制”启示

莫高窟自1979年正式开放以来，游客呈不断增加的趋势，已经接待中外游客近620万人次。受地理、交通、气候条件等影响，敦煌旅游的季节性强和参观时段过于集中，大多数游客选择在5月至10月来敦煌旅游，而且每天的参观时段多集中在13时至14时。敦煌莫高窟以精美的壁画和彩塑闻名于世，已经有上千年历史。珍贵的文物、脆弱的材质、狭小的洞窟空间，面对蜂拥而至的游客已经不堪重负。研究分析，莫高窟窟区合理的游客承载量为每日2900人次，但旅游旺季每日的游客最高峰值实际达到或超过5000人次，如不加控制，任其继续增加，将可能对洞窟文物的保护造成潜在威胁，也影响了游客的参观满意度。为保护文物安全、缓解洞窟压力，同时为了更好地弘扬敦煌文化艺术、满足游客参观需求，敦煌莫高窟开展了一系列富有成效的探索。

1．加强开放洞窟微环境和游客流量的监测、确定开放洞窟选择标准、实行游客参观预约制度等。实施参观预约制度，事先掌握主要团体游客的人数，合理安排参观时段、路线，起到了保护文物的作用。同时，根据预约的游客信息，制订详细接待计划，最大限度地满足游客需求。

2．增加参观景点。现已开辟藏经洞陈列馆、陈列中心，并拟开放莫高窟北区僧侣居住、修行的洞窟和上中寺院史陈列馆，以分散游客，减轻洞窟拥挤的压力。

3．加大旅游开放基础设施建设。最主要的措施是建设功能齐全的莫高窟游客服务中心，内设序厅、影视演播厅、洞窟虚拟漫游厅、展示陈列厅、购物休息厅等设施。游客将在这个中心全面了解敦煌莫高窟乃至整个敦煌的历史文化背景，在虚拟漫游厅观看典型洞窟的展示，然后由专业导游带领游客作停留时间很短的洞窟实地参观。这样不仅使游客了解了更多、更详细的文化信息，而且极大地缓解了游客众多给莫高窟保护带来的压力。

4．开放保护现场让公众参与保护。2008年6月，在第3个中国文化遗产日到来之际，敦煌研究院首次向游客开放了第98窟、44窟洞窟壁画保护修复现场和修复后的第85窟，每周五开放，每次开放1小时，让游客了解壁画的材质是什么，有什么病害，保护的目的、原则是什么，用什么程序来保护。当游客了解了壁画的脆弱性、保护的重要性和紧迫性后，认识就大不一样了。

问题：分析敦煌莫高窟的案例，它对于旅游景区的游客管理方面有什么可借鉴之处？

实践训练

【实训项目】旅游景区游客管理实训

【实训准备】

知识准备：了解景区游客不文明行为的危害、游客超载对景区的消极影响和游客管理方法。

场地准备：4A或5A级旅游景区；校内具备网络的实训室。

【实训要求】

通过观察了解旅游景区游客的具体不文明行为及对景区的危害、每天景区接待游客数量、景区游客量饱和与超载的可能时间，根据实际观察及具体分析，提出针对特定景区的游客不文明行为的引导方法及预防景区饱和与超载的方法。

【实训步骤】

1．学生在校内通过书籍查阅、网络搜索等手段对景区的服务与管理尤其是景区游客数量情况有一个初步的认识。

2．教师带领学生到指定景区。学生分组，每组 5~6 位学生，并指定 1 位负责人，每组再进行分工。

3．小组谈论交流，并形成《××旅游景区游客管理系统调研报告》。

4．班级交流汇报，每组由 1 位学生代表小组汇报该小组的调研情况。

5．教师总结。

【实训考核办法和评分标准】

1.测试评分：根据学生对旅游景区游客管理内容的了解、特定景区的观察及分析情况、调研报告的写作等进行评分，按百分制记分。

2.测试表

组别： 姓名： 时间：

项目	标准分（100）	得分
实训态度	20	
团队协作	20	
材料准备	20	
问题回答	40	

考核时间： 年 月 日 考评教师（签字）__________

第九章　旅游景区营销管理

学习目标

知识目标：认识旅游景区营销环境分析方法；掌握旅游景区市场调查与预测方法，市场细分、定位以及营销渠道及促销策略等知识；了解旅游景区新产品开发及营销创新。

技能目标：能够运用旅游景区营销管理的基本知识，掌握旅游景区调研与预测、市场细分与定位、新产品开发、营销渠道选择及促销的流程和方法，且能创造性地分析和解决景区营销管理中的实际问题。

【引例】

大堡礁另类的世界推销

澳大利亚大堡礁尽管久负盛名，但因为随着海洋升温以及游客增多，大堡礁的珊瑚虫一度濒临灭绝，经过一段时间的休养生息，大堡礁生态环境得到了恢复，知名度却已大不如前。哈密尔顿岛素有澳大利亚“大堡礁之星”的美誉，岛上终年气候舒适宜人，活动多姿多彩，但由于当地旅游受金融危机冲击，游客量大减。

为提升大堡礁的国际知名度，昆士兰旅游局策划了一次网络营销活动：2009 年 1 月 9 日，澳大利亚昆士兰旅游局网站面向全球发布招聘通告，并为此专门搭建了一个名为“世上最好的工作”的招聘网站，招聘大堡礁看护员。网站提供了多个国家语言版本，短短几天时间网站吸引了超过 30 万人访问，导致网站瘫痪，官方不得不临时增加数十台服务器。

看护员的工作看起来更像是大堡礁的体验员，这正是昆士兰旅游局推出此活动的目的，通过体验式营销的方式来向世界宣扬大堡礁的美妙之处，同时充分利用招聘过程的吸引力成功进行营销造势，吸引全世界旅游者的关注，向全球推广大堡礁的知名度与美誉度。

招聘通告发出后，一度让为此专门搭建的招聘网站因访问量剧增而瘫痪。中国的电视、网络、报纸都进行了介绍，在国外，美国《纽约时报》、英国《独立报》等也都对这份令人难以置信的工作作了全面报道。接受申请两个月之后，共吸引来自全球 200 个国家和地区的近 3.5 万人竞聘，包括 11565 名美国人、2791 名加拿大人、2262 名英国人和 2064 名澳大利亚人，来自中国的申请者也有 503 位。

在中文搜索键入“大堡礁＋工作”，搜索结果有 36 万个；同样的关键词换成英文搜索，搜索结果高达 62 万个。

历经数月层层选拔，英国慈善工作者本·绍索尔击败 3.4 万名竞争者，获得负责看护澳大利亚大堡礁的“世界最佳工作”，成为最后赢家。

但最大的赢家是这次招聘活动的主办方昆士兰州旅游局，他们以 170 万美元的低成本，却收获了价值 1.1 亿美元的全球宣传效应，成功进行了一次超值的旅游营销。

总结昆士兰旅游局的这次网络营销，成功因素主要有以下五点：

1.充分利用网络营销

所有关键工作均在网上开展，官网提供五种语言版本，一方面为网上申请提供了便利，另一方面也达到了更广泛的宣传效果。世界各地操不同语言的人都可以轻松了解这样一个海选活动。招聘广告出现在各大门户网站上，同样也分属世界各地，由于有当地报名者，于是引起传统媒体的跟进报道。

事实上许多人是通过朋友的介绍知道这一招聘广告的，论坛、社区、博客、即时通讯等都成为了传播的最佳媒介。活动官方网站的合作伙伴是 Youtube，借助 Youtube 在全球的巨大影响，活动本身又得到了进一步的传播。信息像病毒一样扩散着，能够到达传统媒体想象不到的任何角落的任何目标客户。

2.逆势策划吸引眼球

在金融风暴席卷全球、大量工厂裁员、工人失业、人心惶惶的时刻，能够拥有一份稳定、高薪的工作，真的是令人很向往的事情，澳大利亚昆士兰旅游局恰逢其时地以惬意的工作环境和工作内容，以每小时 1400 美元的超高待遇在全球招聘所谓的“岛屿看护员”——工作之轻松、生活之惬意以及待遇之丰厚一下子吸引了全球无数人的眼球，媒体更是为之疯狂激动，不惜用大量的版面进行免费的报道。

3.报名成本和条件要求低

此次活动的参赛规则是全世界任何人都可通过官方网站报名，申请者必须制作一个英文求职视频，介绍自己为何是该职位的最佳人选，内容不可多于 60 秒，并将视频和一份需简单填写的申请表上传至活动官方网站。这种几乎没有门槛但又自娱自乐的方式吸引了许多人参与，很多人即使没有希望获得这份工作，也录制一段视频来参加一下或娱乐一下。然后就是比拼自己的自身素质和能力，包括语言、身体健康状况、面试时的反应能力、回答问题的技巧以及由此呈现出的个人品德和综合素质。

4.饥饿营销策略

2009 年 1 月 9 日至 2 月 22 日是报名日期，然后第一轮海选决出 50 强，3 月 3 日公布。之后是第二轮海选，公布 10+1 强。第三轮公布最后的胜出者。此后是护岛人按合同开始工作（2009 年 7 月 1 日至 2010 年 1 月 1 日）。虽然每一轮海选的机制是一样的，但越来越多的候选人被淘汰，无疑构成极大的悬念，对参与者和关心者都是一种饥饿营销策略。并且对事件的关注会持续地慢慢地升温，关注者更关注，非关注者也逐渐转化为关注者。事实也确是如此，官方网站一度因访问者太多而陷于瘫痪，主办方不得不扩容满足访问者。

5.让网民自主投票

为了充分进行网络造势，主办方设计了经网络投票决出“外卡选手”的环节，入选 50 强的选手会不断拉票，而关注活动的人会为心仪选手投票，还有人会持续关注包括投票在内的活动进展——主办方在投票过程上也进行了精心设置，投票者要先输入邮箱地址，然后查收一封来自“昆士兰旅游局”的确认件，确认后再行使投票权。

在通过确认的这个过程中，参与投票的网民都会好好浏览一下这个做得很漂亮，实质上是旅游网站的招聘网站，大堡礁的旖旎风光、万种风情马上就开始让人心往神移。更重要的是，投票者的邮箱未来都会定期不定期地收到来自大堡礁的问候。

资料来源：张雅棋，《大堡礁“世界最佳工作”招聘与旅游营销》，春城晚报，2009.5.15。

案例分析：网络营销的魅力就在于能够用最低的成本达到最大的推广传播效能，良好的创意及专业的高效执行力是网络营销成功的必备因素。

第一节　旅游景区营销环境

一、旅游景区营销概述

（一）旅游景区营销的概念

旅游景区营销是旅游景区组织为满足旅游者的需要并实现自身经营和发展目标，而通过旅游市场实现交换的一系列有计划、有组织的社会和管理活动。

景区营销的内涵应该包括以下几个方面：它的起源是人们旅游的需要、欲望和需求；它需要提供具有一定质量的产品；它的最终目的是为了获得顾客满意和顾客价值。旅游市场是因人们旅游的需要、欲望和需求而产生的，景区营销需要进行交换、交易或建立关系。

（二）旅游景区营销的特点

1．基于“口传”的景区形象

景区产品的无形性决定了潜在游客在购买旅游产品时都倾向于向亲朋好友的咨询，所以必须注重提高游客出游后的满意度。只有很高的出游满意度，才能有好的口碑宣传效果，这样才有利于景区的营销宣传。

2．景区产品的共享使用权和暂时使用权

不同于其他产品，旅游产品对游客只能提供产品使用权的暂时性，而且是以共享的方式提供给游客，由此可导致不同目标市场的需求有发生冲突的可能性。鉴于此，在作景区营销时，工作的重点在于综合考虑目标市场的特征，并根据各自的需求制定不同的营销方案。不同的营销方案可缓冲或解决不同目标市场需求之间的冲突问题。

3．游客和员工都是营销的重要组成部分

景区的特点之一就是，游客是生产过程的一部分，而员工也是产品的一部分。游客是服务的对象，服务过程就是产品的生产过程，他们的态度和行为，不仅会影响自己的经历，也会影响其他游客的经历；而员工直接参与产品的生产和销售，员工直接和游客接触，他们的态度和行为会直接影响到游客是否喜欢该产品。因此，游客和员工都是营销的重要组成部分。

4．易受时尚的影响

旅游景区易受大环境的影响特别是社会中时尚风潮的影响。

5．可进入性的影响

交通工具方便与否是景区成功的关键，恰当的路标方向指示和宣传产品都是旅游景区营销的重要工具。

6．淡旺季的影响

景区营销常常是设法刺激淡季的需求，提高淡季时的使用率。由于旅游产品具有“不可储存性”，淡旺季、团队与散客可以实行差价以实现经济效益的最大化。最后一刻打折出售，以确保能有一定的收入，因为产品一旦过时将失去其价值。但是，价格对供求关系的影响并不都很大。

7．固定成本高，可变成本低

景区的固定成本一般都很高，淡季游客数量的剧增并不会大量增加成本；而当游客的数量降低时，也不能大量降低成本。认识到这一点对景区营销，特别是定价和促销策略的制定有基本指导作用。

8．景区属性的差异化

竞争的激烈要求景区进行营销时突出自身的差异性，以突出自己独特的形象。各景区的营销目的有很大的差别，这主要取决于景区的属性。私营景区通常是追求利润和市场份额，扩大产品的销售量或取得满意的投资回报率。国有景区的目的主要不是利润，其目的很广泛，包括为社区提供更多的休闲娱乐机会、鼓励贫困人口的参与等。不同属性决定了不同景区在营销力度和对象上有所区别。

9．景区营销主体的多元化

景区营销不仅自己推销自己，还包含他人对自己的推销。比如，旅游经销商在其宣传册中利用景点鼓励人们外出度假；政府对国内主要景点作的宣传营销，以鼓励外国人前往游览；地方政府和旅游管理部门将景区作为旅游目的地营销的主要内容。因此，景区营销要突出其独特性和地方性，使之成为区域旅游的代表景区，借势于相关主体扩大影响，使营销工作卓有成效。

10．营销策略与资源保护的矛盾

旅游资源是旅游景区发展旅游的基础，许多旅游资源是不可再生的。所以旅游景区营销不仅要考虑旅游者的需求，而且要考虑旅游资源保护，要将市场需求与旅游资源保护结合起来，使市场营销运行与环境保护得到协调统一发展。

二、旅游景区营销环境

旅游景区营销环境是指制约和影响旅游景区营销活动的各种外部条件和因素，包括宏观环境和微观环境两个方面。宏观环境表现为景区营销的机会和威胁，微观环境表现为景区的优势和劣势。通过对营销环境进行分析，景区能够把握营销的优势和机会，消除营销的劣势和威胁，保证景区顺利完成营销活动。

（一）旅游景区宏观环境

旅游景区宏观环境是指影响整个微观环境的比较大的社会力量，如人口环境、经济环境、政治法律环境等。宏观环境与景区营销活动的关系如表 9-1 所示。

表 9-1　影响旅游景区营销的宏观环境

影响因子		含义	关系	代表示例
宏观环境	人口环境	一定地区人口的状况，包括人口数量、年龄结构、城市化水平	提供细分市场	性别、年龄、职业
	经济环境	影响行业发展的一国或地区的宏观经济状况	提供经济发展基础	区域经济形势、国民生产总值、收入
	政治法律环境	影响行业发展的国际、国内政治形势，国家相关政策、法律、态度	提供旅游发展大环境	《我国旅游业“十一五”规划》、《旅行社管理条例》
	自然环境	自然界提供的各种地理、气候要素	提供强势旅游资源组合	自然资源、地质地貌、气象气候
	社会文化环境	被社会公认的各种行为规范	提供规范	价值观念、风俗习惯、宗教信仰
	技术环境	影响行业发展的高知识含量手段	促进发展的凭借手段	信息技术、管理技术

（二）旅游景区微观环境

旅游景区微观环境是指那些与景区密切相关并能影响景区服务能力的因素和势力，包括与景区存在竞争关系的其他景区、与景区存在业务合作的旅游中间商等旅游企业，景区所依托的社区、景区的客源市场等，如图 9-1 所示。

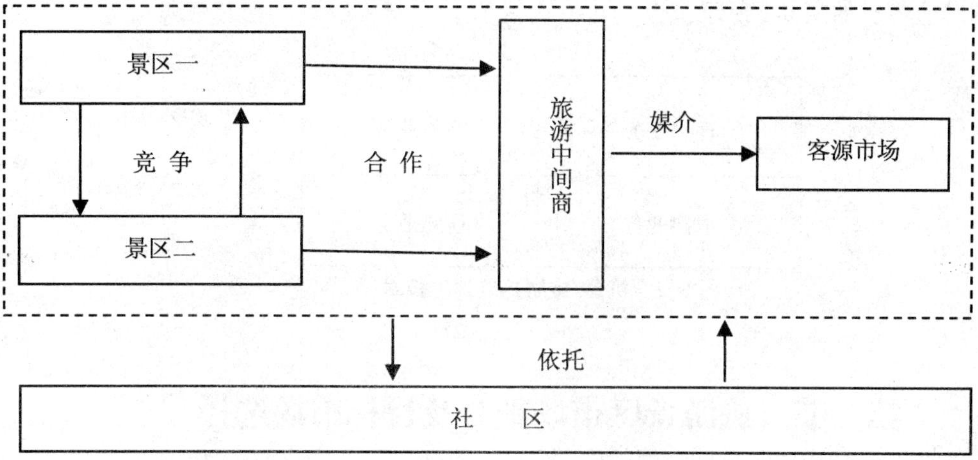

图 9-1　景区微观环境关系图

（三）旅游景区营销环境分析技术

1．环境扫描技术

环境扫描技术是由旅游景区的高层领导召集行业内外熟悉景区宏观环境的管理人员和专家组成一个分析小组，通过有组织地调查研究、预测分析，将所有影响旅游景区经营的环境因素一一罗列，然后再加以讨论，评审被列因素是否充分，从里面筛选出一组一致认定的重要因素加以分析，从而对旅游景区经营进行有效控制。

2．成功关键因素评价

关键因素是指那些在行业中占有重要地位，对旅游景区总体竞争力具有关键影响的少数因素，如资金因素、技术因素和信息技术等。通过对成功关键因素的分析，能判断一个旅游景区在竞争中所具有的优势和劣势。

【微型资料】

表 9-2　某行业某项业务的成功关键因素评价表

关键因素	权重值	赋值	加权分
营销能力	0.3	5	1.5
价格竞争力	0.3	4	1.2
质量竞争力	0.2	3	0.6
研究与开发能力	0.1	3	0.3
资金能力	0.1	4	0.4
合计	1.0	—	4.0

3. 机会/威胁矩阵评价技术

机会是指环境中对旅游景区具有吸引力的因素。威胁是指环境中不利于旅游景区发展的因素。运用机会/威胁矩阵评价技术，然后找出景区最有利的机会和最主要的威胁，对旅游景区的营销环境作出综合评价，判断其业务所处的环境，即Ⅰ理想业务、Ⅱ冒险业务、Ⅲ成熟业务、Ⅳ困难业务，如图 9-2 所示。

大小 机会程度

理想业务	冒险业务
成熟业务	困难业务

图 9-2　机会/威胁矩阵评价技术

第二节　旅游景区市场细分及目标市场选择

旅游景区因自身资源条件和产品特征的差异造成了其目标群体的不同。市场细分的目的是帮助景区发现市场机会，市场定位则是景区在市场细分的基础上，依据市场潜力、竞争对手状况以及自身特点来确定目标市场群体。

一、旅游景区市场细分

（一）旅游景区市场细分的概念

旅游景区市场细分是从旅游消费者的需求差异出发，根据旅游消费者消费行为的差异性，将整个旅游景区市场划分为具有类似性的若干消费群体。

（二）旅游景区市场细分的原则

1. 实效性原则

旅游景区市场细分的范围大小必须合理，即细分市场的规模大小应该适当，既要保证有利可图，又要具有相当大的发展潜力。

2. 可衡量性原则

用来划分旅游景区市场的标准必须是可以确切衡量的，因此必须对游客各方面的旅游消费需求作全面、准确的了解，以使划分标准的确定能够准确合理。

3. 稳定性原则

旅游景区市场细分必须在一定的时期内保持相对稳定，不能经常变化，以便能在较长的时期内制定有效的营销策略。

4. 可接受性原则

在进行旅游景区市场细分时，应根据旅游景区的具体情况选取调研活动的范围，选择有效的目标市场。

5. 差异性原则

按照不同标准进行的分类结果中，不同细分类之间要存在一定性质的差别。

6．相似性原则

分类结果中的同类市场之间要体现性质的相关性、类似性。

（三）旅游景区市场细分标准

1．按地理环境细分

所谓按地理环境细分，就是按照旅游消费者所在的地理位置作为细分市场的基础，然后选择其中的一个或几个作为目标市场。从国内看，主要有华东旅游区、华南旅游区、华中旅游区、华北旅游区、东北旅游区、西北旅游区、西南旅游区。从国际来看，世界旅游组织将全世界划分为六大区域，即欧洲旅游区、美洲旅游区、东亚及太平洋旅游区、南亚旅游区、中东旅游区。

2．按人口特征细分

人口特征包括性别、职业、年龄、收入、宗教、家庭结构、受教育程度等，其所包含的变量十分明确，因此按人口特征进行细分的方式是市场细分中最流行的。以年龄为标准来划分，有儿童旅游市场、青年旅游市场、中年旅游市场、老年旅游市场等；按职业、文化程度划分，有商务旅游市场、职工旅游市场、科教旅游市场等。

3．按购买行为细分

按照旅游者出游时间、旅游目的以及旅游后的感受来划分。按旅游目的可分为度假旅游市场、观光旅游市场、教育旅游市场和探亲访友旅游市场等；按旅游购买方式可分为团体旅游市场、散客旅游市场；按旅游消费者所追求的利益细分，可分为经济型、享受型、时髦型等。

4．按心理因素细分

按心理因素细分就是按照旅游者的个性、爱好、兴趣等心理因素来划分市场。心理因素属于旅游消费者的主观心态，比较复杂难测。根据旅游消费者不同的心理需求，细分市场主要有安逸者市场、冒险者市场、廉价购物者市场。如果按照旅游消费者的生活方式进行划分，可以细分为基本需求者市场、自我完善者市场和开拓扩张者市场。（见表 9-3）

表 9-3　旅游景区市场细分标准及细分因素

细分标准	细分因素
地理因素	空间位置、城市大小、经济地理环境、自然气候、人口密度、城乡分布
人口统计因素	年龄、性别、家庭人数、经济收入、教育程度、职业、宗教、国籍、民族、社会阶层
购买行为因素	购买动机、购买类型、购买形式、购买频率、品牌依赖度
心理因素	个人的性格、气质、生活方式、价值观

（四）旅游景区市场细分步骤

根据景区特点，再结合美国市场学家麦卡锡提出的一套逻辑性强、直观而有价值的市场细分程序，整理如下：

1．依照需求选定产品市场范围（卖到哪——where）

景区产品的市场范围一般是在区域旅游业总体市场分析的基础上，针对景区产品的特点确定的。这个范围一般是地理范围的概念，即首先根据区域旅游业的市场状况确定境外市场和国内的一级市场、二级市场和机会市场的大致范围，然后根据景区所能提供的旅游产品和旅游服务对以上市场范围作出必要的调整。例如，如果该景区是世界级的资源禀赋和发展条件，则可以把市场吸引半径足够放大；但如果该景区只具备地方级的吸引力，则应该聚焦于周边区域的市场拓展，然后再根据各方提供的情况进行动态调整。（见表 9-4）

表 9-4 不同级别景区吸引半径

景区级别	大多数游客的吸引半径
地方级	0~250 公里左右
省区级	500 公里左右
全国级	1500~2000 公里左右
世界级	无限远

2．分析现有和潜在顾客的不同需求

针对选定的景区产品的市场范围，列举该市场范围内旅游者现实的和潜在的旅游需求状况，它是景区市场细分的原始依据。而有关旅游者现实的和潜在的旅游需求情况的基础资料可以采用前面提到的景区市场调研过程和方法获得，掌握了这些资料以后再对旅游者的不同需求进行细致分析，确定旅游者的基本需求和最重要的基本需求，作为市场细分的基础。

3．根据一定的细分标准确定细分市场（卖给谁——who）

在以上分析的基础上，分析对旅游者消费行为的差异具有重要营销的因素，选出更具有现实性且更能反映市场需求特点的因素，作为景区市场细分的主要标准，然后根据这些标准对市场进行细分。这些标准主要就是指以上在市场细分变量中提到的各相关变量，如按旅游动机进行细分、按地理位置进行细分、按收入状况进行细分、按年龄进行细分等。

4．进一步认识各细分市场的特点

进一步认识细分市场的特点就是在确定细分标准并对市场进行初步细分的基础上，按照细分变量的特征，仔细深入地分析具有这种细分变量特征的旅游者的消费特征和消费习惯，将其与景区产品进行对照，对于景区产品能否满足这些旅游者的需求形成一定的判断，并对细分市场进行重新筛选。

5．测量不同细分市场的规模

一般情况下，对细分市场规模的测量可以有两种思路：第一种，首先要根据地方旅游市场发展状况、景区的历史数据、景区外部环境变化等，对景区总体市场规模进行预测；然后，需要根据各种细分市场发展的规律和趋势赋予其相应的权重，比如景区以接待高档游客为主、以接待中低档游客为辅，或者以接待团队游客为主、以接待散客为辅等。对于这样一些不同的细分市场，就需要景区营销人员对各自景区在总体市场规模中所占的比重作出判断，然后根据各自的比重进行测算。第二种，是根据景区所在区域各种细分市场的总体规模，景区营销人员对景区自身在这种细分市场上的竞争力状况和景区历史数据推断景区将可能在市场上占据多大的份额，并据此对景区细分市场规模作出测算。

三、旅游景区目标市场选择

市场细分的目的在于有效地选择目标市场。一般来说，景区的目标市场是景区准备在其中从事经营活动的一个或几个特定的细分市场。旅游景区的市场细分与目标市场的选择既有联系，又有区别。景区的市场细分是按一定标准划分不同旅游者群体的过程；而目标市场的选择是旅游景区选择细分市场的结果和作出经营对象决策的过程。景区目标市场的选择是在市场细分的基础上进行的。

（一）目标市场的评估方法

1．从细分市场方面，必须考虑以下三个因素：

（1）一定的市场规模和发展潜力 。

景区进行市场细分的目的就是要从中选出景区的目标市场，只有具有一定市场规模或者具有一定发展潜力的细分市场才可以作为景区的目标市场。景区通过规划设计开发一种旅游产品，一方面，是为了满足一定的市场需求；另一方面，则是要创造一定的收益，而创造收益的前提就是要保证景区产品的销售量，即一定规模的市场需求。当然，如果一个市场其当前规模比较小，但却具有相当大的发展潜力，同样可以考虑将其作为目标市场。

（2）细分市场（结构）具有良好的吸引力。

细分市场的吸引力，就是对威胁旅游景区长期盈利的主要因素作出评估。根据迈克尔•波特在《竞争优势》中的五力模型，可以将这些因素划分为如下内容：细分市场内同行之间是否存在激烈的竞争；细分市场是否会吸引新的竞争者；细分市场上是否存在代替产品；顾客讨价还价的能力是否增强；供应商讨价还价的能力是否增强。

（3）符合旅游景区的目标和资源能力。

能够选为目标市场的细分市场，除了满足前述两个条件外，还必须与旅游景区的目标和资源能力相符合。某些细分市场虽然有较大的吸引力，但如果不符合旅游景区的长远目标，也只能放弃。因为这些细分市场不能推动旅游景区完成自己的目标，甚至会分散旅游景区的精力，影响主要目标的完成。即使这个细分市场符合旅游景区的目标，旅游景区还必须考虑是否具备获取该细分市场所需要的技术和资源。如果景区在该细分市场中的某些方面缺乏必要的能力，也只能放弃该细分市场。如果旅游景区在各方面均已具有在该细分市场获取成功所具备的技术和资源条件，还必须考虑这些能力和竞争者比较是否具有相对优势。如果旅游景区无法在该细分市场具有某种形式的相对优势，就意味着在竞争中失利，这种细分市场就不宜作为目标市场。

2．从旅游景区方面进行评估分析

要选择目标市场，就必须从旅游景区的区位、资源、成本、销售潜力、服务能力、竞争等六个方面对细分市场进行分析，找出旅游景区的优势、劣势、机会和威胁，进行综合考虑，选出能体现自身优势、弥补自身劣势、机会最大、威胁最小的市场。

（1）旅游景区区位，也就是旅游景区所在地理位置如何，主要考虑以下几个方面的问题：

①距离客源地的距离。旅游景区距离客源近，吸引力就大；距离客源远，吸引力就小。

②与相邻旅游景区的关系。如果自身产品与相邻旅游景区产品特点反差很大，则会形成互补关系，可增加对游客的吸引力；反之，则会形成竞争同一客源的关系。

③与中心城市的距离。中心城市是旅游景区开发的依托中心，因此旅游景区的发展同所依托的中心城市的距离远近紧密相关。距中心城市近，则发展较快；距离远，则受到一定限制。

④交通条件。旅游区的交通条件，要保证让旅游者进得来、散得开、出得去，若一个旅游景区的交通状况很差，即使资源再好、再有特色，由于游客难以进入，也很难有大的发展。

（2）旅游景区的旅游资源。

①资源质量，包含资源特色、资源功能价值、资源品位等几个方面。旅游资源特色主要包括以下三个方面：第一，美学特征的概括和抽象。旅游实质上是美学鉴赏，所以美是旅游资源的第一特征，也是特色最突出的表现。第二，单一性要突出。在旅游景区有多种旅游资

源，其中有区内最突出、最重要、最有代表性的资源。第三，要素组合要合理。资源的功能价值体现在以下几个方面：观赏价值，休闲、康体和娱乐功能价值，研究价值，文化艺术价值；科学研究价值。资源的品位指的是旅游资源的品位越高，对旅游者的吸引力就越大。旅游资源的品位等级一般可分为基本层、中级层、高级层和最高层四个层次。

②资源规模。资源的种类和数量的多少称为旅游资源的规模。

（3）成本。

天然的景观要变成旅游企业可利用的旅游景区，其开发投入资金是很大的。景区往往要投入大量的资金兴建各种基础设施，美化、改造、修建各种景点，以满足目标市场的需求。因此开发的成本直接影响着目标市场的选择。

（4）销售潜力。

旅游景区细分市场当前和未来的潜力有多大？游客的数量、人均消费量有多少？营业利润前景如何？这是选择目标市场必须要考虑的因素。市场太小，开发的成本就大，选择这样的目标市场就没有经济意义。

（5）服务能力。

要考虑景区自身是否有足够的财力和管理能力去开发、生产、销售旅游景区的产品，并为这个市场提供满意的服务。

（6）竞争状况。

该细分市场的竞争状况，决定着景区的前途、命运，由于景区转产十分困难，必须事先充分研究细分市场上竞争者的数量和能力，制定出恰当的竞争策略。

（二）选择目标市场的策略

1．无差别市场策略

这种策略不考虑旅游者的需求差别，而只强调他们的共性。即景区只推出一种类型的旅游产品，或只用一套市场营销办法招徕游客。当景区营销人员经过市场分析后发现各个细分市场之间的差异比较小的时候，就能采用这种市场营销策略。

优点：不必对市场进行细分，不但可降低景区营销和管理成本，而且容易形成垄断性旅游产品的声势和地位，所以容易形成一定的品牌。发展初期用，可先发制人。缺点：景区只针对最大的细分市场提供单一的旅游产品和服务，当几个旅游企业同时参与竞争时必然会加大竞争的激烈程度，最终导致利润降低。所以，此策略不能满足目前日益增长的旅游多样化要求。这种方法适合于资源种类较多、规模较大、资源特色突出、资源品位较高、区位条件较好、竞争对手较弱、服务能力较强的旅游景区选用，这种旅游景区往往以生产大众旅游产品为主。

2．密集性市场策略

指景区将一切市场营销努力集中于一个或几个有利的细分市场，采用不同的市场营销策略组合的过程。这种策略对于经济实力不够强、处于市场开拓的初级阶段的景区更为实用。

优点：占用景区的资金比较少，资金周转相对比较快，有利于提高景区的投资收益率和利润率；市场针对性强，景区可以更加深入地了解这部分旅游者的需求，从而在景区产品设计上能更好地、更有针对性地满足旅游市场的需求；景区将所有的营销精力集中于少数几个市场，使得景区得以充分发挥自身的优势，在这些市场上形成比较强劲的竞争力和比较高的市场占有率。缺点：这种策略由于过分依赖少数几个市场，景区将来的经营会比较脆弱，一旦这些市场出现危机，都会对景区造成致命的打击。

3．差异性营销策略

指景区根据各个细分市场的特点，增加旅游产品的种类，或制定不同的营销计划和办法，以充分适应不同消费者的不同需求，吸引各种不同的购买者，从而扩大景区产品的销售量。

优点：在景区产品设计或宣传推销上能有的放矢，分别满足不同地区消费者的需求，增加产品的总销售量，同时可使景区在细分市场上占有优势，从而提高市场占有率，在消费者中树立良好的景区形象，有利于降低景区的经营风险。由于景区同时经营多个细分市场，即使部分市场的旅游者消费偏好发生变化，也不会造成太大的损失。缺点：这种策略将增加景区的各种费用，如产品规划设计和开发的成本、管理费用等；另外，要同时满足不同细分市场的需求，总会在景区的经营管理过程中出现这样或那样的问题和矛盾，对景区的管理能力将会是一个非常大的考验，因此采用差异性市场营销策略的景区一般都是具有比较强的经济实力和比较丰富的管理经验的景区。

（三）旅游景区目标市场的定位

旅游景区市场定位是旅游景区依据市场潜力、竞争对手状况以及景区自身特点，对细分市场的再选择。进行旅游市场定位，有利于旅游景区选择和确定目标市场，使旅游景区更好地明确其具体的服务对象，有的放矢地进行市场营销活动。

1．旅游景区市场定位流程

旅游景区市场定位是经过基础条件分析、市场分析、市场定位三个步骤来完成的。其主要逻辑流程如图 9-3 所示。

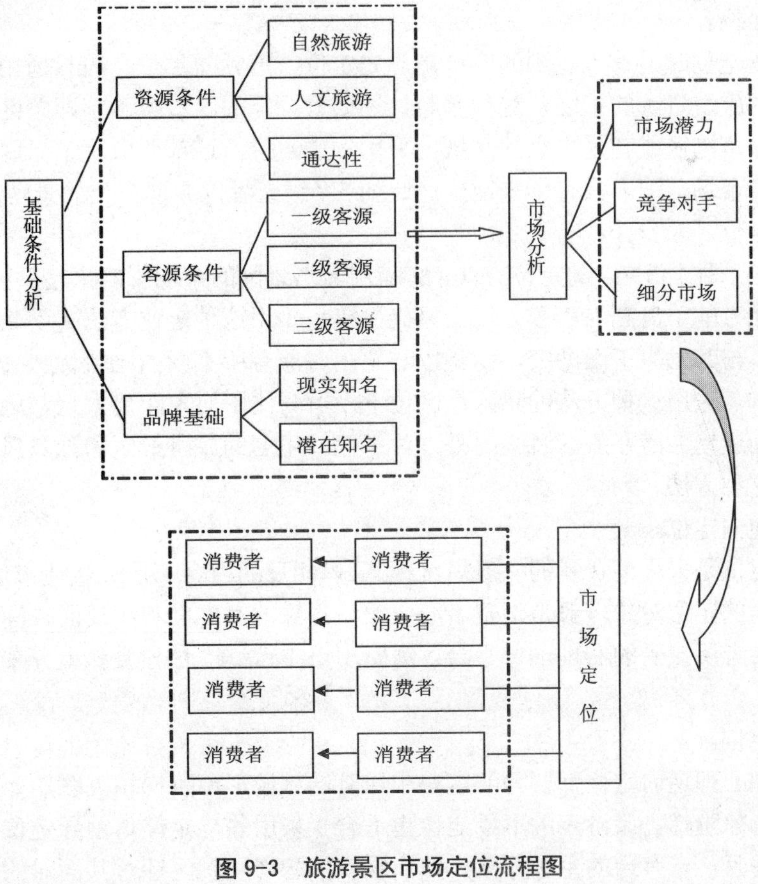

图 9-3　旅游景区市场定位流程图

【微型资料】

苏州旅游目标客源市场

根据苏州国际客源市场亲景度和竞争态特征，“十一五”期间，苏州入境旅游目标客源市场定位如下：

核心目标市场：日本、韩国、马来西亚、新加坡、法国、美国，以及中国港澳台地区。

基本目标市场：德国、意大利、英国、瑞士、加拿大、澳大利亚。

机会目标市场：泰国、菲律宾、印度尼西亚、俄罗斯、新西兰。

苏州国内旅游目标客源市场定位如下：

核心目标市场：江苏、上海和浙江地区。

基本目标市场：以北京为中心的环渤海地区和以广州为中心的珠江三角洲地区，重点是北京、天津、广州、深圳、珠海等城市以及山东、河南、河北、安徽、湖北等省。

机会目标市场：以重庆、云南、四川为代表的西南地区以及东北、西北地区。

问题：苏州旅游目标客源市场是根据哪类变量来细分的？

分析提示：苏州根据客源市场亲景度和竞争态特征，以地理因素作为细分变量，将苏州入境和国内旅游目标客源市场进行了细分，最后确定了苏州“十一五”期间入境和国内客源核心、基本及机会目标市场。

2．定位策略

（1）领先定位。

景区在市场定位时，首先想到的应该是领先定位，但领先定位一般只适用于具有独一无二或无法代替的旅游资源的景区，这种垄断性还要分一定的区域概念，即景区可能在世界范围内或者是全国范围内或者是更小的区域内采用领先定位，这都要取决于景区旅游产品的某项特征在多大的市场范围内具有领先地位。比如5A级或者世界遗产类的景区。

（2）比附定位。

比附定位是一种“借光”的定位方法。它借用著名景区的市场影响来抬高自己，比如“东方夏威夷”、“北方的千岛湖”、“东方瑞士风光”等。采用这种定位方法并不是去占据比附对象的市场定位，与其发生正面冲突，而是以与比附对象有所不同的比较优势去争取比附对象的潜在旅游者群。采用这种方法的景区在区位上不可与比附对象距离太近，因为这种定位是吸引比附对象的远途、潜在旅游者。另外，对于已经出名的旅游景区和独具风格的旅游景区不能随便采用这种方法。

（3）心理逆向定位。

心理逆向定位是采用消费者的一般思维模式，以相反的内容和形式塑造市场形象的过程，它所强调和宣传的定位对象一般是消费者心中第一形象的对立面和相反面，同时搭建了一个新的易于被旅游者所接受的心理形象平台。例如，“出售荒凉”的宁夏镇北堡影视城、深圳野生动物园。

（4）差异定位。

比附定位和心理逆向定位都要与游客心中原有的旅游形象阶梯相关联，而差异定位则是新开辟的一个形象阶梯。旅游点的形象定位更适合于采用差异定位。差异定位的核心是树立一个与众不同并且从未有过的主题形象。四川雅安的碧峰峡景区针对其面对的主体市场，推出了“天府之肺”的形象定位。

（5）狭缝市场定位。

狭缝市场定位是指旅游景区不具有明显的特色优势，而利用被其他旅游景区遗忘的旅游市场角落来塑造自己旅游产品的市场形象。

（6）变换市场定位。

变换市场定位是一种不确定的定位方法。它主要针对那些已经变化的旅游市场或者根本就是一个易变的市场而言的。市场发生变化，景区的特色定位就要随着改变，并相应地设计不同的营销组合。

【情景再现】

1月3日，西安交通大学的图书馆里坐满了孜孜求学的学生，几个学生手中传阅着《中国旅游报》。同一天，陕西百所高校的图书馆也开始出现同样的场景，这是华山风景名胜区管委会为他们送上的特殊新年礼物——《中国旅游报》。

西岳华山是国家重点风景名胜区，2008年，华山顺应旅游发展需求，变更体制，大胆求新，深度挖掘、包装华山文化，实施精品发展战略，科学推进华山规划、管理、环境、服务提升和营销工作，提高了华山景区的知名度，增强对客源市场的吸引力。虽受雪灾、地震等众多不利因素的影响，华山仍然实现了接待游客同比增长2万人次的良好业绩。

为推进旅游产品创新，让游客在游览中感悟人生，使华山成为陕西的山水旅游符号、历史文化符号，华山景区管委会和旅游集团结合旅游形势，提出了应对经济危机、做强华山文化、打造华山品牌、激活客源市场的工作思路。在办好“华山论剑”活动的同时，针对不同客源结构和市场细分，安排了一系列特色鲜明的主题活动。

为让数百万陕西在校大学生丰富旅游知识，了解国内外旅游形势，提早培育他们保护生态、爱护环境、关心旅游的意识，华山景区与陕西百所高校牵手，向各高校图书馆、学生会赠送全年《中国旅游报》。密切与大学生市场的亲情联络，构建“景区+院校”的营销模式，鼓励各大高校采取多种方式与华山合作，丰富“华山论剑”内容，叫响“到太空漫步、上华山练胆”形象口号。

华山景区管委会副主任、华山旅游集团公司总经理许长仁说，大学生是祖国的未来，也是最大的潜在客源市场，华山的祖根文化、爱情文化、奇险山势等对大学生具有很强的吸引力。大学生思维活跃，有强烈的创新意识，希望通过赠报的方式，让大学生主动关心旅游市场，并通过登华山、写华山、咏华山、拍华山，为华山景区的创新发展多提好建议，多出新点子，使华山文化植根心中。

第三节　旅游景区营销渠道及促销策略

一、旅游景区营销渠道

景区渠道，又叫景区分销渠道，是使旅游者转移到旅游景区实现景区产品销售的全过程中所经历的各个环节和推动力量的总和。它的起点是景区企业，终点是旅游消费者。中间环节包括各种代理商、批发商、零售商以及其他中介组织和个人，即旅游中间商。景区渠道与传统商品渠道的运动方向不同，通常是旅游者向景区的移动。

（一）旅游景区营销渠道类型

旅游景区营销渠道是旅游景区从旅游生产商向旅游者转移过程当中所要经过的各个环节连接成的通道。具体而言，可分为直接渠道、间接渠道、长渠道、短渠道、单渠道、多渠道六种类型，如图 9-4 所示。

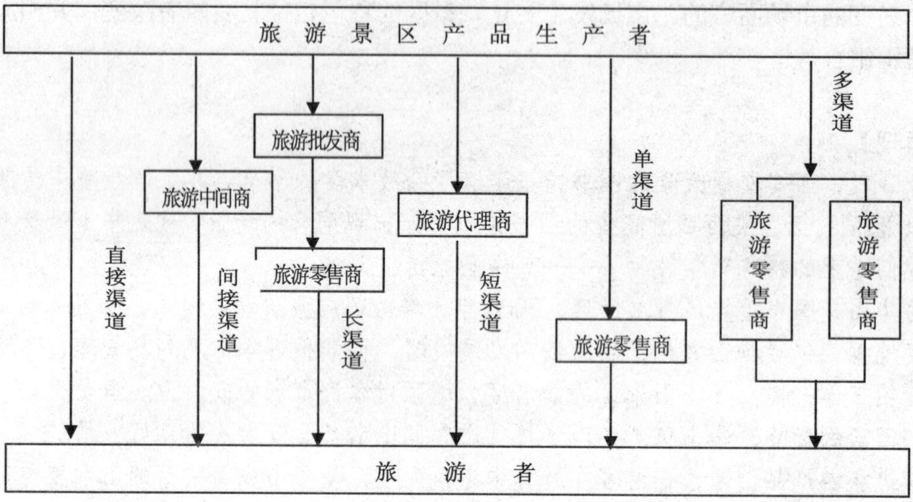

图 9-4　旅游景区营销渠道

（二）旅游景区销售渠道的选择

渠道设计是旅游景区为实现分销目标，对各种被选择的渠道结构进行评估和选择，从而开发新型渠道和改进现有渠道的过程。渠道范围一定要与分销区域的大小相适应，要尽最大可能缩短渠道长度，与渠道商分配好利益，不要被客户所控制，信息要畅通，多找积极主动愿意促销产品的新客户，确定终端分销形式，不同渠道之间的价格必须统一。

1．选择销售渠道的影响因素

（1）旅游市场特征。

渠道设计深受旅游者人数、地理分布、购买频率、平均购买数量以及对不同促销方式的敏感性等因素的影响。

（2）产品特色。

旅游景区资源的垄断程度如何、特色是否鲜明、对旅游者的吸引力如何等都会对景区经营者在渠道的设计上产生较大的影响。

（3）中间商特征。

旅游景区必须找到愿意并且能够履行职责的中间商。一般来说，中间商处理促销、顾客联系、存储和信用方面的能力各有不同。

（4）竞争特性。

旅游景区与周边旅游景区资源的同质性如何，各景区生产的旅游产品是互补性的还是替代性的，也是景区渠道设计的关键。

（5）景区自身经营条件。

旅游景区自身经营条件在渠道选择中扮演着十分重要的角色，主要体现在：总体规模、财务能力、产品组合、渠道经验、营销政策等。

（6）环境条件。

如经济条件和法律限制，也会影响渠道设计决策。例如，在经济萧条时期，景区经营者希望以最经济的方式销售产品。

2. 旅游景区营销渠道选择

旅游景区根据自身的特点选择合适的营销渠道。

（1）普遍性营销渠道策略。

普遍性营销渠道策略也称广泛性营销渠道策略，它是指旅游景区尽可能通过更多的适当的批发商（或代理商）、零售商推销其景区产品。如中国香港迪士尼乐园营销渠道多样，除了传统的旅行社，还通过网络、“7—11 连锁便利店”、地铁站和入境口岸等方式销售。

（2）选择性营销渠道策略。

选择性营销渠道策略是指旅游景区在某一地区仅通过少数几个经过精心挑选的、比较合适的中间商来推销其景区产品。如峨眉山实施的“峨眉山旅游全国专卖”新模式，即在全国及海外选择实力雄厚的旅行社合作，建立旅游专卖店网络的一种模式，在某种意义上就属于选择性营销渠道策略。

（3）专营性营销渠道策略。

专营性营销渠道策略是指旅游景区在一定地区、一定时间之内，只选择一家中间商推销其产品。旅游景区和中间商双方通过协商签订独家经营合同。如湖北神农架林区政府与广东“国旅假期”签订协议，广东游客去神农架旅游由广东“国旅假期”专营。

（三）景区渠道的建设

1. 建设原则

（1）以为顾客提供便利和创造顾客满意度为主要目标。

景区要树立“以旅游者为中心”的经营指导思想。在制定渠道策略和分销渠道的实施过程中，以顾客满意为主要目标，将渠道中心从分销商转移到顾客。顾客满意度决定顾客忠诚度，只要顾客忠诚度高，景区进行分销渠道的实施就具有了良好的基础。

（2）加强分销渠道的控制。

重新审查、制定渠道策略和战略，对现有渠道进行重新评价是每个景区必须进行的工作。要重新评价渠道活动，最大的障碍是现有渠道形式的历史以及传统的思维方式。为此，有必要应用一种从零开始的方法，抛开当前的渠道安排，从市场背后发现打开市场的最优方式，对现有分销渠道进行更加有利的调整。

（3）保持渠道策略与景区目标及内外环境的一致。

景区在制定渠道策略时，必须确定提出的渠道策略是否与景区企业目标相一致，能否支持总体战略推进，进而使景区达到预期的业绩目标。另外，渠道战略决策是在一个广泛的背景下提出的，因此，理想的渠道还必须在可用资源、渠道战略的历史等限制条件下实施。如果确认某项选择适应当前的战略，还必须看它是否适应将来的战略需要。如果一种渠道战略很容易被竞争对手模仿和超越，它就不能提供一种实质性的优势。

2．建设过程

在建立渠道的过程中应对各个渠道提供相应的支持和管理。

（1）景区应扮好供应商的角色。

①及时反馈分销商的意见和供应商的最新政策。

②及时调整产品。

③尽量帮分销商扩大销售。

④对因产品质量问题导致的分销商下线抱怨，及时向上汇报，尽快解决，消除负面影响。

（2）树立景区形象，赢得顾客忠诚度。

（3）帮助分销商设计不同的市场推广促销方案。

（4）景区的自我反省。

（5）景区确定与旅行社合作的思路。

①尽快支付佣金。

②在整个组织范围内承担对旅行社进行营销的义务，首先从管理层开始。

③让员工认识到对旅行社营销的需要和重要性。

④开展员工与旅行社之间的交易活动，以增进彼此间对各自需要和义务的了解。

⑤对经常组织旅游团到景区的旅行社予以嘉奖。

⑥通过销售宣传册、电子表单和饭店广告，为旅行社提供有关服务和设施的详细信息。

⑦与当地的旅游组织合作，为旅行社提供熟悉的旅游线路。

⑧确保旅行社免费和打折的权利。

⑨通过组织研讨会等为旅行社提供学习机会，让他们懂得如何组织会议和奖励旅游活动。

⑩提有关特殊活动和大型活动的信息，尽早促销以便旅行社能够进行销售。

3．渠道建设后的冲突调控

渠道成员的相对独立性决定了他们之间必然会出现一定程度的冲突，冲突的表现主要有：目标不一致、责权利关系不明确、信息传递过程中渠道成员存在知觉或感受的差异以及中间商对景区巨大的依赖性等。渠道建设后冲突调控的主要措施有：

（1）采用共同目标。

景区作为供应商，应该让所有的中间商明确营销渠道系统是一个不可分割的整体，每个分销商都是这个整体中的一员，缺一不可。而且所有渠道成员都有一个共同的目标，即实现渠道的最大利润，这一目标实现的前提是每个分销商都能将自己的分销目标完成，任何一家分销任务没有完成，渠道成员都将遭受损失。

（2）渠道层次之间进行人员交流。

信息传递过程中出现的各渠道成员知觉和感受上的差异，有些可能是因为各个分销商思考问题的角度不同或者是能力上有一定的差异，但更多的则可能是因为信息的不对称，而解决信息不对称的最重要的手段就是沟通，渠道层次之间进行频繁的交流，包括信息的交流和人员的交流。

（3）合作。

渠道合作是将渠道各成员组成一个利益共同体，景区、批发商和零售商互相创造市场机会，将促进所有渠道成员的共同发展，因为由渠道合作所获取的效益和市场信息必定比他们各自独立获得的效益和市场信息要多。而且通过渠道合作，旅游景区也可以把更多、更新的产品信息以更快捷的渠道传递给目标市场，目标市场的信息也可以更快捷、更准确地传递到旅游景区。

（4）协商、调整或仲裁解决。

对存在的问题进行协商、调整，或通过仲裁等办法解决。

二、旅游景区促销策略

（一）广告策略

景区广告是由景区或景区管理部门发起的，通过向媒体公开支付费用，以非人员的任何形式，进行景区旅游项目和景区形象等向公众传达的过程。广告促销一般包括目标的确定、广告的预算决策、广告的媒体选择和广告效果的评价等内容。

（二）网络营销

如今网络发展迅速，而且具有强大消费能力的中青年群体也是网络用户的主体。博客式的旅游体验记录属于口碑式宣传，再加之利益因素的单纯以及政府企业的干涉因素，使潜在旅游者对其有较高的信任度，可刺激其出游几率。

（三）公共关系策略

公共关系是指旅游景区为了使公众理解企业的经营方针和策略，有计划地加强与公众的联系，树立企业信誉而开展的记者招待会、周年纪念会、赞助、捐赠等信息沟通活动。其优点是通过宣传报道的形式，使潜在购买者对企业及其产品产生好感，并在社会上树立良好的企业形象。公共关系与广告的传播媒体有些相似，但它是以客观报道形式出现的，因而获得的效果是广告所不可取代的。

（四）内部员工策略

景区通过派出销售人员，与一个或一个以上可能成为购买者的人交谈，作口头陈述，以推销旅游产品，促进和扩大销售。在人员推销活动中，推销人员、推销对象和推销品是三个基本要素。其中前两者是推销活动的主体，后者是推销活动的客体。景区人员推销过程中，推销人员是景区与旅游者之间沟通的桥梁，也是景区的代表和象征，推销人员的工作任务就是要为景区创造满意的销售额，培养与中间商和旅游者的感情联系，并收集一切与景区营销相关联的市场信息。

（五）营业推广策略

营业推广是指旅游景区为了从正面刺激消费者的需求而采取的各种促销措施，如有奖销售、减价折扣销售等。其优点是可以有效刺激顾客的购买欲望，在短期内能收到显著的促销效果。

三、旅游景区营销创新

营销创新是管理创新的一个重要组成部分，旅游景区营销创新是指景区抓住旅游市场的潜在盈利机会，以获取商业利益为目标，重新组合营销要素，建立起市场竞争力更强的市场营销系统，从而推出新产品、开辟新市场的综合活动与过程。随着社会近期不断发展，旅游景区营销出现了许多新形式，较为常见的有联合营销、网络营销、体验营销、主题活动营销、事件营销、品牌营销等。

（一）联合营销

1．概念

联合营销是两个或两个以上的营销组织为了增强市场开拓和竞争能力，通过共同分担营销费用，协同进行营销传播、品牌建设、产品促销等方面的营销活动，以达到资源优势互补、营销效益最大化的目标。

2．旅游景区联合营销的实施

（1）同区域的联合营销。

同区域内的旅游景区，其旅游资源都被打上深刻的区域历史文化的烙印。同时，各景区旅游资源载体所呈现的区域历史文化内涵的侧重方面也有所不同。这些不同的特色组合在一起，铸就了一个区域深厚而独特的旅游魅力。旅游者在选择出游目的地时，往往不会只根据对一两个景区的好恶作出自己出游线路的决定，而会筛选几个具有丰富旅游资源的地区作为候选目标，选择其中对自己最有吸引力的一个地区作为自己的旅游目的地。由于财力、时间、交通和旅行社的线路安排等诸多因素的影响，中长线游客在到一地游览时，也都不止参观当地的一两个景点，而是会尽可能多游览几个景点，全面了解体验当地的自然风光和民俗风情。因此，各个景区在市场推广活动中，将景区的宣传推广与所在地旅游业发展的大环境割裂开来是极不明智的，进行联合营销十分必要。

旅游景区联合营销要注重“合力效应”，又要突出各自独特的资源魅力。参与景区在产品和线路设计、营销战略的制定实施、信息资源共享、知名度和整体形象的塑造等方面要坚持利益共享，发挥各自所拥有的资金、区位、人才、信息、知名度、营销等方面的独特优势，实现营销共赢。如湖南湘西通过一体化营销方式实现区域内多个景区旅游业共赢发展，同时用“一山”（张家界）、“一水”（猛洞河）、“一村”（王村古镇）、“一寨”（德夯苗寨）、“一城”（凤凰古城）指导各旅游景区的特色化开发。

（2）跨区域的联合营销。

它是指分别处于不同区域的同类型景区之间，通过内部信息互通、资源共享，在外部利用各自的品牌优势为共同掀起该类型旅游项目在更广大范围内的旅游热潮，吸引更多人的关注和参与，创造巨大的宣传声势和良好的旅游氛围，打造统一鲜明的特色旅游品牌，而采取的一系列营销方式和活动。如以六大名楼为特色的“岳阳联盟”、以佛教名山为特色的“四大佛教名山联盟”等，还有以地域自然风光，人文风情为特色的区域联盟和旅游圈，如川、藏、滇三省区共同打造的“大香格里拉”，川、鄂两省推出的“大三峡游”等，都呈现出了良好的发展趋势。

另外，根据旅游资源和景区的类型不同，还可以建立众多的景区营销联盟，比如，海滨度假村（浴场）联盟、中国北方雪场联盟、南方水乡联盟、名寺古刹联盟、历史名人故宅联盟等。通过有效的资源整合，形成优势互补、强强联合的巨大宣传效应，建立全国范围内的旅游资源的统一品牌，进行大品牌精品建设，进一步扩大旅游资源的影响力、感召力和吸引力。联盟成员可以通过周密的策划和组织，适时地以联盟的名义整体推出围绕本旅游项目资源开展的旅游节庆活动。另外，还可以定期轮流召开旅游论坛，发布年度景区联盟报告，以整体形象参加国内国际各类旅游交易会，也可以凭借联盟的资源优势和影响力吸引政治、商业会议、文化论坛在联盟的成员景区召开，借此进一步扩大知名度，提高重游率，保持游客对该类旅游项目的热情，不断吸引游客的光顾，最终实现大品牌下的共赢。

（二）网络营销

1．概念

网络营销是旅游景区以网络为主要手段达到一定的营销目标的营销活动。应用互联网，有利于旅游景区信息的快速对外发布，可以拉近旅游者与旅游景区的关系。

2．旅游景区网络营销的实施

网络营销是把网站建设作为景区整合营销传播的一部分。景区已经进入形象营销时代。形象营销的关键是对景区形象进行科学定位与设计，并通过不同的传播手段，如户外、平面、电子媒体、互联网等传递“同一种声音”。网站作为营销传播的一部分，应服从总体营销战略，并作为“跨媒体联动”的一个关键节点，即作为汇集、保存、传播多媒体信息的信息中心来建设。同时，网站应发挥“公众传媒”的优势，针对不同对象有效地传播信息。

另外，景区互联网营销还要通过适当的管理机制和利益机制来支持。景区可建立统一的网站平台，带动各周边利益服务企业上网，实现信息化投资的综合利用。由管理部门督促和规范相关企业动态信息的发布与更新，倡导诚信经营、正当竞争，建立良好的景区形象。景区自身也不妨将信息的发布权落实到具体部门，以保证各类信息的及时反映与更新。

【微型资料】

旅游景区网络营销发展策略

（一）社区互动营销

Deighton（1996）认为，全球互联网对营销最大的影响在于由广播营销转型为互动营销，而网络最大的特性即在于其互动的特性。研究指出网络互动性营销有两个基本特征：能够针对单一顾客，能够收集并存储顾客的咨询。这两个特征使企业能够针对个别顾客进行互动性营销活动。目前国内较具规模的社区网站或社区论坛，主要有开心网、人人网、天涯、篱笆和西祠等。借助社区网站，可以大大延伸旅游企业社区营销的触角和范围。

互联网与生俱来就有跨越时空阻隔的特点，可以通过一个平台，将不同地域、不同年龄的小区住户靠一个纽带来联结起来。这样一来，旅游企业就可以因地制宜，根据不同社区情况制定合适的线上及线下营销模式。旅游景区也可以通过社区类的专业旅游网站，比如携程旅行网、驴妈妈旅游网等开展互动宣传和口碑营销，这是一条很有效的途径。

国际上 90%的旅游市场是散客市场、自助游市场。在中国，旅游市场散客化和自助化趋势也越来越明显。互联网时代的旅游，交流与分享是显著特征。对目的地的选择权越来越集中在旅行者手中。这类社区的特点一是目标用户集中，二是会员活跃度非常高。很多会员会自发推荐各处好玩的地方，上面有趣味的线路，下面是热火朝天的讨论和点评，这是很多人选择旅游目的地的唯一可信赖途径。

用一个不太恰当的比喻，过去社区营销就如同传统的地面军队进攻，常常因为信息不对称或沟通不畅导致延误良机甚至失利。而和各大社区网站联合的社区营销更如同信息化的现代作战模式，陆军、空军协同配合，中央司令部统一指挥，从而确保营销战役的高效性和精准性。

（二）口碑营销策略

市场调查，旅游口碑营销是大多数出游者获得旅游信息并据此作出旅游决策的主要途径。互联网发展到如今，不再只是一个灌输平台，当更多的人拥有了发言权，对于旅游场所，最好的营销方式其实是口碑传播，可以达到四两拨千斤的效果，而博客正是口碑传播天然的集散地。

口碑着眼于“口碑的建立”，主体是旅游企业自身，咨询策划机构可提炼和加工，而非创造、甚至捏造出口碑来；口碑的传播可为旅游企业找到消费者中的“意见领袖”，并通过这些“引爆点”将某一旅游目的地的知名度迅速扩张，并且形成流行。

（三）博客营销策略

博客互动性强，费用低廉，拥有无穷的创造性与极强的知识性、自主性和共享性，正是博客的这种性质决定旅游业完全可以把博客融入旅游目的地市场营销的全过程。在游客、成本、方便和可信度等方面充分发挥博客的作用，实现旅游目的地市场营销整个流程的再造。

首先，博客能够向游客传播他们渴求的知识与信息，并且促使游客产生实地一游的愿望。在参与博客互动的基础上，在高度求知欲、成就欲的驱动下，现实与网络的界限逐渐模糊，潜在游客直接参与营销传播活动。高强度参与意味着并不仅仅是一般的“页面浏览”或随意的广告点击，也不仅仅是简单的心理参与或所谓达到“接触”，而是潜在游客带着自己的情感和兴趣去参与、去满足。这就与普通的营销方式区别开来。

其次，博客的信息传递无需直接费用，旅游景区可以为游客大幅削减成本，从而获取竞争优势。通过使用博客营销，旅游景区减少了对收费昂贵的相关媒体（如电视）的依赖，从而为游客降低了成本。

再次，博客的内容题材丰富，发布方式方便。潜在游客在阅读博客文章的同时，可以深入了解旅游景区的信息。无论天气地理、历史民俗，还是风土人情、奇闻轶事，都可能成为潜在市场转变为现实市场的契机。

最后，博客文章形式正式，可信度高。博客文章所具有的最大优势在于，每一篇博客文章都是一个独立的网页，而且博客文章很容易被搜索引擎收录和检索，这样使得博客文章具有长期被用户发现和阅读的机会。

（四）QQ平台

腾讯网为旅游行业客户提供一整套的整合推广方式。腾讯网专门开立专题页面，提供旅游相关新闻报道、专业评论和资讯服务，开设品牌专区、热点资讯、嘉宾访谈、新景图库、品牌展厅、美女旅游、旅游花絮、景区视频、服务指南、网友互动等多个热门栏目，还推出腾讯独有的QQ订阅、TIPS定向消息、迷你首页等不同推广方式，提供多种平台。同时，腾讯网的聊天对话框、腾讯网的在线游戏、腾讯的QQ秀、腾讯的微型新闻页面以及腾讯的系统公告和腾讯软件等都可以成为旅游景区进行置入式营销的平台。

在这个平台上，旅游景区可以利用“病毒式营销”在短暂的时间内快速地、爆炸式地传递给成千上万的旅游消费者，负载着景区品牌或旅游信息的QQ聊天对话框、聊天界面皮肤、传情图片被广泛传播给成几何级数增长的人群，营造了一个极佳的互动体验平台。

（五）网络团购营销

旅游团购能在如此短的时间内迅速兴盛起来，关键在于其契合了消费者的心理，符合市场经济规律，本身较其他消费方式就有一定的优势。调研数据显示，86%的消费者认为，参与旅游团购自己在商品价格上能得到更大的优惠，能以更低的价格享受到更多的服务。他们认为针对目前名目繁多的团购网站，他们可以随意选择自己感兴趣的参与到其中，并且消费时间可以自己掌握，这给自己的生活带来了极大的便利。

未来国内旅游团购网站如何成功，归根结底还是拼价格、拼服务、拼资源。谁的服务好、谁的价格低、谁的信誉高、谁的网站品牌好，谁才是真正的赢家。

（三）体验营销

1．概念

体验营销是景区内的工作人员通过声音或图像等媒介为客人营造一种氛围、一种情景，让客人沉浸其中，努力为游客创造一系列难忘的经历。

景区体验营销分两类，景区内营销和景区外营销。景区内营销就是在景区内通过各种产品组织让旅游者得到前所未有的体验，如迪士尼乐园设计的各种活动让游客们沉浸在一个梦幻王国。景区外营销是指工作人员通过声音、图像等为还没有购买景区产品的目标人群营造一种氛围，使客人感到身临其境，未进入景区就已经体验到在景区游览的感觉，让游客产生丰富的联想，从而吸引旅游者购买旅游景区产品。

2．旅游景区体验营销的实施

体验营销的实施首先强调旅游景区与消费者的沟通，看他们需要什么，并注重利用自身资源触动其内在的情感和情绪。其次应强调旅游者体验主题化、艺术化。主题是景区的灵魂，艺术的景区美的创造者，从景区规划之初到景区投入运营，主题和艺术应该贯穿始终。如迪士尼的第一个主题公园 1955 年在美国加州开业，旅游景区分类中的“主题公园”概念由此产生。迪士尼乐园正是依靠“动画电影艺术”而走向成功的。这不仅是因为其“主题”就是“艺术”，还因为迪士尼公园内部的各项服务设施、景观设施、服务项目、附加产品都具有较强的艺术性。早在 50 年前，迪士尼就已经以艺术文化为主导构建了自己的商业模式，艺术因素的介入为其带来大规模盈利。再次，应借助各种体验媒介，调动旅游者参与进来，起到宣传作用，增加旅游景区的吸引力和知名度。最后，应不断开发新产品、举办新活动，吸引回头客，使他们每次都有新感受，以创造体验吸引消费者，并增加产品的附加价值。

（四）主题活动营销

1．概念

主题活动营销是景区以主题活动作为手段，吸引旅游者前来景区旅游的营销活动。主题营销的最大特点是赋予一般营销活动某种主题，围绕既定主题来营造氛围。主题活动可以增强营销的震撼效果，形成市场冲击力、营造商业卖点。

2．旅游景区主题活动营销的实施

主题营销应强调差异性，这种差异不仅包括有形设施的差异和个性化服务等无形差异，还包括广告宣传、营销策略等营销环节上的差异。旅游景区可以推出差异性、新鲜性的主题活动，提高对游客的吸引力，增加游客对旅游景区的形象感知。如抓住《阿凡达》在全球热映之际，黄山旅游景区推出“《阿凡达》灵感之源秘游”的主题营销活动，拉动黄山春季旅游市场的发展。

【业界动态】

2012 中国·三亚南山举办健康长寿文化节

九九重阳，寿比南山。2012 年 10 月 23 日是我国传统节日重阳节，“从容健康、寿比南山——2012 中国三亚南山长寿文化节”在三亚南山文化旅游区开幕，聆听百岁老人故事，打开国际旅游岛的“长寿密码”。获评“海南省十佳健康长寿老人”的10位百岁老人及“南山寿公寿婆”的16位长寿老人，齐聚海南三亚南山健康长寿文化节，欢度重阳佳节。

旨在彰显海南建设国际旅游岛中“长寿岛、健康岛”理念与优势的长寿文化节开幕当天，南山景区对所有60岁以上的老年游客实施免门票的优惠服务，成千上万的老年游客涌入南山登高望远，拜佛祈福。在人群中，11位百岁老寿星无疑是最耀眼的“明星”，吸引了众多游人羡慕的目光。

开幕式现场，海南省和三亚市政府相关领导为“寿星”们颁发了荣誉证书和奖金，祝愿老人们“寿比南山”。当天，一处保持原生态的“长寿谷”景点在南山景区全新开放。南山景区按照科学的人体攀登承受程度，在长寿谷中分别标注不同的攀登距离，同时分设休息站，使拥有不同攀爬程度的游客都能得以走近大自然。与此同时，在南山长寿谷，由海南百岁老人的生活剪影组成的“百岁老人故事图片展长廊”，在百岁老人等人的剪彩后向游人亮相。一张张经历了百年岁月的图片，好比海南健康岛的一个“长寿”缩影，向海内外游人诉说着一个个人与自然和谐相处的奇迹。

当天中午，一场别开生面的百寿宴在南山举行，长寿老人们其乐融融地坐在一起聊起家常，互祝节日快乐。开怀之处，寿星们笑如孩童，合不拢嘴。此外，中老年人太极拳和秧歌表演、海南特色“滚猪比赛”、“我运动、我健康”的登南山长寿谷大家乐活动，让中外游客们在长寿节中乐开怀，南山景区当天对入园的游客还赠送出近千条祈福心愿带，让人人参与、人人欢乐，共同感受重阳佳节。

自1999年起，南山连续举办了14届三亚南山长寿文化节、长寿文化周、长寿博览月，并举办了“海南十佳百岁老人”和“南山寿公寿婆”评选。该活动已成为海南旅游界、文化界的重要节庆活动之一。

本次长寿文化节由海南省老龄办、三亚市旅游发展委员会主办，南山文化旅游区承办，以“从容的生活态度，健康的生活方式”为主题，评选出了“海南省十佳健康长寿老人”、“南山寿公寿婆”，全面地总结海南省区域性健康长寿规律，宣传三亚独具特色的长寿养生文化，倡导科学、健康、文明的生活方式，提高全民的生活质量和健康水平，打开“长寿密码”，让人们探索长寿奥秘，这是一项具有重要现实意义的科学实践活动。

资料来源：南山旅游网，2012.11（有修改）。

本章小结

本章介绍的主要内容包括：营销环境分析、市场调查与预测、市场细分与定位、营销渠道及促销策略；联合营销、品牌营销、网络营销、体验营销等创新型营销概念及实施步骤；旅游景区营销环境包括宏观和微观两种环境；旅游景区市场调查、市场定位；旅游景区常用的促销策略。

基础训练

1.选择题

（1）属于旅游景区营销环境的是（ ）

A.政治环境　B.经济环境　C.客源市场　D.社区

（2）属于旅游景区市场定性预测方法的是（）

A.旅游者意图调查法　　B.营销人员意见法

C.管理人员意见法　　D.专家意见法

（3）旅游景区营销渠道有（）

A.直接营销渠道　　B.间接营销渠道　　C.长渠道　　D.短渠道

（4）旅游景区促销的方式有（）

A.人员推广　　B.广告　　C.公共关系　　D.营业推广

2.判断题

（1）政治经济环境属于旅游景区中的微观环境。（　）

（2）旅游者意图调查法是由管理人员在实际工作中进行判断、分析、预测的。（　）

（3）广义的旅游产品是指由核心产品、形式产品、延伸产品三部分构成的一个整体。（　）

（4）通过一个以上中间营销环节的渠道称为长渠道。（　）

3.简答题

（1）旅游景区市场调查的步骤是什么？

（2）旅游景区市场定位的流程是什么？

（3）旅游景区定价策略有哪些？

（4）旅游景区有哪些营销创新？

案例分析

云台山成为河南旅游业首个中国驰名商标

近年来，云台山围绕“建精品景区、树全国文明、闯国际市场、树世界品牌”的工作目标，加快基础设施建设。据了解，北京至焦作的“云台山号”首趟旅游专列早已开通，这使北京及其周边的游客到达云台山景区的路程更加便捷。此外，云台山还力争开通武汉、南京至焦作“云台山号”旅游专列和台北至郑州“云台山号”旅游航班等。另外，继云台山驻北京旅游服务中心成立之后，围绕上海世博会，还将建立云台山驻上海旅游服务中心。

在旅游服务方面，云台山景区着重树立了不让一位游客在景区留遗憾、人人爱护旅游环境和以人为本的三大服务理念。还在景区内增设了120处温馨提示标识，设立救援电话、成立急救小分队、配备医疗救护车、设置人性化的引导和警示标志等措施，为照顾残疾人、老年人等一些特殊游客，在星级厕所内设置了残疾人厕位和无障碍通道等。

另据悉，为避免恶意抢注，焦作市还对其拥有的另一个世界级旅游品牌“太极拳”进行了商标的注册保护工作。目前，焦作市已将太极拳、陈式太极拳、陈家沟等向国家工商总局正式提交了23个类别31个商标的防御性注册申请，意在为太极拳旅游品牌披上坚实的“防弹衣”。

问题：试分析云台山成为河南旅游业首个中国驰名商标，对云台山以及河南省旅游营销的作用。

实践训练

就近选择一个乡村休闲生态旅游，了解其交通方式、旅游产品、客源市场、营销方式，分析其盈利模式。

第十章　旅游景区服务质量管理

学习目标

知识目标：了解旅游景区质量管理的基本概念和内涵，分析旅游景区质量管理的内容以及旅游景区服务质量管理的内容。

技能目标：通过对旅游景区质量管理分析，能够帮助景区有针对性地进行旅游景区质量的全面控制。

【引例】

厦门天竺山景区管理公司通过 ISO9001 质量体系管理认证

2009 年 10 月，厦门天竺山景区管理公司成功通过了 ISO9001：2000 质量管理体系认证，这意味着天竺山景区的下一步经营管理将真正步入制度化、系统化、规范化和科学化运行阶段。据悉，利用 ISO 质量管理科学体系进行管理的景区在厦门市还为数不多。天竺山公司自 2008 年初引进 ISO9001：2000 认证标准体系，经过近一年全方位的对照执行和整改，逐步建立了一整套规范的质量管理程序和手册。ISO9001：2000 标准体系认证的顺利通过有利于景区服务质量的进一步提高和旅游文化环境的优化改善，增强品牌竞争力，为天竺山争创国家 5A 级景区创造了良好条件。

资料来源：福建旅游之窗，2009.11.（有修改）。

旅游景区服务质量管理是旅游景区管理的核心内容之一，它直接关系到旅游景区的经济效果甚至生存和发展，也关系到旅游消费者合法权利的维护。因此，旅游景区管理必须重视和抓好这项工作。要加强旅游景区服务质量管理，就必须建立和完善服务质量管理体系，及时对其组织实施和评价，持续改进服务工作，提高服务质量，增强游客满意度。

第一节　旅游服务质量管理的重要性

一、旅游景区服务的特点

服务是一个大的产业，它通过营造消费气氛，提供必要的设施设备，用多种服务满足顾客需要或利用顾客的心理需求，获得服务收益。

准确地讲服务是为满足顾客的需要，因供方接触的活动和供方内部活动所产生的结果。

旅游景区服务是有形产品与无形产品的结合，是旅游景区在旅游者观光、游览过程中提供的各种服务。旅游景区服务因旅游景区提供的服务产品较为特殊而与其他服务有所不同。

（一）旅游景区员工本身就是旅游景区服务产品的一部分

旅游景区员工的态度、行为、仪表仪态和形象，直接关系着旅游者的旅游体验。在旅游过程中旅游者直接接触到旅游景区的方方面面，高素质、高水准的旅游景区员工本来就是一道亮丽的风景线。

（二）旅游者参与服务产品过程

旅游者消费服务产品的过程，反映出了他们的态度、期望和经历。不同的旅游者对同一旅游景区的看法不可能一致，他们凭自己的印象给旅游景区服务定型。

（三）不可贮存、无形的服务产品

旅游景区的服务和消费过程是同时进行的。旅游景区满足旅游者需求的难度较大，需求的季节性也较强。由于旅游景区提供的是无形产品，无法像购买商品一样退货，服务过程一结束就无法恢复，服务工作必须一次性完成，否则就会留下诸多隐患。

（四）环境服务是一个主要内容

旅游景区提供的服务产品主要是迷人的风光、良好的自然环境或人文环境。

旅游景区是一个集观光、游览、度假、康乐等功能为一体的独立单位，要明确旅游景区服务的内容，先必须明确旅游景区的功能设置。

从旅游景区功能设置系统来看，旅游景区是一个综合繁杂的结合体，服务功能全面，是由游、住、行、食、购、娱六大要素构成的综合载体。

根据旅游景区功能设置，旅游景区的服务内容可概括为人员服务、游览服务和环境服务三大类。

二、旅游服务质量的内涵

（一）服务质量的概念

GB/T 16766－1997《旅游服务基础术语》对旅游服务质量的定义是：旅游服务质量是指“旅游服务活动所能达到效果和满足旅游者需求的能力与程度”。旅游景区服务质量的高低主要表现在游客在旅游活动过程中享受到服务后的物质和心理满足程度的高低。游客对旅游服务质量的满足程度可分为两个层次。第一个层次是物质上的满足程度，它通过设施、设备、和实物产品表现出来，如设施、设备的舒适程度、完好程度、安全程度、档次高低，饮食产品的色、香、味、形，服务用品的美观、完善程度等。第二个层次是心理上的满足程度。它主要是通过直接劳动方式所创造的使用价值表现出来的，是服务质量的最终体现。旅游服务质量一方面取决于设施、设备和实物产品的质量，另一方面又取决于服务劳动者的服务观念、服务态度、服务方式、服务技巧、服务内容、礼节礼貌、语言动作等。因此，旅游景区既要重视有形的服务质量，又要重视无形的服务质量，两者不可偏废。

（二）旅游景区服务质量的含义

旅游景区服务是为满足游客的需要，旅游景区和顾客之间接触的活动以及旅游景区内部所产生的结果。服务是以游客为核心展开的。旅游景区服务质量是指旅游景区服务满足明确的或隐含的游客需要的特征的总和。旅游景区服务质量的评判具有很强的主观性：在一定的环境和道德前提下，游客根据自身的需要和期望来评判服务质量。旅游景区服务质量具有变动性，当游客口味改变或提高以后，自身的服务质量应随之而改变或提高。

Gronroos 于 1983 年提出认知服务模式，认为认知服务质量视期望服务与认知两者的差距而定。Parsuruman、Zeithaml 和 Berry 三位学者提出了“服务质量模型”，主要论点为服务质量除了服务认识与服务结果外，还应包含服务的过程，必须消除五处差距，才能达到令人满意的程度。

旅游景区服务质量分为旅游景区服务技术质量和功能质量。旅游景区技术质量是指旅游景区提供什么给游客。主要指旅游景区服务带给游客的价值。例如旅游景区为游客提供可供观赏的优美景观，可供游客使用的度假设施，餐馆为客人提供色、香、味俱佳的菜肴，酒店为客人提供干净卫生的床上用品等；功能质量是指如何给游客提供服务，指顾客接受服务时的感觉，即顾客对服务的认知程度。例如饭店服务人员上菜时的动作、旅游服务人员结账时的态度等。管理者必须加强对旅游景区服务技术质量和功能质量这两方面的考虑，尽量缩短顾客期望和实际受到的服务之间的差距。

（三）旅游服务质量的内容

旅游服务质量的主要内容有以下几个方面。

1．服务设施和设备质量

在游客来到之前，设施、设备反映旅游景区的服务能力，在游客到来之后，它是旅游景区有形服务的表现形式。在为游客服务的过程中，旅游景区设施、设备的完好程度、舒适程度、美观程度都直接或间接地影响服务质量。因此，设施、设备是提供优质旅游服务的基础。

2．服务环境质量

服务环境质量主要包括旅游景区绿化环境、空间结构、灯光音响效果、色调情趣、环境卫生、安全保障及设施和场所装饰等方面的质量。

3．服务用品质量

服务用品包括服务人员使用的各种用品和供游客消费的各种产品。这些用品和产品的质量必须符合等级规范要求，以实现优质旅游服务。

4．实物产品质量

实物产品质量主要表现为饮食产品和满足游客购物需要的商品质量。

5．劳务活动质量

劳务质量是以劳动的直接形式创造的使用价值的质量。内容包括服务态度、服务技能、服务方式、仪表仪容、言行举止、服务规范、礼貌修养及职业道德等方面。劳务质量是旅游服务质量的主要表现形式，也是最基本的表现。

6．游客满意程度

游客满意程度是旅游服务质量高低的最后体现，它主要表现在游客在游览过程中享受到服务劳动的使用价值，得到物质和心理的感受、印象和评价。上述五个方面的质量高低最终都通过游客满意度表现出来。因此，提高旅游服务质量必须从游客的消费需求、消费心理出发，有针对地提供各项服务，重视游客的满意程度，并随时掌握游客心理变化，不断地改进服务工作。只有这样，才能提高游客的满意程度，取得高水平的服务效果。

（四）旅游服务质量的特点

旅游服务质量与一般产品质量相比，除了具有一般产品质量的共性外，如质量的广义性、时效性和相对性，还具有旅游服务质量的自身特色。

1．质量构成的综合性

旅游服务质量由服务设施和设备质量、服务环境质量、服务用品质量、实物产品质量和劳务质量等构成。每一方面的质量都包括很多具体的内容，贯穿于旅游活动的全过程。因此，要提高服务质量就必须做到：第一，要有系统观念，把提高服务质量当成一个系统工程来抓；第二，要有价值观念，提高等级标准，实行优劣分档、按质论价；第三，要运用心理学原理，有针对性地提供各种服务，尽可能让游客获得心理上的满足。

2．质量显现的短暂性

在旅游服务过程中，每次具体服务所提供的使用价值，其质量的显现时间都比较短暂，如导游服务中的接送服务、景点介绍等。

3．质量内容的关联性

旅游服务质量的具体内容包括有形质量和无形质量两个方面。每一个方面又是由很多具体因素构成的，这些因素互相关联、互相依存、互为条件。如导游服务中，接团质量不好，直接影响游客的第一印象；导游讲解乏味，又影响景点质量的发挥。

4．对员工素质的依赖性

旅游服务质量的高低，在很大程度上取决于旅游景区员工的素质。他们的主动性、积极性和创造精神的发挥程度以及服务态度、服务技能、专业技术水平和劳动熟练程度，都直接影响旅游服务质量。因此，要提高服务质量就必须做到：第一，树立人才观念，积极引进和配合高素质的管理人员和服务人员；第二，加强员工培训，全面提高员工的综合素质；第三，切实加强服务过程的组织管理，充分调动员工工作的积极性和创造性。

二、旅游景区服务质量管理

（一）旅游景区服务质量管理的概念

GB/T16766—1997《旅游服务基础术语》的定义是：旅游服务质量管理是指“旅游行政主管部门和旅游企业为提高旅游行业的服务质量而制定的质量目标和实现该目标所采取的各种手段”。由此定义可知，旅游服务质量管理是指旅游景区为提高旅游服务质量而制定的质量目标和实现该目标所采取的各种手段。

（二）旅游景区服务质量管理的内容

旅游景区是通过建立服务质量管理系统来进行质量管理的。因此，旅游景区服务质量管理的主要内容包括：制定旅游景区服务质量的方针和质量目标；建立旅游景区服务质量管理体系；组织旅游景区服务质量管理体系的实施；对旅游景区服务质量体系进行评价。

（三）旅游服务质量管理的重要性

管理者和员工素质的高低是旅游景区可持续发展的关键。由于旅游景区（点）管理人员大部分直接面对旅游者，他们的表现就代表了旅游景区的服务质量和旅游企业形象，特别是员工，在建立与旅游者、当地居民及有关部门和单位之间良好人际关系方面具有不可替代的作用。服务质量也是影响旅游景区竞争力的关键要素之一。一个好的旅游地，其员工队伍和管理者阶层应当是高素质并经过专业培训的。旅游服务质量管理的重要性主要表现在：

一是完善市场经济体系、规范市场行为的重要战略措施。旅游服务质量管理的市场规范和市场行为是旅游业市场经济体系的重要组成部分。服务质量是旅游业的生命。在一定的物质条件下，旅游景区管理的各项工作可以集中表现为提高服务质量、获得优良经济效益。

二是体现服务质量差别，创造公开竞争市场环境的重要条件。

三是社会主义市场经济的客观要求。从旅游服务的角度来看，服务作为一种特殊商品，客人所追求的是它的使用价值，这种使用价值同实物产品的使用价值没有什么本质的区别，都是为了满足客人的某种需求，但是这种使用价值的质量却是有区别、有等级的。

四是我国旅游业参与国际市场竞争，增强竞争力的重要条件。一个国家、一个地区旅游业参与国际市场竞争能力的高低取决于多种因素，包括旅游资源的吸引能力、接待能力的高低和旅游服务配套设施的完善程度、管理水平、服务质量、市场声誉和形象的好坏等。从旅游服务质量管理的角度来看，则主要取决于两个条件：一是国家或地区整体服务水平的高低，它决定着市场声誉和形象；二是企业服务质量管理是否坚持了实事求是，能够维护消费者的利益。

第二节 建立旅游景区服务质量人员管理

旅游业是我国与国际接轨较早的行业之一，而旅游景区作为旅游业的半壁江山，也应该像星级酒店一样推行“星级”服务，以展现中国风旅游景区管理水平和形象。同时，旅游景区（点）作为国家的一个“窗口”，其管理者素质的高低更在一定程度上代表了国家的形象，反映出国家改革开放的力度和进展。因此，旅游景区（点）的管理者要具备较高的素质，并且通过不断的培训教育以适应现代旅游业的要求。

一、旅游景区管理者队伍的素质要求

具体讲，管理者（不仅包括一般意义上的旅游企事业单位的管理层，也包括普通员工，因为后者也是维护旅游景区（点）的旅游秩序和游客安全的管理员）的素质要求如下：

（一）职业道德素质

道德是人们在长期生活实践中所形成的行为规范。从事旅游景区服务的员工，首先应具备基本的道德观：有正义感，弃恶扬善，是非分明，不感情用事；识大体，顾大局，不计较小事，深明事理；尊重人，不伤害别人的自尊心；乐于助人；遇事分清主次，该妥协的妥协，该退让的退让，该坚持的坚持。

旅游景区员工职业道德高尚与否，直接影响旅游景区的服务质量，关系到旅游景区的生存发展。旅游是对人的服务，员工素质决定了机构的形象，从业人员具备良好的职业道德，旅游景区就能在激烈的竞争中拥有一席之地。

旅游景区员工职业道德要求：

（1）正确的人生观，爱岗敬业。

（2）严守机密，贯彻“内外有别，不卑不亢，以礼相待，一视同仁”的原则。

（3）服务技能熟练，严格按服务规定、程序、标准作业。

（4）自觉遵守劳动纪律，有强烈的集体荣誉感。

（5）仪表端庄、文明礼貌、讲求礼节，做到“敬语服务、微笑服务、站立服务、主动服务”。

（6）真诚公道，对游客负责，维护游客的利益。

（7）不断学习，提高个人修养和业务能力，有良好的素质。

（二）敬业精神

敬业精神是对待工作时严肃认真的工作态度，是对完美工作服务的追求。有敬业精神的人，是一个对自己、对他人负责的人。

不敬业、不爱岗、没有责任感，工作肯定做不好，既害了自己，又害了他人，严重的将会影响到旅游景区的经济利益，影响到旅游景区的形象。

（三）业务素质和管理技能

有履行职业要求的业务水平和服务技能；有适应游客需要和旅游景区发展的业务管理技能；特别要求每一位管理人员要具备一定的特殊技能（如文物保护、规划、市场分析等）。

（四）文化素质

具备较强的文化修养，较高的知识层次，特别是对旅游产业及本旅游景区有较丰富的知识。

（五）语言素质

包括外语、普通话和部分方言。能流利地表达自己的思想，与外国旅游者可以交流。

（六）服务意识和服务技能

"微笑是通用语言"，这一饭店业通用的"语言"在旅游景区中的应用还存在一定不足。因此加强国内旅游景区管理者的服务意识和服务技能是当前迫切需要解决的大问题。由于我国重点旅游景区还处于卖方市场，管理人员掌握一定"特权"（如免票权），缺乏经营观念、市场意识和危机感，还是在"当官做老爷"，自我感觉良好，势必造成服务意识淡薄的状况。这显然与市场经济的大潮背道而驰。我国特殊的旅游管理体制也助长了这种局面的形成。一些风景名胜区管理委员会规格高于当地旅游行政主管部门（如黄山管理局是厅局级，黄山市旅游局是县处级；庐山管理局是副厅级，九江市旅游局是县处级 ）；即使规格相同，也因这些旅游景区能给地方政府带来可观的经济收入，而旅游局的行业管理职能有限，两者在政府中的地位是不可同日而语的。

（七）团队精神

团队是一支不断变化的、有生命力和活力的队伍。一支优秀的团队具有较大的力量，团队的创新力量远远超过任何个人的能力，当他们接受到看似他们能力之外的任务时，他们会在探索解决的过程中相互增进信心，超越简单的、按部就班的运作，达到能力的飞跃。

旅游景区是一个综合的服务部门，旅游景区服务具有自身的特殊性与全员性，任何一个部门不到位，都会影响整个旅游景区。对员工进行服务意识的培养是上岗前的一项重要工作。没有服务意识，缺乏服务理念，旅游景区服务工作就不可能做好，员工的敬业思想也难巩固。

二、旅游景区管理者应树立的几个观念

（一）经济观念

开发旅游景区、景点，建设度假村、游览点主要目的是为了盈利，有盈利才能发展当地经济，解决就业，提供税收。旅游景区发展需要资金支持，没有资金支持，就没有规模经济效益。

资金对任何单位、企业和个人来讲都不可缺少，旅游景区员工必须有较强的经济观念，注意节约、吸引游客、推销旅游景区产品。旅游景区经营好了，员工收入才会增加；旅游景区发展不好，个人的前途将大受影响。不论形式如何，都有一个计算公式：

盈利=收入－支出

扩大收入，减少支出。收入的扩大靠所有的员工提高服务质量，推出新的产品。支出的减少，也靠每一位员工注重节约，节约旅游景区宝贵的资源。

（二）游客观念

旅游景区是靠游客来观光游览才得以生存的，游客第一，是旅游景区经营的基本理念。笑迎八方客，热情接待，周到服务，是旅游景区员工上岗必须牢牢记住的。没有客人，就没有旅游景区。

（三）生态观念

大部分的旅游景区是靠独特的资源吸引游人，旅游景区的旅游资源是游客到旅游景区的最终追求。

如果说游客是旅游景区经营收入的基础，旅游资源则是旅游景区存在的基础。保护旅游景区资源，树立生态观念才能吸引游客，使旅游景区持续发展。

（四）民族观念

只有民族的才是世界的，缺乏当地民族特色的旅游景区很难再次吸引游客光临。

在旅游景区服务中，应强化民族观念，尊重那些能吸引游客的生活方式和民族特征，保护那些千百年形成的民族生活方式及行为习惯。而保护的最重要手段是让旅游景区的文化传承者认识到其本土文化的世界性价值。

第三节 旅游景区服务质量管理体系建设

一、旅游景区质量管理体系的原则

（一）旅游景区质量管理的基本原则

1.“以顾客为关注焦点”原则

“以顾客为关注焦点”原则指出：“组织依存顾客。因此，组织应当理解顾客当前和未来的需求，满足顾客要求并争取超越顾客期望。”应用“以顾客为关注焦点”原则，旅游景区应建立对市场的快速反应机制，创造竞争优势，增强顾客的满意度。因此，旅游景区应做到以下几点：

（1）识别并理解顾客的需求和期望。

（2）确保旅游景区的质量目标体现顾客的需求与期望。

（3）确保在整个旅游景区内沟通顾客的需求与期望。

（4）监视、测量顾客满意度并据此采取相应的改进措施。

2.“领导作用”原则

“领导作用”原则指出：“领导者确立组织同意的宗旨和方向。他们应当创造并保持使员工能充分参与实现组织目标的内部环境。”应用“领导作用”原则，达到员工主动理解并自觉去实现旅游景区目标，领导者应做到以下几点：

（1）识别并理解所有相关方的需求和期望。

（2）清晰描绘旅游景区未来的远景，确定富有挑战性的质量目标。

（3）建立适合于旅游景区、鼓励进取的旅游景区文化。

（4）为员工提供所需的资源与培训。

3.“全员参与”原则

“全员参与”原则指出：“各级人员都是组织之本，只有他们的充分参与，才能使他们的才干为组织带来收益。”应用“全员参与”原则，旅游景区应做到以下几点：

（1）让每个员工了解自身贡献的重要性及其在旅游景区管理中的角色。

（2）建立以员工为本的旅游景区文化。

（3）根据员工各自的目标及时评估其业绩。

4.“过程方法”原则

“过程方法”原则指出：“将活动和相关的资源作为过程进行管理，可以更高效地得到期望的结果。”应用“过程方法”原则，旅游景区应做到以下几点：

（1）系统地识别旅游景区所有的过程。

（2）明确管理的职责与权限。

（3）测量和分析关键过程的能力。

（4）识别并管理过程间的相互作用。

（5）注重改进过程的资源、方法等因素。

（6）应用“过程方法”建立服务质量管理体系，形成以过程为基础的服务质量管理体系模式。

5.“系统方法”原则

“系统方法”原则指出：“将互相关联的过程作为体系加以识别、理解和管理，有助于组织提高实现目标的有效性和效率。”服务质量管理体系的构成要素是过程。旅游景区内的所有过程组成一个服务质量管理体系。将构成体系的过程作为系统予以识别、理解并管理，可使过程相互协调，使职责、权限、能力对应，以便最大限度地实现预期的结果。应用“系统方法”原则，旅游景区应要做到以下几点：

（1）建立一个健全的服务质量管理体系。

（2）系统地识别、理解并管理服务质量管理体系在过程间的相互作用。

（3）确定如何系统地运作服务质量管理体系中的过程。

（4）通过测定和评估，持续改进服务质量管理体系。

6.“持续改进”原则

“持续改进”原则指出：“持续改进总体业绩应当是组织的一个永恒的目标。”持续改进是“增强满足要求的能力的循环活动”，由一系列的改进过程（PDCA 循环）构成，是旅游景区的发展战略。其对象可以是服务质量管理体系、过程、产品等。其目的是提高旅游景区服务质量管理体系的有效性和效率，实现质量方针和质量目标，提高顾客和其他相关方的满意度。应用“持续改进”原则，旅游景区应做到以下几点：

（1）在整个旅游景区范围内使用一致的方法持续改进旅游景区业绩。

（2）将产品、过程和服务质量管理体系的持续改进作为旅游景区每位成员的职责。

（3）利用培训使员工掌握持续改进的技能。

（4）测量、评审持续改进。

7.“基于事实的决策方法”原则

“基于事实的决策方法”原则指出：“有效决策是建立在数据和分析的基础上。”应用“基于事实的决策方法”原则，旅游景区应做到以下几点：

（1）确保数据和信息的足够与可靠。

（2）让需要者得到数据与信息。

（3）使用正确的方法分析数据。

（4）基于事实分析，权衡经验与直觉，作出决策。

8.“与供方互利关系”原则

“与供方互利关系”原则指出：“组织与供方是相互依存的，互利的关系可增强双方创造价值的能力。”应用“与供方互利关系”原则，旅游景区应做到以下几点：

（1）平衡短期与长期利益，确立与供方的良好合作关系。

（2）与供方共享专门技术与资源。

（3）识别与选择关键供方。

（4）与供方及时沟通。

（5）评价并鼓励供方的改进。

（二）PDCA 模式

PDCA 是英语 plan（策划）、do（实施）、check（检查）、action（处置）4 个单词首字母的组合。PDCA 模式就是按照策划、实施、检查、处置四个阶段的顺序来进行质量管理工作，它最早是由美国管理学家戴明博士提出的，因而也被称为“戴明环”。PDCA 模式既是一种质量管理办法，又是一种科学的通用工作程序。PDCA 从起点策划，经过实施、检查和处置，回到更高起点的策划。它是一种动态的“闭环”，并且环环相接，大环内可有若干小环，小环内可有更小的环，旨在持续改进、螺旋式提升。

持续改进是一种循环的活动，不论是对过程还是对服务质量管理体系的持续改进，通常都以 PDCA 方式来实现。例如某过程的持续改进，旅游景区首先依据其目标设定该过程的目标、确定该过程；然后实施该过程，并测量该过程的结果；最后将测量的结果与设定的目标对照以评估该过程，找出差距，采取措施，改进该过程的业绩。

二、建立旅游景区服务质量管理体系

（一）关于“全面质量管理”的理念

全面质量管理是质量管理与控制的第三个阶段（前两个阶段为质量检验阶段、统计质量管理阶段），已经从狭义的产品质量扩展到广义的工作质量的管理。它强调以质量为中心、全员与质量管理、全方位质量管理、全过程质量管理和着眼于长远的发展（见表 10-1）。

表 10-1 全面质量管理的特征

永远进取：没有最好，只有更好
提高质量：采用最广泛的质量定义，不仅指最终产品，而且覆盖和最终产品有关的一切
精确衡量：运用精确的数理统计衡量实绩，比照标准，纠正偏差
放权雇员：授权员工、技术管理人员，动员和鼓励他们参与质量管理工作

资料来源：周三多编：《管理学》，北京：高等教育出版社，2000 年。

（二）旅游景区服务质量的具体构件

旅游属于服务业体系，服务质量是企业发展的生命源泉。风景旅游景区隶属于旅游业，管理质量与服务质量是统一的。提高旅游服务的最终目的是通过旅游的需求在合理的基础上得到最大满足，从而获得良好的经济和社会效益。

旅游景区为游客提供尽善的服务，“以质量求生存，以质量求效益，以质量求游客”。旅游服务质量是指旅游服务活动所能达到规定效果和满足旅游者需求的能力和程度。其具体构件包括“六要素”：服务观念、服务技术、服务态度、服务设施、服务项目、服务价格。因此，构成旅游服务质量的要素既有软件，也有硬件，它是物质上的客观性和管理上的主观能动性的有机结合。传统观念认为，服务质量仅仅包括员工服务态度和服务技术，这种认识是不全面的。只有在服务设施、项目和价格固定的情况下，服务的观念、技术和态度才能发挥主导作用。

服务质量体系一般包括3个组成部分：质量管理职责（含质量方针、质量目标、质量指责和权限、质量措施等），人员与物质资源，服务质量体系结构（建立服务质量环、建立质量文件体系、内部质量审核）。

（三）服务质量管理体系的建立

建立服务质量管理体系是旅游景区的一项战略性的决策。服务质量管理体系的建立一般包括准备与策划和文件编制两个阶段。

1．服务质量管理体系的准备与策划

这一阶段具体包括以下几个步骤：

（1）领导决策。

领导层应明确顾客的需求，分析旅游景区的服务质量管理现状，经讨论研究，作出建立服务质量管理体系并实施认证的决策，并形成决议。

（2）组织安排。

①成立领导小组（或质量管理委员会）。领导小组由最高管理者任组长，各主要科室及职能部门的领导为组员。其职责主要是审批工作计划、确定质量方针和目标、调整管理职能、组织审查体系文件、协调体系运行所需的资源等。领导小组在体系建立并正常运行后即可终结。

②任命管理者代表。由最高管理者任命旅游景区内主管质量管理工作的副总经理为管理者代表，负责协调体系的管理工作，落实管理职责。

③建立工作机构。在体系的建立过程中，需要组建一个工作机构来组织落实领导小组的决议，牵头建立旅游景区服务质量管理体系。工作机构的主要职能是：制定工作计划，组织安排相关的培训，组织开展过程识别、过程分析与确定，组织协调体系文件的编写，组织开展体系的试运行等。体系建立并正常运行后，工作机构可转化为某一常设的管理部门，作为体系运行的综合管理协调部门，或者将其有关工作并入正常的管理职能，临时工作机构解散。

（3）动员发动。

颁发正式文件，召开员工大会，表明领导决心，使全体员工了解建立服务质量管理体系并实施认证的目的、意义及有关决定。

（4）制定工作计划。

在明确了建立服务质量管理体系的基本步骤后，工作机构在管理者代表的领导下制定具体工作计划，明确目标、落实责任、突出重点、控制进度。

工作计划可按照计划的时间，采取倒排时间表的方法。计划制定好后报领导小组审查、最高管理者批准后即发给各部门。

（5）培训骨干。

组织中层以上人员及有关管理人员学习相关标准，理解服务质量管理体系的要求，认识自身的差别，明确努力的方向，提高对服务质量管理体系的认识。

（6）制定质量方针和质量目标。

质量方针是由旅游景区的最高管理者正式发布的该旅游景区总的质量宗旨和方向。质量方针应与旅游景区的总方针保持一致，并为制定旅游景区的质量目标提供框架。质量方针的制定要结合旅游景区产品、过程和体系，突出本旅游景区的特点，最好能通俗易懂。

【微型资料】

某旅游景区确定的质量方针是“优质、优美、安全、守法、发展”。

优质：为游客提供优质服务，使公园成为游客满意的地方。

优美：通过我们的努力，使公园的自然景观与人文景观和谐，为游客提供优美的旅游环境。

安全：加强管理，严格执法，杜绝一切安全隐患，确保游客人身、财产安全。

守法：严格遵守国家的法律法规。

发展：不断改进服务意识、采用现代管理方法、开拓新的旅游项目，使旅游景区持续向前发展。

质量目标是在质量方面所追求的目标。它分为总体的质量目标、产品的质量目标、旅游景区的质量目标以及部门或班组的质量目标和岗位的质量目标。质量目标应建立在旅游景区质量方针的基础上，其制定要考虑产品要求或确保上一级质量目标的完成。另外，质量目标的制定还要考虑旅游景区存在的问题点（包括不合格、缺陷、不足、与先进水平的差距等）以及旅游景区的现状和现有的业绩及相关方的满意程度等多方面的因素。

旅游景区质量目标确定以后，还要将其分解到相关职能部门和层次。在落实质量目标时，可采取目标管理的系统方法，做到自上而下展开，下层的目标要包括上层要求，不能互相矛盾，以保证上层目标实现为宗旨。同时，要分清主管部门及相关部门，使目标明确、协调有序。质量目标具体分解到哪一层次，要视旅游景区的具体情况而定，关键是能确保质量目标的落实和实现。

在落实目标时，可制定每个层次目标的相应指标与保证措施，作为业绩评定的一项主要内容，从而保证质量目标的实现和可检查性，为管理评审质量目标的实现情况及改进提供可靠信息。

（7）过程识别。

质量管理归根到底是对过程的管理，过程的结果就是产品，而对过程的管理取决于资源和活动的管理。因此，建立服务质量管理体系必须识别过程，确定资源和活动，确保资源和活动的质量。

过程可大可小，大过程中可有小过程，小过程中可有更小的过程。服务质量管理体系包含管理职责，资源管理，产品实现以及测量、分析和改进四大过程。每一过程又包含若干个子过程，而这些过程不是彼此孤立的，而是相互联系的。例如，管理职责过程包括确定质量方针和质量目标、沟通和管理评审等；资源管理过程包括资源的确定与提供、人力资源管理、基础设施和工作环境的规定等；产品实现过程包括产品实现的策划、与顾客有关的过程、设计和开发、采购、服务的提供、监视与测量装置的控制等；测量、分析和改进过程包括监视与测量、不合格控制、数据分析和持续改进等。这些子过程还包括一些更小的过程，例如某旅游景区的服务提供过程主要包括旅游服务、清洁服务、园林绿化、综合治理、医疗救护、商品销售、保安服务、设施运行和餐饮服务等，而旅游服务中的景点接待服务又包括迎送和游览接待等。

系统地识别旅游景区所应用的过程，就是从旅游景区运作的总体角度出发，依据过程的性质、应用目的及希望达到的结果识别过程的原则，识别涉及的所有过程。过程的识别包括对每一个过程输入、输出和活动的识别，还应包括活动所需资源的识别。过程的识别是建立服务质量管理体系的基础，其主要目的是了解旅游景区的服务质量及管理现状，为旅游景区建立服务质量管理体系收集信息并提供依据。过程识别的任务是；一方面要系统地识别和确立旅游景区为实现质量目标所需的过程（包括存在的子过程或活动）；另一方面在确定过程的基础上，合理而科学地明确这些过程或子过程的顺序、接口和相互关系。针对识别出的过程，还要进行分析，为以下工作作准备。

①明确组织机构、职责和权限。

②配置所需资源，如人力资源、基础设施和工作环境等。

③确定哪些过程需要编制文件（程序文件、作业文件），哪些是旅游景区多年形成的惯例、约定俗成的东西，或是因员工素质较高或过程较简单，不需要形成文件。

对识别出的过程常以流程图或流程表的形式，描述它们之间的联系和相互作用关系，较复杂的过程可用网络图描述。当然也可以用其他方法，如用文字描述，以文件（程序、指导书）的形式将过程展开等。

（8）确定组织机构，明确管理职责和权限。

组织机构的确定是分配职能和确定管理程序的基础，在分配职能和编写程序文件之前，必须先进行职能分析和确定机构。确定机构时，要坚持精简高效的原则，尽量避免和减少部门的职能交叉。一般情况下，旅游景区可通过组织机构图反映组织机构的隶属关系。

一个过程可能涉及多个职能部门（人员），一个部门（人员）可能涉及多个过程，而过程中的活动对过程的输出结果起着决定性的作用，因此，旅游景区应明确实施活动的职责和权限，并予以管理。所以，旅游景区要明确最高管理层和各个部门的职责、权限以及沟通方式。每一名员工都应当被赋予相应的职责和权限，从而使他们能够为实现质量目标作出贡献，并使他们树立参与意识，提高能动性并作出承诺。

2．服务质量管理体系文件的编制

服务质量管理体系策划的输出是一套完整的服务质量管理体系文件，它是体系的文件化形态。文件是指有意义的数据及其承载媒体。文件可以采用纸张、计算机磁盘、光盘、照片、标准样品、其他电子媒体或它们的组合形式承载。

质量手册是描述旅游景区服务质量管理体系的文件，必须是书面的。程序是为进行某项活动或过程所规定的途径，可以是书面的或口头的。当程序形成文件时，称为书面程序或程序文件。记录是阐明所取得的结果或提供所完成活动的证据的文件，用于追溯和作为证据。它描述的是事实，不可更改，因此不需要控制版本，但用于描述事实成为记录的表格需要控制版本。

（1）文件的作用。

服务质量管理体系文件描述了旅游景区的服务质量管理体系，确定了服务质量管理体系运行的结果要求和如何实现这种要求，因此，文件具有如下作用：

①沟通意图。达成不同层次、职能部门、员工间的共识，规范质量活动。服务质量管理体系文件是旅游景区开展质量活动的法规，表达了确定的信息。具有强制性，各级人员都要系统学习、严格遵守，使旅游景区的质量活动规范起来，实现过程质量的重复性。

②确定了服务质量管理体系评价的依据。服务质量管理体系文件规定了各项质量活动的具体要求。因此，它确定了旅游景区有关服务质量管理体系、过程、产品和各级人员、供方的质量活动的符合性和业绩的评定依据。

③确定了各类人员培训的依据。服务质量管理体系文件规定了所有岗位的能力需求和人员考核的要求，将考核的结果与岗位的能力需求进行比较，就可确定培训的对象、目标和内容。

④确定了改进的依据。有关服务质量管理体系文件确定了改进的要求（过程运作及结果的要求），将实际情况与要求对照或通过数据分析找出变化的趋势，就可确定改进的机会。

⑤提供了服务质量管理体系符合要求的证据，增进了顾客和其他相关方的信任。文件本身就是符合要求的证据，通过向顾客和其他相关方展示以增进信任。

（2）文件的结构。

服务质量管理体系文件的结构，一般是从旅游景区的实际情况出发，根据需要来确定的。通常由质量手册、程序文件、第三层次文件三个层次构成。但是，对于小型的旅游景区，可能一本涵盖程序文件和第三层次文件的质量手册就已足够；对于特大型旅游景区，可能要分为三个层次以上才便于管理。

质量手册是描述旅游景区服务质量管理体系的文件，它对旅游景区服务质量管理体系进行总体描述。质量手册供各级管理者使用。

程序文件是服务质量管理体系程序文件的简称，是描述服务质量管理体系过程所要求的质量活动如何开展的文件，它有力地支持质量手册的各项内容。程序文件应至少包括 6 个：文件控制程序、记录控制程序、内部质量审核程序、不合格品控制程序、纠正措施控制程序和预防措施控制程序。程序文件供各部门或基层单位的管理者使用。

第三层次文件是程序文件的支持性文件，有时称为作业文件，包括：作业指导书、质量计划、规范、指南、表格、记录等。第三层次文件供从事具体业务的管理人员和操作人员使用。

（3）文件的编制原则。

为了实现增值的目标，编制文件是一种创造性的劳动，并遵守一定的原则。这些原则包括：应满足标准要求，适合旅游景区的特点，与其他文件有机结合；应体现文件的特点，具有系统性、协调性、适宜性、充分性和可操作性；应便于使用。

（4）文件的编制。

①文件编制的策划。

编制服务质量管理体系文件实际上就是对服务质量管理体系进行全面而具体的设计，是一个开发和设计服务质量管理体系的过程，包括以下内容：

确定服务质量管理体系文件结构层次，确定质量手册的目录，列出所需编制的程序文件和作业文件等文件清单。

确定编制工作班子，明确职责。确定各文件的编制小组或主要执笔人。

确定文件编制的进度表。

编制文件编制的指导文件。为了统一文件编制的要求、格式，应编制文件编制的指导文件，明确质量手册、程序文件、作业文件、质量计划及表格等的编制要求。

确定文件编制的总体顺序。文件编制的顺序有三种：一是自上而下的顺序编制文件，即按质量手册--程序文件—第三层次文件的顺序自前而后编制文件；二是自下而上的顺序编制文件，即按第三层次文件—程序文件—质量手册的顺序自后而前编制文件；三是向两端扩展的顺序编制文件，即按程序文件—质量手册—第三层次文件的顺序编制文件。注意，质量方针、质量目标一般在编制文件之前编制，以指导文件的编制。

进行文件编制的专题培训。对文件编制人员进行较系统的培训，使编制人员明确编制的要求、依据、应遵循的编制原则和注意事项。

②文件编制的过程。

收集、分析旅游景区原有的文件。收集、分析旅游景区原有的质量手册、程序、管理标准、工作标准、其他质量文件和记录等文件，进行分析整理，作为编制的重要参考资料。

组织编制。为编制人员创造条件，确定相关部门和相关质量活动之间的界面、接口、处理原则，及时解决不同文件之间的交叉、重叠、矛盾、扯皮等问题。

监督检查。文件编制的归口管理机构要按计划定期对文件编制的进度、质量进行检查和督促，并帮助编制人员解决具体困难。

评审、定稿。文件初稿完成后，文件编制归口管理机构应组织专人评审、修改，特别要注意其是否符合标准要求、是否具有可操作性。

批准、发布。文件经评审、修改定稿后，文件编制归口管理机构应组织将文件提交审批。文件经营管理者代表或各归口领导审查后，由最高管理者或其授权的人员批准，以确保文件的适宜性和充分性。文件一旦批准，应在执行之日前发放至相关人员或部门。

【微型资料】

泰山旅游景区服务管理示范工程的实践

1.服务管理指导思想

指导思想：按照“游客需求服从生态保护，旅游景区管理服从游客需求”的宗旨，以游客管理为中心，提高旅游景区管理水平和管理人员素质，加强示范区内的服务管理；以完善的设施、畅通的交通、优美的环境满足游客的基本需求；以优质的服务满足游客的期望需求；以创造性的服务满足游客的超值需求，充分发挥旅游景区的三大效益。具体措施包括：

实施泰山管理的机构改革，完成定岗、定员、定责，明确各岗位的职能和责任；对管委会内部的工资分配制度实施改革，使管理机构分配机制适应项目要求。

制定管理人员的服务道德标准，建立相应的规章制度，把内部管理引向制度化、标准化。

实施骨干管理人员的培训，编写教材，编制培训计划，搞好培训。

建立管理人员的激励和约束机制，以保障项目有效实施。

设定项目评估标准，对项目成果进行定量性评价。

2.服务管理任务目标

任务目标：使泰山的管理人员和管理组织与国际标准接轨的项目目标相适应。牢固树立“游客第一”的观念，使广大员工在消化、吸收国外在管理方面的先进意识和方法上有一个大的提高，在适应新的管理上有充分的思想准备和智力培训，在管理方式、服务意识和信息展示等方面更加得心应手。在培训和实践中建立起懂管理、善管理、作风硬、事业心强的干部职工队伍。在完成基本服务、期望服务向超值服务的跨越中，充分发挥聪明才智，创造性地开展工作，在完成项目目标的同时，促进各项要素有一个质的飞跃，打牢旅游景区发展的基础。

3.客户服务

客户服务宗旨：创国际一流，与世界接轨。

客户服务质量目标：以文明礼貌、耐心周到的服务，按照标准程序，为客户提供专业化的高质量服务，即每一个员工要用自己希望得到的对待方式来对待客户和用户。

服务质量承诺：

·我们会尊重每一位游客，使您得到礼貌周到的服务。

·我们的环境和设施是安全、清洁、方便的。

·我们会珍惜您的宝贵时间，为您提供及时的服务。

·我们将以敬业、协作的精神，共同为您提供最佳服务。

·我们将推行“首问责任制（首问责任制是指由第一位接受游客咨询和要求的管理人员负责到底）”，以专业化的服务，为您留下美好的回忆。

客户服务考核指标：

·礼貌：员工行为规范，服务态度热情，礼貌仪容标准。

·安全：安全服务标准、到位。

·清洁：环境卫生、公共场所卫生、餐饮卫生管理有效、到位、合格。

·方便：客户感觉良好，服务无处不在，自助旅游不存在障碍。

·及时：服务效率高，解决问题快。

·专业：服务技能好，质量高，效果强，标准化。

·首问责任制：落实到位。

4.服务设施与服务项目的改善——“三点一线”的泰山南路示范工程

为实施泰山客户服务项目，泰安市人民政府于2000年投资2.8亿元人民币，进行了十大工程，优化了旅游环境，提高了泰山旅游品位，取得了良好的效果。这十项工程包括：文物修复工程；电力供应工程；环境治理工程；拆迁安置工程；广场建设工程等。十大工程的建设使泰山焕发了生机。例如：天外村综合改造工程，在借鉴加拿大公园管理、信息服务和环境保护方面先进经验的基础上，结合泰山实际，对进山车辆的交通组织、门票管理的规范化、信息化、信息产品集中地的建设和绿化美化工程五个方面进行综合改造。在天外村建成了交通顺畅、管理有序、环境优美的一流环境，也大大减少了游客的等待时间，提高了旅游景区的可进入性，建立起了具有泰山特色和标志性建筑的泰山进山路口，树立了泰山的崭新形象，提高了公众对泰山的认知感。进一步完善了山上所有的厕所，设立高标准的水冲厕所48处，完成了岱顶绿化工程，在主要区域实施乔灌草立体配植，景点道路间的绿化树木与草坪相衔接，使景点、草坪、林地浑然一体，营造优美的旅游景区环境。岱顶扩容工程，开发东西尧观顶和瞻鲁台下大平台，与岱顶小环线相衔接，扩大岱顶的游客承载能力，有计划地疏导游客。完成了泰山西路和中天门至岱顶盘路两侧的绿化、美化工程，合理配置不同内容的各类信息展示物，配合景点搞好展示建设。改造老化的中天门索道。

可以预见，泰山客户服务项目的建设，可以进一步增强公众对泰山的认知度，使泰山在管理和服务上与国际接轨的同时，为全国提供了一个成功的范例。

3 对员工的服务质量要求

（1）理解服务工作的性质与特征。

要求旅游景区管理人员了解自己工作的性质即服务，是培养员工爱岗敬业精神、树立工作自豪感的前提。所谓服务（service），有专家通过分解“service”的英文字母来解释，很有意思：s—smile to everyone ，微笑待客；e—excellence in every thing you do，精通业务；r—reaching out to every customer，待客友善；v—viewing every customer，尊重每一位客人；i—inviting your customer to return，邀请每一位客人再次光临；c—creating a warm atmosphere，创造温馨环境；e—eye contact that shows we care，用眼神表达对客人的关心。上述解释实际上表达了服务的基本内涵。

但是，由于历史、体制、管理等方面的原因，我国风景旅游景区管理人员的服务意识并不强。一些员工的观念还没有改变，服务技能还有待提高。我国的旅游管理任重而道远。

（2）创造良好服务。

服务业中的“口碑效应”，对企业的影响很大，旅游业的宣传有 70%左右是靠口碑发挥作用的。调查表明，一个人得到好的服务会告诉其周围的 3 个人，而当他受到不良服务时会将不良信息传播给其周围的 9 个人。因此，创造良好服务应当成为旅游景区管理的基本目标。

无论规范化服务还是个性化服务，良好服务应至少包括以下基本标准：

①质价相符：物有所值。

②提供快速、高效服务：做到及时、准时、省时。

③使人倍感舒适：为游客创造舒适环境。

④员工文明礼貌。

⑤深入细致服务。

⑥信守承诺。

⑦个性化服务。

（3）掌握与游客沟通的技巧。

管理人员处于第一线，具有与游客交流的得天独厚的优势。良好的沟通至关重要，是提高服务质量的重要要素。怎样处理这种特殊的人际关系？加拿大专家提出了 7 个 C：

care——关心。有责任感，关心游客，关心单位，发自内心地关心每一个游客所需要的所有细节。

considerate——体谅。时刻为游客着想，体谅游客的难处，主动帮助其解决困难。

courteous——礼貌。

confident——信心。对自己的服务质量充满信心，让游客因自己的服务而增添了克服困难的信心。

creative——创造性。为游客提供高质量的个性化服务。

control——节制。控制服务的进程和质量，节制自己的不良情绪。

contagious——情绪感染。通过良好服务感染游客，扩大影响。

（4）塑造员工个人良好形象。

个人形象是组织形成的重要组成成分：一个组织是由个体的人组成的，个体是组织的组成成分，个体的人的形象决定着组织的外在形象。组织的外在形象包括组织行为和物质文化两个层次，其中组成行为形象的因素是：组织的整体行为和员工的自身行为、办事效率、工作作风、专业水平、服务态度、服务技能等，领导及员工的仪表、纪律、礼节、品行等。对风景旅游景区而言，外在的物质形象同样重要，包括：环境绿化美化、建筑保护与风格、环境以及旅游景区标识系统、信誉业绩等。显然，个体是创造组织良好形象的关键。

【微型资料】

如何塑造员工的良好形象

为塑造员工的良好形象，下面列出基本规范要求：

1．态度

主动——“眼勤、口勤、手勤、腿勤”，主动为游客服务；善于发现问题，及时解决问题；主动征询游客意见，不断提高服务水平。

热情——微笑服务，态度可亲，举止得体，话语亲切，使用文明用语，一视同仁，不以貌取人，稳重大方。

耐心——要有较高的品德修养，善于控制自己的情绪，约束自己的言行，服务中要细致，平心静气，不急躁，不厌烦，不意气用事，不顶撞客人，不推诿。

周到——服务要完善妥帖，细致入微，面面俱到，一丝不苟，要处处替客人着想，了解客人需要，及时提供服务，服务方式要简便灵活，方便客人。

2．外貌、仪容仪表

着装——统一着装，标志工作牌佩戴规范醒目，保持服装整洁。

按照规定着装上岗。

工装定期洗熨，保持干净整洁平整。

领带、领结佩戴端正。

工号标志要佩戴于左胸明显合适位置，端正。

发型大方，干净利落。男员工应每日剃须，女员工淡妆上岗，不浓妆艳抹。

不允许佩戴款式复杂的饰物（非在岗，或特殊岗位、特殊要求者除外）

皮鞋光亮，袜子整洁，颜色搭配得当。

精神状态饱满。

服饰——干净、无污染、无线头、合体合身；领口、袖口无磨损；熨烫平整；纽扣齐全，穿双排扣西装，站立时必须系好纽扣；鞋子擦干净无污点。

对男员工的要求：上岗必须系领带（特殊岗位、特殊时间除外）；汗衫一般不外露；手饰仅限于一块手表和一只戒指；领带优质，造型规范美观。

对女员工的要求：衬裙和文胸的吊带不外露，衬裙和衬裤的线条不显露；衣服不带设计者标签；袜子无跳丝，拉线和松垂现象；穿大衣时，裙子不露下摆；不穿高跟鞋和运动鞋；不佩戴影响工作的首饰。

仪容仪貌——发型大方，面容整洁，化妆适度，庄重得体，举止文雅。

上岗期间严厉禁止：嚼口香糖、装束邋遢、指甲污垢、穿脏工作服、不合适化妆、不剃须、蓬头垢面。

3．形体动作

在服务过程中站立、坐姿要端正，直腰挺胸、精神饱满，不得叉腰或抱胸，不得前俯后仰，摇腿跷脚，不得背靠他物，不得趴在服务台上，不得把手插在衣裤兜里。

行走要挺胸，走步要轻稳，做到举止大方，不卑不亢。引客走在前，送客走在后，客过要让路，同行不抢道。不三五成群，扒肩搂腰，不边说边笑边哼歌曲，不穿拖鞋或拖拉着鞋走路。

面对游客不吃东西、不咳嗽、不打喷嚏，不当众剔牙、抓耳挠腮，不当众打哈欠，不模仿游客动作，不用手拍打宾客。

自我介绍要讲清自己的姓名、身份，态度不傲慢；接名片时要双手接过；与女客握手要轻，时间要短。

4．语言

语调要亲切，语气要温和，面带微笑。

语速不急不缓。

音量适中，以交谈对象听清楚为准。

目光不可游移不定，两眼要与说话者保持接触。

使用规范用语，适时运用礼貌敬语。

口齿清楚，语句连贯，表达明确，简单明了。

不带粗俗口头语，不讲气话脏话，不用责难、教训语言（多用劝告语）。

尽量掌握一门外语，普通话标准。

资料来源：崔凤军：《风景旅游区的保护与管理》，北京：中国旅游出版社，2001 年。

本章小结

本章介绍的主要内容包括：旅游景区服务的内容及特点；旅游景区服务质量管理队伍建设、人力资源管理；旅游景区服务质量管理原则与体系建设。

基础训练

简答题

1．旅游景区服务包含哪些内容？

2．旅游景区服务质量管理的重要性是什么？

3．建立旅游景区服务质量体系包括哪两个阶段？

案例分析

沂水县旅游景区服务质量管理考核办法

近年来，沂水县旅游业在县委、县政府的正确领导下，在各级、各有关部门的关心支持和旅游企业的共同努力下，实现了超常规跨越式发展，沂水旅游的知名度也迅速提高。但是旅游景区在服务质量方面还存在一些问题，离规范化、标准化、细微化的要求还有很大的差距，这些问题的存在直接影响了沂水旅游乃至沂水县的对外形象。为进一步加强对旅游景区服务质量的管理，全面提升旅游景区服务水平，根据上级有关规定，结合沂水县实际，特制定本办法。

一、旅游景区服务质量管理考核标准

旅游景区要以旅游服务质量为中心，全面加强服务质量建设，争创诚信服务、品牌服务优秀企业，树立良好的社会形象。对旅游景区服务质量管理实行千分制考核，具体的服务标准及考核细则如下：

（一）环境与卫生（130分）

（二）售票、检票服务（80分）

（三）游览接待服务（90分）

（四）信息指示（50分）

（五）公共厕所（40分）

（六）停车场（50分）

（七）餐饮服务（110分）

（八）购物服务（70分）

（九）休憩、邮电、照明设施（40分）

（十）景区安全（140分）

（十一）医疗救护服务（50分）

（十二）旅游宣传（70分）

（十三）旅游统计（30分）

（十四）游客投诉（50分）

二、旅游景区服务质量管理考核办法

旅游局要与相关部门加强全县旅游服务质量体系建设，不断强化日常管理和监督考核，努力提高全县旅游业的服务水平和服务质量，进一步优化旅游发展大环境。

（一）对旅游景区服务质量考核采取县旅游局会同有关部门现场检查评分、聘请旅游服务质量社会监督员暗访、游客意见调查与游客投诉情况相结合的方式，每季度一次，并将检查结果进行排名，编发旅游服务质量简报，并对社会公布。

（二）考核总分为1000分，800分以上（含800分）为合格。对考核不合格的旅游景区，将给予警告，年内不得参与旅游系统的各类评比活动。

（三）在检查过程中，无故阻拦和妨碍检查人员和社会监督员检查的旅游景区，其考核成绩为不合格。

（四）每年投诉数量超过2起以上（含2起）的旅游景区，其考核成绩为不合格。

（五）所报旅游统计信息存在故意虚报、瞒报的旅游景区，一经查实的，给予一票否决，整个考核不得分。

（六）年度内出现一次安全责任事故的旅游景区，给予一票否决，并视情节依法给予关停整顿等处罚。

（七）在年度总结考核中不合格的景区，将向国家、省、市旅游局建议降低或撤销A级景区的称谓。

(八)在年度总结考核中成绩优良的旅游景区，由县旅游局报县政府授予“优秀旅游企业”称号，并给予奖励。

二〇〇七年八月九日

问题：根据所学知识，分析沂水县旅游景区服务质量管理考核办法的优缺点。

实践训练

调查附近一旅游景区，试分析其服务质量管理存在的问题。根据所学知识，为该景区建立服务质量管理体系提出建议。

附录 1

旅游区（点）质量等级的划分与评定

Standard of rating for quality of tourist attractions

（本标准 GB/T17775—2003 从 2005 年 1 月 1 日实施，代替 GB/T17775—1999《旅游区（点）质量等级的划分与评定》）

引言

本标准的制定旨在加强对旅游区（点）的管理，提高旅游区（点）服务质量，维护旅游区（点）和旅游者的合法权益，促进我国旅游资源开发、利用和环境保护。

本标准制定过程中，总结了国内旅游区（点）的管理经验，借鉴了国内外有关资料和技术规程，并直接引用了部分国家标准或标准条文。同时，根据 GB/T17775—1999《旅游区（点）质量等级的划分与评定》国家标准的实施情况，在原标准基础上对一些内容进行了修订，使其更加符合旅游区（点）的发展实际。

旅游区（点）质量等级的划分与评定

1. 范围

本标准规定了旅游景区（点）质量等级划分的依据、条件及评定的基本要求。

本标准适用于接待海内外旅游者的各种类型的旅游区（点），包括以自然景观及人文景观为主的旅游区（点）。

2. 规范性引用文件

下列文件中的条款通过本标准的引用而成为本标准的条款。凡是注日期的引用文件，其随后所有的修改单（不包括勘误的内容）或修订版均不适用于本标准，然而，鼓励根据本标准达成协议的各方研究是否可使用这些文件的最新版本。凡是不注日期的引用文件，其最新版本适用于本标准。

GB 3095—1996 环境空气质量标准

GB 3096—1993 城市区域环境噪声标准

GB 3838 地表水环境质量标准

GB 8978 污水综合排放标准

GB 9664 文化娱乐场所卫生标准

GB 9667 游泳场所卫生标准

GB/T 10001.1 标志用公共信息图形符号第1部分：通用符号（GB/T 10001.1—2000，neq ISO7001：1990）

GB/T 15971—1995 导游服务质量

GB 16153 饭馆（餐厅）卫生标准

GB/T 16767 游乐园（场）安全和服务质

3. 术语和定义

下列术语和定义适用于本标准。

3.1 旅游区（点）tourist attraction

旅游景区是以旅游及其相关活动为主要功能或主要功能之一的空间或地域。本标准中旅游区（点）是指具有参观游览、休闲度假、康乐健身等功能，具备相应旅游服务设施并提供相应旅游服务的独立管理区。该管理区应有统一的经营管理机构和明确的地域范围。包括风景区、文博院馆、寺庙观堂、旅游度假区、自然保护区、主题公园、森林公园、地质公园、游乐园、动物园、植物园及工业、农业、经贸、科教、军事、体育、文化艺术等各类旅游区（点）。

3.2 旅游资源 tourism resources

自然界和人类社会凡能对旅游者产生吸引力，可以为旅游业开发利用，并可产生经济效益、社会效益和环境效益的各种事物和因素。

3.3 游客中心 tourist center

旅游区（点）设立的为游客提供信息、咨询、游程安排、讲解、教育、休息等旅游设施和服务功能的专门场所。

4. 旅游区（点）质量等级及标志

4.1 旅游区（点）质量等级划分为五级，从高到低依次为AAAAA、AAAA、AAA、AA、A级旅游区（点）。

4.2 旅游区（点）质量等级的标志、标牌、证书由国家旅游行政主管部门统一规定。

5. 旅游景区质量等级划分条件

5.1AAAAA级旅游区（点）

5.1.1 旅游交通

a）可进入性好。交通设施完善，进出便捷。或具有一级公路或高等级航道、航线直达；或具有旅游专线交通工具。

b）有与景观环境相协调的专用停车场或船舶码头。管理完善，布局合理，容量能充分满足游客接待量要求。场地平整坚实、绿化美观或水域畅通、清洁。标志规范、醒目、美观。

c）区内游览（参观）路线或航道布局合理、顺畅，与观赏内容联结度高，兴奋感强。路面特色突出，或航道水体清澈。

d）区内应使用清洁能源的交通工具。

5.1.2 游览

a）游客中心位置合理，规模适度，设施齐全，功能体现充分。咨询服务人员配备齐全，业务熟练，服务热情。

b）各种引导标识（包括导游全景图、导览图、标识牌、景物介绍牌等）造型特色突出，艺术感和文化气息浓厚，能烘托总体环境。标识牌和景物介绍牌设置合理。

c）公众信息资料（如研究论著、科普读物、综合画册、音像制品、导游图和导游材料等）特色突出，品种齐全，内容丰富，文字优美，制作精美，适时更新。

d）导游员（讲解员）持证上岗，人数及语种能满足游客需要。普通话达标率100%。导游员（讲解员）均应具备大专以上文化程度，其中本科以上不少于30%。

e）导游（讲解）词科学、准确、有文采。导游服务具有针对性，强调个性化，服务质量达到GB/T 15971—1995中4.5.3和第5章要求。

f）公共信息图形符号的设置合理，设计精美，特色突出，有艺术感和文化气息，符合GB/T 10001.1的规定。

g）游客公共休息设施布局合理，数量充足，设计精美，特色突出，有艺术感和文化气息。

5.1.3 旅游安全

a）认真执行公安、交通、劳动、质量监督、旅游等有关部门制定和颁布的安全法规，建立完善的安全保卫制度，工作全面落实。

b）消防、防盗、救护等设备齐全、完好、有效，交通、机电、游览、娱乐等设备完好，运行正常，无安全隐患。游乐园达到GB/T 16767规定的安全和服务标准。危险地段标志明显，防护设施齐备、有效，特殊地段有专人看守。

c）建立紧急救援机制，设立医务室，并配备专职医务人员。设有突发事件处理预案，应急处理能力强，事故处理及时、妥当，档案记录准确、齐全。

5.1.4 卫生

a）环境整洁，无污水、污物，无乱建、乱堆、乱放现象，建筑物及各种设施设备无剥落、无污垢，空气清新、无异味。

b）各类场所全部达到GB 9664规定的要求，餐饮场所达到GB 16153规定的要求，游泳场所达到GB 9667规定的要求。

c）公共厕所布局合理，数量能满足需要，标识醒目美观，建筑造型景观化。所有厕所具备水冲、盥洗、通风设备，并保持完好或使用免水冲生态厕所。厕所设专人服务，洁具洁净、无污垢、无堵塞。室内整洁，有文化气息。

d）垃圾箱布局合理，标识明显，造型美观独特，与环境相协调。垃圾箱分类设置，垃圾清扫及时，日产日清。

e）食品卫生符合国家规定，餐饮服务配备消毒设施，不应使用对环境造成污染的一次性餐具。

5.1.5 邮电服务

a）提供邮政及邮政纪念服务。

b）通讯设施布局合理。出入口及游人集中场所设有公用电话，具备国际、国内直拨功能。

c）公用电话亭与环境相协调，标志美观醒目。

d）通讯方便，线路畅通，服务亲切，收费合理。

e）能接收手提电话信号。

5.1.6 旅游购物

a）购物场所布局合理，建筑造型、色彩、材质有特色，与环境协调。

b）对购物场所进行集中管理，环境整洁，秩序良好，无围追兜售、强买强卖现象。

c）对商品从业人员有统一管理措施和手段。

d）旅游商品种类丰富，本地区及本旅游区特色突出。

5.1.7 经营管理

a）管理体制健全，经营机制有效。

b）旅游质量、旅游安全、旅游统计等各项经营管理制度健全有效，贯彻措施得力，定期监督检查，有完整的书面记录和总结。

c）管理人员配备合理，中高级以上管理人员均具备大学以上文化程度。

d）具有独特的产品形象、良好的质量形象、鲜明的视觉形象和文明的员工形象，确立自身的品牌标志，并全面、恰当地使用。

e）有正式批准的旅游总体规划，开发建设项目符合规划要求。

f）培训机构、制度明确，人员、经费落实，业务培训全面，效果良好，上岗人员培训合格率达100%。

g）投诉制度健全，人员落实、设备专用，投诉处理及时、妥善，档案记录完整。

h）为特定人群（老年人、儿童、残疾人等）配备旅游工具、用品，提供特殊服务。

5.1.8 资源和环境的保护

a）空气质量达GB 3095—1996的一级标准。

b）噪声质量达到GB 3096—1993的一类标准。

c）地面水环境质量达到GB 3838的规定。

d）污水排放达到GB 8978的规定。

e）自然景观和文物古迹保护手段科学，措施先进，能有效预防自然和人为破坏，保持自然景观和文物古迹的真实性和完整性。

f）科学管理游客容量。

g）建筑布局合理，建筑物体量、高度、色彩、造型与景观相协调。出入口主体建筑格调突出，并烘托景观及环境。周边建筑物与景观格调协调，或具有一定的缓冲区域。

h）环境氛围优良。绿化覆盖率高，植物与景观配置得当，景观与环境美化措施多样，效果好。

i）区内各项设施设备符合国家关于环境保护的要求，不造成环境污染和其他公害，不破坏旅游资源和游览气氛。

5.1.9 旅游资源吸引力

a）观赏游憩价值极高。

b）同时具有极高历史价值、文化价值、科学价值，或其中一类价值具世界意义。

c）有大量珍贵物种，或景观异常奇特，或有世界级资源实体。

d）资源实体体量巨大，或资源类型多，或资源实体疏密度极优。

e）资源实体完整无缺，保持原来形态与结构。

5.1.10 市场吸引力

a）世界知名。

b）美誉度极高。

c）市场辐射力很强。

d）主题鲜明，特色突出，独创性强。

5.1.11 年接待海内外旅游者 60 万人次以上，其中海外旅游者 5 万人次以上。

5.1.12 游客抽样调查满意率很高。

5.2AAAA 级旅游区（点）

5.2. 1 旅游交通

a）可进入性良好。交通设施完善，进出便捷。或具有一级公路或高等级航道、航线直达；或具有旅游专线交通工具。

b）有与景观环境相协调的专用停车场或船舶码头。且管理完善，布局合理，容量能满足游客接待量要求。场地平整坚实或水域畅通。标志规范、醒目。

c）区内游览（参观）路线或航道布局合理、顺畅，观赏面大。路面有特色，或航道水质良好。

d）区内使用低排放的交通工具，或鼓励使用清洁能源的交通工具。

5.2.2 游览

a）游客中心位置合理，规模适度，设施齐全，功能完善。咨询服务人员配备齐全，业务熟练，服务热情。

b）各种引导标识（包括导游全景图、导览图、标识牌、景物介绍牌等）造型有特色，与景观环境相协调。标识牌和景物介绍牌设置合理。

c）公众信息资料（如研究论著、科普读物、综合画册、音像制品、导游图和导游材料等）特色突出，品种齐全，内容丰富，制作良好，适时更新。

d）导游员（讲解员）持证上岗，人数及语种能满足游客需要。普通话达标率 100%。导游员（讲解员）均应具备高中以上文化程度，其中大专以上不少于 40%。

e）导游（讲解）词科学、准确、生动。导游服务质量达到 GB/T 15971—1995 中 4.5.3 和第 5 章要求。

f）公共信息图形符号的设置合理，设计精美，有特色，有艺术感，符合 GB/T 10001. 1 的规定。

g）游客公共休息设施布局合理，数量充足，设计精美，有特色，有艺术感。

5.2.3 旅游安全

a）认真执行公安、交通、劳动、质量监督、旅游等有关部门制定和颁布的安全法规，建立完善的安全保卫制度，工作全面落实。

b）消防、防盗、救护等设备齐全、完好、有效，交通、机电、游览、娱乐等设备完好，运行正常，无安全隐患。游乐园达到 GB/T 16767 规定的安全和服务标准。危险地段标识明显，防护设施齐备、有效，高峰期有专人看守。

c）建立紧急救援机制，设立医务室，并配备医务人员。设有突发事件处理预案，应急处理能力强，事故处理及时、妥当，档案记录准确、齐全。

5.2.4 卫生

a）环境整洁，无污水、污物，无乱建、乱堆、乱放现象，建筑物及各种设施设备无剥落、无污垢，空气清新、无异味。

b）各类场所全部达到 GB 9664 规定的要求，餐饮场所达到 GB 16153 规定的要求，游泳场所达到 GB 9667 规定的要求。

c）公共厕所布局合理，数量能满足需要，标识醒目美观，建筑造型与景观环境相协调。所有厕所具备水冲、盥洗、通风设备，并保持完好或使用免水冲生态厕所。厕所管理完善，洁具洁净、无污垢、无堵塞。室内整洁。

d）垃圾箱布局合理，标识明显，数量能满足需要，造型美观，与环境相协调。垃圾分类收集，清扫及时，日产日清。

e）食品卫生符合国家规定，餐饮服务配备消毒设施，不使用对环境造成污染的一次性餐具。

5.2.5 邮电服务

a）提供邮政及邮政纪念服务。

b）通讯设施布局合理。出入口及游人集中场所设有公用电话，具备国际、国内直拨功能。

c）公用电话亭与环境相协调，标志美观醒目。

d）通讯方便，线路畅通，服务亲切，收费合理。

e）能接收手提电话信号。

5.2.6 旅游购物

a）购物场所布局合理，建筑造型、色彩、材质有特色，与环境协调。

b）对购物场所进行集中管理，环境整洁，秩序良好，无围追兜售、强买强卖现象。

c）对商品从业人员有统一管理措施和手段。

d）旅游商品种类丰富，具有本地区特色。

5.2.7 经营管理

a）管理体制健全，经营机制有效。

b）旅游质量、旅游安全、旅游统计等各项经营管理制度健全有效，贯彻措施得力，定期监督检查，有完整的书面记录和总结。

c）管理人员配备合理，高级管理人员均应具备大学以上文化程度。

d）具有独特的产品形象、良好的质量形象、鲜明的视觉形象和文明的员工形象，确立自身的品牌标志，并全面、恰当地使用。

e）有正式批准的旅游总体规划，开发建设项目符合规划要求。

f）培训机构、制度明确，人员、经费落实，业务培训全面，效果良好，上岗人员培训合格率达 100%。

g）投诉制度健全，人员、设备落实，投诉处理及时、妥善，档案记录完整。

h）为特定人群（老年人、儿童、残疾人等）配备旅游工具、用品，提供特殊服务。

5.2.8 资源和环境的保护

a）空气质量达到 GB 3095—1996 的一级标准。

b）噪声质量达到 GB 3096—1993 的一类标准。

c）地面水环境质量达到 GB 3838 的规定。

d）污水排放达到 GB 8978 的规定。

e）自然景观和文物古迹保护手段科学，措施先进，能有效预防自然和人为破坏，保持自然景观和文物古迹的真实性和完整性。

f）科学管理游客容量。

g）建筑布局合理，建筑物体量、高度、色彩、造型与景观相协调。出入口主体建筑有格调，与景观环境相协调。周边建筑物与景观格调协调，或具有一定的缓冲区域或隔离带。

h）环境氛围良好。绿化覆盖率高，植物与景观配置得当，景观与环境美化措施多样，效果良好。

i）区内各项设施设备符合国家关于环境保护的要求，不造成环境污染和其他公害，不破坏旅游资源和游览气氛。

5.2.9 旅游资源吸引力

a）观赏游憩价值很高。

b）同时具有很高历史价值、文化价值、科学价值，或其中一类价值具全国意义。

c）有很多珍贵物种，或景观非常奇特，或有国家级资源实体。

d）资源实体体量很大，或资源类型多，或资源实体疏密度优良。

e）资源实体完整，保持原来形态与结构。

5.2.10 市场吸引力

a）全国知名。

b）美誉度高。

c）市场辐射力强。

d）形成特色主题，有一定独创性。

5.2.11 年接待海内外旅游者 50 万人次以上，其中海外旅游者 3 万人次以上。

5.2.12 游客抽样调查满意率高。

5.3AAA 级旅游区（点）

5.3.1 旅游交通

a）可进入性较好。交通设施完备，进出便捷。或具有至少二级以上公路或高等级航道、航线直达；或具有旅游专线等便捷交通工作。

b）有与景观环境相协调的专用停车场或船舶码头。且布局合理，容量能满足需求。场地平整坚实或水域畅通。标志规范、醒目。

c）区内游览（参观）路线或航道布局合理、顺畅，观赏面大。路面有特色，或航道水质良好。

d）区内使用低排放的交通工作，或鼓励使用清洁能源的交通工具。

5.3.2 游览

a）游客中心位置合理，规模适度，设施、功能齐备。游客中心有服务人员，业务熟悉，服务热情。

b）各种引导标识（包括导游全景图、导览图、标识牌、景物介绍牌等）造型有特色，与景观环境相协调。标识牌和景物介绍牌设置合理。

c）公众信息资料（如研究论著、科普读物、综合画册、音像制品、导游图和导游材料等）有特色，品种全，内容丰富，制作良好，适时更新。

d）导游员（讲解员）持证上岗，人数及语种能满足游客需要。普通话达标率 100%。导游员（讲解员）均应具备高中以上文化程度，其中大专以上不少于 20%。

e）导游（讲解）词科学、准确、生动，导游服务质量达到 GB/T 15971—1995 中 4.5.3

和第5章要求。

f）公共信息图形符号的设置合理，设计有特色，符合GB/T 10001.1的规定。

g）游客公共休息设施布局合理，数量满足需要，设计有特色。

5.3.3 旅游安全

a）认真执行公安、交通、劳动、质量监督、旅游等有关部门制定和颁布的安全法规，建立完善的安全保卫制度，工作全面落实。

b）消防、防盗、救护等设备齐全、完好、有效，交通、机电、游览、娱乐等设备完好，运行正常，无安全隐患。游乐园达到GB/T 16767规定的安全和服务标准。危险地段标志明显，防护设施齐备、有效，高峰期有专人看守。

c）建立紧急救援机制，设立医务室，至少配备兼职医务人员。设有突发事件处理预案，应急处理能力强，事故处理及时、妥当，档案记录准确、齐全。

5.3.4 卫生

a）环境整洁，无污水、污物，无乱建、乱堆、乱放现象，建筑物及各种设施设备无剥落、无污垢，空气清新、无异味。

b）各类场所全部达到GB 9664规定的要求，餐饮场所达到GB 16153规定的要求，游泳场所达到GB 9667规定的要求。

c）公共厕所布局合理，数量满足需要，标识醒目，建筑造型与景观环境协调。全部厕所具备水冲、通风设备，并保持完好或使用免水冲生态厕所。厕所整洁，洁具洁净、无污垢、无堵塞。

d）垃圾箱布局合理，标识明显，数量满足需要，造型美观，与环境协调。垃圾清扫及时，日产日清。

e）食品卫生符合国家规定，餐饮服务配备消毒设施，不使用造成污染的一次性餐具。

5.3.5 邮电服务

a）提供邮政及邮政纪念服务。

b）通讯设施布局合理。游人集中场所设有公用电话，具备国际、国内直拨功能。

c）公用电话亭与环境基本协调，标志醒目。

d）通讯方便，线路畅通，服务亲切，收费合理。

e）能接收手提电话信号。

5.3.6 旅游购物

a）购物场所布局合理，建筑造型、色彩、材质与环境协调。

b）对购物场所进行集中管理，环境整洁，秩序良好，无围追兜售、强买强卖现象。

c）对商品从业人员有统一管理措施和手段。

d）旅游商品种类丰富，具有本地区特色。

5.3.7 经营管理

a）管理体制健全，经营机制有效。

b）旅游质量、旅游安全、旅游统计等各项经营管理制度健全有效，贯彻措施得力，定期监督检查，有完整的书面记录和总结。

c）管理人员配备合理，80%以上中高级管理人员具备大专以上文化程度。

d）具有独特的产品形象、良好的质量形象、鲜明的视觉形象和文明的员工形象，确立自身的品牌标志，并全面、恰当地使用。

e）有正式批准的总体规划，开发建设项目符合规划要求。

f）培训机构、制度明确，人员、经费落实，业务培训全面，效果良好，上岗人员培训合格率达100%。

g）投诉制度健全，人员、设备落实，投诉处理及时、妥善，档案记录完整。

h）能为特定人群（老年人、儿童、残疾人等）提供特殊服务。

5 3.8 资源及环境的保护

a）空气质量达到GB 3095—1996的一级标准。

b）噪声质量达到GB 3096—1993的一类标准。

c）地面水环境质量达到GB 3838的规定。

d）污水排放达到GB 8978的规定。

e）自然景观和文物古迹保护手段科学，措施得力，能有效预防自然和人为破坏，保持自然景观和文物古迹的真实性和完整性。

f）科学管理游客容量。

g）建筑布局合理，建筑物体量、高度、色彩、造型与景观相协调。出入口主体建筑有格调，与景观环境相协调。周边建筑物与景观格调协调，或具有一定的缓冲区或隔离带。

h）环境氛围良好。绿化覆盖率较高，植物与景观配置得当，景观与环境美化效果良好。

i）区内各项设施设备符合国家关于环境保护的要求，不造成环境污染和其他公害，不破坏旅游资源和游览气氛。

5.3.9 旅游资源吸引力

a）观赏游憩价值较高。

b）同时具有很高历史价值、文化价值、科学价值，或其中一类价值具省级意义。

c）有较多珍贵物种，或景观奇特，或有省级资源实体。

d）资源实体体量大，或资源类型较多，或资源实体疏密度良好。

e）资源实体完整，基本保持原来形态与结构。

5.3. 10 市场吸引力

a）周边省市知名。

b）美誉度较高。

c）市场辐射力较强。

d）有一定特色，并初步形成主题。

5.3.11 年接待海内外旅游者30万人次以上。

5.3.12 游客抽样调查满意率较高。

5. 4AA 级旅游区（点）

5.4. 1 旅游交通

a）可进入性较好。进出方便，道路通畅。

b）有专用停车船场所，布局较合理，容量能基本满足需求，场地平整坚实或水域畅通，标志规范、醒目。

c）区内游览（参观）路线或航道布局基本合理、顺畅。

d）区内使用低排放的交通工具，或鼓励使用清洁能源的交通工具。区内无对环境造成污染的交通工具。

5.4.2 游览

a）有为游客提供咨询服务的游客中心或相应场所，咨询服务人员业务熟悉，服务热情。

b）各种引导标识（包括导游全景图、导览图、标识牌、景物介绍牌等）清晰美观，与景观环境基本协调。标识牌和景物介绍牌设置合理。

c）公众信息资料（如研究论著、科普读物、综合画册、音像制品、导游图和导游材料等）品种多，内容丰富，制作较好。

d）导游员（讲解员）持证上岗，人数及语种能满足游客需要。普通话达标率 100%。导游员（讲解员）均应具备高中以上文化程度。

e）导游（讲解）词科学、准确、生动。导游服务质量达到 GB/T 15971—1995 中 4.5.3 和第 5 章要求。

f）公共信息图形符号的设置合理，规范醒目，符合 GB/T 10001.1 的规定。

g）游客公共休息设施布局合理，数量基本满足需要，造型与环境基本协调。

5.4.3 旅游安全

a）认真执行公安、交通、劳动、质量监督、旅游等有关部门制定和颁布的安全法规，建立完善的安全保卫制度，工作全面落实。

b）消防、防盗、救护等设备齐全、完好、有效，交通、机电、游览、娱乐等设备完好，运行正常，无安全隐患。游乐园达到 GB/T 16767 规定的安全和服务标准。危险地段标志明显，防护设施齐备、有效。

c）建立紧急救援机制。配备游客常用药品。事故处理及时、妥当，档案记录完整。

5.4.4 卫生

a）环境比较整洁，无污水、污物，无乱建、乱堆、乱放现象，建筑物及各种设施设备无剥落、无污垢，空气清新、无异味。

b）各类场所全部达到 GB 9664 规定的要求，餐饮场所达到 GB 16153 规定的要求，游泳场所达到 GB 9667 规定的要求。

c）公共厕所布局合理，数量基本满足需要，标识醒目，建筑造型与景观环境协调。70%以上厕所具备水冲设备，并保持完好或使用免水冲生态厕所。厕所整洁，洁具洁净、无污垢、无堵塞。

d）垃圾箱布局合理，标识明显，数量基本满足需要，造型美观，与环境基本协调。垃圾清扫及时，日产日清。

e）食品卫生符合国家规定，餐饮服务配备消毒设施，不使用对环境造成污染的一次性餐具。

5.4.5 邮电服务

a）提供邮政或邮政纪念服务。

b）通讯设施布局合理。游人集中场所设有公用电话，具备国内直拨功能。

c）公用电话亭与环境基本协调，标志醒目。

d）通讯方便，线路畅通，服务亲切，收费合理。

e）能接收手提电话信号。

5.4.6 旅游购物

a）购物场所布局基本合理，建筑造型、色彩、材质与环境基本协调。

b）对购物场所进行集中管理，环境整洁，秩序良好，无围追兜售、强买强卖现象。

c）对商品从业人员有统一管理措施和手段。

d）旅游商品种类较多，具有本地区特色。

5.4.7 经营管理

a）管理体制健全，经营机制有效。

b）旅游质量、旅游安全、旅游统计等各项经营管理制度健全有效，贯彻措施得力，定期监督检查，有完整的书面记录和总结。

c）管理人员配备合理，70%以上中高级管理人员具备大专以上文化程度。

d）具有独特的产品形象、良好的质量形象、鲜明的视觉形象和文明的员工形象。

e）有正式批准的总体规划，开发建设项目符合规划要求。

f）培训机构、制度明确，人员、经费落实，业务培训全面，效果良好，上岗人员培训合格率达100%。

g）投诉制度健全，人员、设备落实，投诉处理及时、妥善，档案记录基本完整。

h）能为特定人群（老年人、儿童、残疾人等）提供特殊服务。

5.4.8 资源和环境的保护

a）空气质量达到GB 3095—1996的一级标准。

b）噪声质量达到GB 3096—1993的一类标准。

c）地面水环境质量达到GB 3838的规定。

d）污水排放达到GB 8978的规定。

e）自然景观和文物古迹保护手段科学，措施得力，能有效预防自然和人为破坏，基本保持自然景观和文物古迹的真实性和完整性。

f）科学管理游客容量。

g）建筑布局基本合理，建筑物体量、高度、色彩、造型与景观基本协调。出入口主体建筑有格调，与景观环境相协调。周边建筑物与景观格调基本协调，或具有一定的缓冲区或隔离带。

h）环境氛围良好。绿化覆盖率较高，植物与景观配置得当，景观与环境美化效果较好。

i）区内各项设施设备符合国家关于环境保护的要求，不造成环境污染和其他公害，不破坏旅游资源和游览气氛。

5.4.9 旅游资源吸引力

a）观赏游憩价值一般。

b）同时具有较高历史价值、文化价值、科学价值，或其中一类价值具地区意义。

c）有少量珍贵物种，或景观突出，或有地区级资源实体。

d）资源实体体量较大，或资源类型较多，或资源实体疏密度较好。

e）资源实体基本完整。

5.4.10 市场吸引力

a）全省知名。

b）有一定美誉度。

c）有一定市场辐射力。

d）有一定特色。

5.4.11 年接待海内外旅游者 10 万人次以上。

5.4.12 游客抽样调查满意率较高。

5.5A 级旅游区（点）

5.5.1 旅游交通

a）通往旅游区（点）的交通基本通畅，有较好的可进入性。

b）具有停车（船）场所，容量能基本满足需求，场地较平整坚实或水域较畅通，有相应标志。

c）区内游览（参观）路线或航道布局基本合理、顺畅。

d）区内使用低排放的交通工具，或鼓励使用清洁能源的交通工具。

5.5.2 游览

a）有为游客提供咨询服务的场所，服务人员业务熟悉，服务热情。

b）各种公众信息资料（包括导游全景图、标识牌、景物介绍牌等）与景观环境基本协调。标识牌和景物介绍牌设置基本合理。

c）宣传教育材料（如研究论著、科普读物、综合画册、音像制品、导游图和导游材料等）品种多，内容丰富，制作较好。

d）导游员（讲解员）持证上岗，人数及语种能基本满足游客需要。普通话达标率 100%。导游员（讲解员）均应具高中以上文化程度。

e）导游（讲解）词科学、准确、生动。导游服务质量达到 GB/T 15971—1995 中 4.5.3 和第 5 章要求。

f）公共信息图形符号的设置基本合理，基本符合 GB/T 10001.1 的规定。

g）游客公共休息设施布局基本合理，数量基本满足需要。

5.5.3 旅游安全

a）认真执行公安、交通、劳动、质量监督、旅游等有关部门制定和颁布的安全法规，安全保卫制度健全，工作落实。

b）消防、防盗、救护等设备齐全、完好、有效，交通、机电、游览、娱乐等设备完好，运行正常，无安全隐患。游乐园达到 GB/T 16767 规定的安全和服务标准。危险地段标志明显，防护设施齐备、有效。

c）事故处理及时、妥当，档案记录完整，配备游客常用药品。

5.5.4 卫生

a）环境比较整洁，无污水、污物，无乱建、乱堆、乱放现象，建筑物及各种设施设备无剥落、无污垢，空气清新、无异味。

b）各类场所全部达到 GB 9664 规定的要求，餐饮场所达到 GB 16153 规定的要求，游泳场所达到 GB 9667 规定的要求。

c）公共厕所布局较合理，数量基本满足需要，建筑造型与景观环境比较协调。50%以上厕所具备水冲设备，并保持完好或使用免水冲生态厕所。厕所较整洁，洁具洁净、无污垢、无堵塞。

d）垃圾箱布局较合理，标识明显，数量基本满足需要，造型与环境比较协调。垃圾清扫及时，日产日清。

e）食品卫生符合国家规定，餐饮服务配备消毒设施，不使用对环境造成污染的一次性餐具。

5.5.5 邮电服务

a）提供邮政或邮政纪念服务。

b）通讯设施布局较合理。游人集中场所设有公用电话，具备国内直拨功能。

c）通讯方便，线路畅通，收费合理。

d）能接收手提电话信号。

5.5. 6 旅游购物

a）购物场所布局基本合理，建筑造型、色彩、材质与环境较协调。

b）对购物场所进行集中管理，环境整洁，秩序良好，无围追兜售、强买强卖现象。

c）对商品从业人员有统一管理措施和手段。

d）旅游商品有本地区特色。

5.5.7 经营管理

a）管理体制健全，经营机制有效。

b）旅游质量、旅游安全、旅游统计等各项经营管理制度健全有效，贯彻措施得力，定期监督检查，有比较完整的书面记录和总结。

c）管理人员配备合理，60%以上中高级管理人员具大专以上文化程度。

d）具有一定的产品形象、质量形象和文明的员工形象。

e）有正式批准的总体规划，开发建设项目符合规划要求。

f）培训机构、制度明确，人员、经费落实，业务培训全面，效果良好，上岗人员培训合格率达 100%。

g）投诉制度健全，人员、设备落实，投诉处理及时，档案记录基本完整。

h）能为特定人群（老年人、儿童、残疾人等）提供特殊服务。

5.5.8 资源和环境的保护

a）空气质量达到 GB 3095—1996 的一级标准。

b）噪声质量达到 GB 3096—1993 的一类标准。

c）地面水环境质量达到 GB 3838 的规定。

d）污水排放达到 GB 8978 的规定。

e）自然景观和文物古迹保护手段科学，措施得力，能有效预防自然和人为破坏，基本保持自然景观和文物古迹的真实性和完整性。

f）科学管理游客容量。

g）建筑布局较合理，建筑物造型与景观基本协调。出入口主体建筑与景观环境基本协调。周边建筑物与景观格调较协调，或具有一定的缓冲区或隔离带。

h）环境氛围较好。绿化覆盖率较高，景观与环境美化效果较好。

i）区内各项设施设备符合国家关于环境保护的要求，不造成环境污染和其他公害，不破坏旅游资源和游览气氛。

5.5.9 旅游资源吸引力

a）观赏游憩价值较小。

b）同时具有一定历史价值、文化价值、科学价值，或其中一类价值具地区意义。

c）有个别珍贵物种，或景观比较突出，或有地区级资源实体。

d）资源实体体量中等，或有一定资源类型，或资源实体疏密度一般。

e）资源实体较完整。

5.5.10 市场吸引力

a）本地区知名。

b）有一定美誉度。

c）有一定市场辐射力。

d）有一定特色。

5.5.11 年接待海内外游客3万人次以上。

5.5.12 游客抽样调查基本满意。

6. 旅游区（点）质量等级的划分依据与方法

6.1 根据旅游区（点）质量等级划分条件确定旅游区（点）质量等级，按照《服务质量与环境质量评分细则》、《景观质量评分细则》的评价得分，并结合《游客意见评分细则》的得分综合进行。

6.2 经评定合格的各质量等级旅游区（点）由全国旅游景区质量等级评定机构向社会统一公告。

附录2

旅游景区质量等级评定管理办法

中华人民共和国国家旅游局令（第23号令）

《旅游景区质量等级评定管理办法》业经2005年7月6日国家旅游局局长办公会议讨论通过，现予公布，自2005年8月5日起施行。

旅游景区质量等级评定管理办法

第一条 为了全面推行旅游景区质量等级评定工作，规范旅游景区质量等级评定程序，促进旅游景区发展，特制定本办法。

第二条 旅游景区质量等级评定工作，依据中华人民共和国国家标准《旅游景区质量等级的划分与评定》（GB/T 17775—2003）及国家旅游局颁布的有关评定细则进行。

第三条 旅游景区质量等级评定工作，遵循自愿申报、分级评定、动态管理、分类指导的原则。

第四条 凡在中华人民共和国境内，正式开业从事旅游经营业务一年以上的旅游景区，包括风景区、文博院馆、寺庙观堂、旅游度假区、自然保护区、主题公园、森林公园、地质公园、游乐园、动物园、植物园及工业、农业、经贸、科教、军事、体育、文化艺术等旅游景区，均可申请参加质量等级评定。

第五条 旅游景区质量等级评定，是指对具有独立管理和服务机构的旅游景区进行评定，对园中园、景中景等内部旅游点，不进行单独评定。

第六条 国家旅游局负责旅游景区质量等级评定标准、评定细则的制订工作，负责对质量等级评定标准实施进行监督检查。

第七条 国家旅游局组织设立全国旅游景区质量等级评定委员会。全国旅游景区质量等级评定委员会负责全国旅游景区质量等级评定工作的组织和管理。

各省级旅游行政管理部门组织设立本地区旅游景区质量等级评定委员会，并报全国旅游景区质量等级评定委员会备案。根据全国旅游景区质量等级评定委员会的委托，省级旅游景区质量等级评定委员会进行相应的旅游景区质量等级评定工作的组织和管理。

第八条 3A级、2A级、1A级旅游景区由全国旅游景区质量等级评定委员会委托各省级旅游景区质量等级评定委员会负责评定。省级旅游景区质量等级评定委员会可以向条件成熟的地市级旅游景区质量等级评定机构再行委托。

4A级旅游景区由省级旅游景区质量等级评定委员会推荐，全国旅游景区质量等级评定委员会组织评定。

5A级旅游景区从4A级旅游景区中产生。被公告为4A级旅游景区一年以上的方可申报

5A 级旅游景区。5A 级旅游景区由省级旅游景区质量等级评定委员会推荐，全国旅游景区质量等级评定委员会组织评定。

第九条 各级旅游景区的质量等级评定工作按照“创建、申请、评定、公告”的程序进行。

第十条 参加创建质量等级的旅游景区要按照国家标准和评定细则的要求，制定创建计划，明确责任目标，落实各项创建措施。

第十一条 旅游景区在创建计划完成后，进行自检。自检结果达到相应等级标准和细则规定的旅游景区，填写《旅游景区质量等级评定报告书》，并向当地旅游景区质量等级评定机构提出评定申请。经当地旅游景区质量等级评定机构审核同意，向上一级旅游景区质量等级评定机构推荐参加相应质量等级的正式评定。

第十二条 现场评定工作由负责评定的旅游景区质量等级评定机构委派评定小组承担。评定小组采取现场检查、资料审核、抽样调查等方式进行现场评定工作。

第十三条 现场评定符合标准的旅游景区，由负责评定的旅游景区质量等级评定机构批准其质量等级，并向社会公告。

第十四条 全国旅游景区质量等级评定委员会适时公告新达标的各级旅游景区名单。

第十五条 旅游景区质量等级评定现场工作由具有相应资格的检查员担负。根据所评定的旅游景区的资源类型与特色，应有一名相应专家作为评定小组成员。

第十六条 旅游景区质量等级评定检查员分为国家级检查员和地方级检查员。国家级检查员由全国旅游景区质量等级评定委员会聘任。地方级检查员由省级旅游景区质量等级评定委员聘任。

第十七条 检查员要接受旅游景区的监督，不得徇私舞弊。各级旅游景区质量等级评定机构要加强对检查员的监督管理，对有违规行为的检查员取消其检查员资格。

第十八条 被委托的旅游景区质量等级评定机构出现违规操作的，上级评定机构可以撤销委托其已获得的最高等级的评定权限。

第十九条 各级旅游景区质量等级评定机构对所评旅游景区要进行监督检查和复核。监督检查采取重点抽查、定期明查和不定期暗访以及社会调查、听取游客意见反馈等方式进行。全面复核至少每三年进行一次。

第二十条 等级复核工作主要由省级质量等级评定委员会组织和实施。全国质量等级评定委员会有计划、有重点进行复核。

第二十一条 经复核达不到要求的，或被游客进行重大投诉经调查情况属实的景区，按以下方法作出处理：

1．由相应质量等级评定委员会根据具体情况，作出签发警告通知书、通报批评、降低或取消等级的处理。对于取消或降低等级的景区，需由相应的评定机构对外公告。

2．旅游景区接到警告通知书、通报批评、降低或取消等级的通知后，须认真整改，并在规定期限内将整改情况上报相应的等级评定机构。

3．凡被降低、取消质量等级的旅游景区，自降低或取消等级之日起一年内，不得重新申请新的资质等级。

第二十二条 旅游景区质量等级评定委员会签发警告通知书、通报批评、降低或取消等级的处理权限如下：

1．1A、2A、3A级旅游景区达不到标准规定，省、自治区、直辖市旅游景区质量等级评定委员会有权签发警告通知书、通报批评、降低或取消等级。降低或取消等级的通知，须报国家旅游景区质量等级评定委员会备案。

2．4A、5A级旅游景区达不到标准规定，省、自治区、直辖市旅游景区质量等级评定委员会有权签发警告通知书、通报批评，并报国家旅游景区质量等级评定委员会备案。如认为应作出降低或取消等级的处理，须报国家旅游景区质量等级评定委员会审批。

3．国家旅游景区质量等级评定委员会有权对各质量等级的旅游景区，做出签发警告通知书、通报批评、降低或取消等级通知的处理，但需事先通知有关省、自治区、直辖市旅游局旅游景区质量等级评定委员会。

第二十三条 旅游景区质量等级的标牌、证书由全国旅游景区质量等级评定委员会统一制作，由相应评定机构颁发。

第二十四条 旅游景区质量等级标牌，须置于旅游景区主要入口最明显位置，并在对外宣传资料中正确标明其等级。

第二十五条 本办法由国家旅游局负责解释。

第二十六条 本办法自二〇〇五年八月五日起施行，一九九九年九月三十日制定的《旅游区（点）质量等级评定办法》同时废止。

附录 3

5A 级景区名单

截至 2012 年 11 月 27 日，中国共有 147 家国家 5A 级旅游景区。

5A 级旅游景区名录省份	景区数量	景区名称
北京	7	故宫博物院 天坛公园 颐和园 （八达岭—慕田峪）长城旅游区 明十三陵景区 恭王府景区 奥林匹克公园
天津	2	天津古文化街旅游区（津门故里） 天津盘山风景名胜区
河北	5	承德避暑山庄及周围寺庙景区 秦皇岛山海关景区 保定安新白洋淀景区 保定涞水县野三坡景区 石家庄平山县西柏坡景区
山西	3	大同云冈石窟 忻州五台山风景名胜区 晋城阳城县皇城相府生态文化旅游区
内蒙古	2	鄂尔多斯达拉特旗响沙湾旅游景区 鄂尔多斯伊金霍洛旗成吉思汗陵旅游区
辽宁	3	沈阳植物园 大连（老虎滩海洋公园—老虎滩极地馆） 大连金石滩景区
吉林	3	长白山景区 长春伪满皇宫博物院 长春净月潭景区
黑龙江	3	哈尔滨太阳岛景区 黑河五大连池景区 牡丹江宁安市镜泊湖景区
上海	3	东方明珠广播电视塔 上海野生动物园 上海科技馆

续表

江苏	14	苏州园林（拙政园、虎丘、留园） 苏州昆山周庄古镇景区 南京（钟山—中山陵园）景区 中央电视台无锡影视基地三国水浒景区 无锡灵山大佛景区 无锡鼋头渚景区 苏州吴江同里古镇景区 南京（夫子庙—秦淮河）风光带景区 常州环球恐龙城景区 扬州瘦西湖景区 南通濠河风景区 泰州姜堰市溱湖旅游景区 苏州金鸡湖景区 镇江三山景区（金山—北固山—焦山）
浙江	10	杭州西湖风景区 温州乐清市雁荡山风景区 舟山普陀山风景区 杭州淳安千岛湖风景区 嘉兴桐乡乌镇古镇 宁波奉化（溪口—滕头）旅游景区 金华东阳横店影视城景区 嘉兴南湖旅游区 杭州西溪湿地旅游区 绍兴市鲁迅故里—沈园景区
安徽	6	黄山市黄山风景区 池州青阳县九华山风景区 安庆潜山县天柱山风景区 黄山市黟县皖南古村落—西递宏村 六安市金寨县天堂寨风景区 宣城市绩溪县龙川景区
福建	6	厦门鼓浪屿风景名胜区 南平武夷山风景名胜区 三明泰宁风景旅游区 福建土楼（永定•南靖）旅游景区 宁德屏南白水洋•鸳鸯溪旅游景区 泉州市清源山风景名胜区

续表

江西	4	九江庐山风景名胜区 吉安井冈山风景旅游区 上饶三清山旅游景区 鹰潭市贵溪龙虎山风景名胜区
山东	8	泰安泰山景区 烟台蓬莱阁旅游区 济宁曲阜明故城（三孔）旅游区 青岛崂山景区 威海刘公岛景区 烟台龙口南山景区 枣庄台儿庄古城景区 烟台市蓬莱三仙山•八仙过海景区
河南	8	郑州登封嵩山少林景区 洛阳龙门石窟景区 焦作（云台山—神农山—青天河）风景区 安阳殷墟景区 洛阳嵩县白云山景区 开封清明上河园 平顶山鲁山县（尧山—中原大佛）景区 洛阳栾川县（老君山—鸡冠洞）旅游区
湖北	6	武汉黄鹤楼公园 宜昌三峡大坝旅游区 宜昌三峡人家风景区 十堰丹江口市武当山风景区 恩施州巴东神龙溪纤夫文化旅游区 神农架生态旅游区
湖南	5	张家界（武陵源—天门山）旅游区 衡阳南岳衡山旅游区 湘潭韶山旅游区 岳阳（岳阳楼—君山岛）景区 长沙（岳麓山—橘子洲）旅游区
广东	7	广州长隆旅游度假区 深圳华侨城旅游度假区 广州白云山风景区 梅州梅县雁南飞茶田景区 深圳观澜湖休闲旅游区 清远连州地下河旅游景区 韶关仁化丹霞山景区
广西	3	桂林漓江风景区 桂林兴安县乐满地度假世界 桂林独秀峰.靖江王城景区

续表

海南	3	三亚南山文化旅游区 三亚南山大小洞天旅游区 保亭县呀诺达雨林文化旅游区
重庆	5	大足石刻景区 巫山（小三峡—小小三峡） 武隆喀斯特旅游区（天生三桥、仙女山、芙蓉洞） 酉阳桃花源景区 黑山谷景区
四川	5	成都（青城山—都江堰）旅游景区 乐山峨眉山景区 阿坝藏族羌族自治州九寨沟景区 乐山大佛景区 阿坝藏族羌族自治州松潘县黄龙风景名胜区
贵州	2	安顺黄果树瀑布景区 安顺龙宫景区
云南	6	昆明石林风景区 丽江玉龙雪山景区 丽江古城景区 大理崇圣寺三塔文化旅游区 中科院西双版纳热带植物园 迪庆藏族自治州香格里拉普达措国家公园
西藏	0	
陕西	5	西安秦始皇兵马俑博物馆 西安华清池景区 延安黄陵县黄帝陵景区 西安（大雁塔—大唐芙蓉园）景区 渭南华阴市华山景区
甘肃	3	嘉峪关文物景区 平凉崆峒山风景名胜区 天水麦积山景区
宁夏	3	石嘴山平罗县沙湖旅游景区 中卫沙坡头旅游景区 银川镇北堡西部影视城
青海	2	青海湖景区 西宁市湟中县塔尔寺景区
新疆	5	昌吉州阜康市天山天池风景名胜区 吐鲁番葡萄沟风景区 阿勒泰地区布尔津县喀纳斯景区 伊犁地区新源县那拉提旅游风景区 阿勒泰地区富蕴县可可托海景区
合计	147	截至2012年11月27日